Lernen, was man wirklich braucht. Nicht mehr, nicht weniger. Vor allem am Anfang, wo es so wichtig ist, daß die Grundlagen verstanden werden. Denn wenn die Grundlagen nicht sitzen, nutzen einem die Details auch nichts.

Der SCHNELL-LERNER Bilanzierung ist genau die richtige Wahl für Leser, die keine Zeit zu verschenken haben und nur das lesen wollen, was sie wirklich brauchen.

Daher eignet sich der SCHNELL-LERNER nicht nur für ***Studenten***, sondern auch für ***Nicht-Finanz-Manager*** und ***Unternehmensgründer***, die schnell zur Sache kommen wollen, und denen es nichts nutzt, vollgetextet zu werden mit Spezialisten-Sprache.

Ohne Schnickschnack, ohne Lust am Detail, verständlich geschrieben, kompakt und solide. Und für Studenten wichtig – meist beschränkt auf klausurrelevante Inhalte. Mit intelligenten Lern-Hilfen, Übersichten, Begriffserklärungen und Übungen. Mit modernen Bilanzierungsbeispielen (Entwicklungskosten, Latente Steuern, Goodwill) und dazugehörigen Kommentierungen.

Der SCHNELL-LERNER ist ein Einsteigerbuch für ***Wirtschaftsstudenten oder Studenten mit Nebenfach Wirtschaft***, die im frühen Teil des Studiums das Fach Bilanzierung (oder ähnliche Fächer) hören müssen.

Winfried Heinrichson

Schnell-Lerner *Bilanzierung*

3., überarbeitete Fassung

**Effizientes und effektives Lernen
für Wirtschaftsstudenten, Nicht-Finanz-Manager
und Unternehmensgründer.**

Bibliografische Information der Deutschen Nationalbibliothek:
Die Deutsche Nationalbibliothek verzeichnet diese Publikation in der Deutschen Nationalbibliografie; detaillierte bibliografische Daten sind im Internet über http://dnb.dnb.de abrufbar.

Umschlaggestaltung: Winfried Heinrichson

Winfried Heinrichson
c/o Cologne Business School GmbH
Hardefuststr. 1
50677 Köln
Herstellung: Amazon Distribution GmbH, Leipzig
ISBN: 978-1-4948-0952-2

Vorwort zur dritten Überarbeitung

Im Gegensatz zu vielen Lehrbüchern wurde der SCHNELL-LERNER Bilanzierung aus der Perspektive des Lernenden geschrieben, und zwar in erster Linie für Studenten, für Nicht-Finanz-Manager und Unternehmensgründer.

Diesen Zielgruppen ist gemein, daß sie sich wenig mit Rechnungswesen beschäftig haben, möglicherweise sogar eine gewisse Abneigung gegen Rechnungswesen verspüren, sei es wegen des bürokratischen Charmes, der für das Rechnungswesen typisch ist, oder sei es wegen der Denke und Sprache von Rechnungswesen- und Finanzleuten.

Aber Studenten müssen die Veranstaltungen hören und Klausuren bestehen, und Unternehmensgründer und Finanzmanager benötigen ein solides Grundverständnis für die Bilanzierungsfragen, so daß sie als kompetenter Gesprächspartner für Steuerberater, Wirtschaftsprüfer, Bank oder Finanzbehörden auftreten können.

Bilanzierung ist ein furchtbares Thema. Hinter jeder geöffneten Tür lauern weitere verwirrende Details. Jeder Sachverhalt läßt sich ohne Ende in weitere Einzelfragen zerlegen, ständig ergeben sich neue Fragen und Probleme – erschwerend kommen die unterschiedlichen Regelungen nach Handelsrecht, Steuerrecht oder internationaler Rechnungslegung hinzu.

Der SCHNELL-LERNER muß sich zwangsläufig beschränken. Noch immer sind Konzernrechnungslegung, steuerliche Gewinnermittlung (Steuerbilanz) und die Jahresabschlussanalyse nicht behandelt. Da gibt es noch viel zu schreiben in späteren Versionen. In der dritten Überarbeitung sind allerdings die Neuerungen rund um BilRuG 2016 verarbeitet worden.

Das Buch eignet sich nicht als How-To-Buch, in dem alle Details für das praktische Arbeiten abgehandelt werden. Er ist *nicht* konzipiert mit Blick auf zukünftige Bilanzbuchhalter. Für diese Berufsgruppen gibt es sehr gute Bücher, die den erforderlichen Detailreichtum besitzen, der hier nicht erarbeitet werden kann.

Alle Fehler in diesem Buch gehen allein auf meine Kappe. Für Hinweise auf Fehler und Verbesserungsmöglichkeiten bin ich dankbar (w.heinrichson@cbs.de).

Köln, im Januar 2017 Winfried Heinrichson

So benutzen Sie das Buch richtig

→ Lernkette!

Damit sind Inhalte gekennzeichnet, die einen logischen, plausiblen oder fachlich bzw. didaktisch motivierten Zusammenhang aufweisen. Diese Sachverhalte gehören zusammen und müssen (!) im Zusammenhang gelernt werden.

→ Begriffe!

Damit sind solche Begriffe gemeint, die so grundlegend und so wichtig sind, daß man sie unbedingt aktiv verstanden haben muss und auf Befragen richtig wiedergeben kann.

→ Abgrenzungen!

Hier wird auf wichtige Unterscheidungen hingewiesen. Gerade im Rechnungswesen gibt es eine Menge Begriffe, die ähnlich lauten, aber ganz unterschiedliche Bedeutungsinhalte haben. Dieser Hinweis ist hilfreich, da dem Anfänger die unterschiedlichen Bedeutungen von Begriffen oft gar nicht bewusst sind.

→ Zum Verständnis!

Hier werden Bilanzregeln nicht nur vorgestellt, sondern ihr Sinn und weitere Zusammenhänge werden erläutert.

Inhaltsverzeichnis

Verzeichnis der Beispiele

Aufgabenverzeichnis

1 Für den schnellen Einstieg

1.1 Worum es in diesem Buch geht

Dieses Buch behandelt einen Teilaspekt des unternehmerischen Rechnungswesens. Zum Rechnungswesen gehört das Aufzeichnen von Geschäftsvorfällen, das Führen von Büchern, der Abschluss der Bücher am Ende einer Periode (Jahresabschluß), die Kostenrechnung, das Controlling, die Planungs- und Investitionsrechnung, oder das Führen einer Betriebsstatistik.

Die genannten Aufgaben lassen es bereits erkennen: das Rechnungswesen des Unternehmens beschäftigt sich ganz allgemein *mit der Verarbeitung mengen- und wertmäßiger Sachverhalte und ihrer Darstellung in Geldeinheiten* (z.B. in Euro).

In diesem Buch geht es also um die Bilanzierung. Und wenn wir „Bilanzierung" sagen, meinen wir eigentlich die Anfertigung der Jahresabschlüsse von Unternehmen – denn die Bilanz im engeren Sinne ist nur *ein* Bestandteil des Jahresabschlusses. In diesem Buch wird erklärt, wie die Jahresabschlüsse aufgebaut sind, wie die Teile des Jahresabschlusses zusammengehören, nach welchen Regeln sie aufgestellt werden und wie sie zu verstehen sind.

Für wen dieses Buch geschrieben ist

Dieses Buch richtet sich an folgende Leser:

- Studenten, die Bilanzierung (oder ähnlich betitelte Veranstaltungen) im Rahmen ihres Studiums hören müssen;
- Studenten, die sich in Rechnungslegung spezialisieren wollen, aber einen Text benötigen, die die Grundlagen in komprimierter Form zusammenfasst.
- Nicht-Finanz-Manager, die im Arbeitsalltag mit Finanzinformationen zu tun haben, ohne ihre Bedeutung wirklich zu verstehen;

Was man bereits wissen sollte

Lernwillige Leser werden viel von dem Inhalt dieses Buches verstehen, auch ohne Buchführungskenntnisse. Allerdings erleichtert es den Zugang zur Bilanzierung ganz erheblich, wenn man solide Grundkenntnisse in Buchführung besitzt. Empfehlenswert sind Buchführungskenntnisse also immer, und wenn Sie die nicht haben, empfiehlt es sich zunächst ein Buch zur Buchführung durchzuarbeiten. In den meisten BWL-Studiengängen gehören Veranstaltungen zur Buchführung ohnehin zum Standard am Anfang des Studiums, und erst dann hören die Studenten Veranstaltungen zur Bilanz- und Erfolgsrechnung bzw. zur Rechnungslegung.

Als Autor von Lehrbüchern bin ich verständlicherweise der Ansicht, daß Leser am besten dran sind, wenn sie ihre Buchführungskenntnisse mit meinen Buch ***Schnell-Lerner Buchführung 2. Auflage*** (ISBN 978-1500840686) auffrischen, das die wichtigsten Grundkenntnisse komprimiert vermittelt. Man sollte vertraut sein mit der Technik der Doppelten Buchführung (Wie funktionieren Konten? Wie wird gebucht?), sowie dem Aufbau und Zusammenwirken von Bilanz und Gewinn- und Verlustrechnung.

Wie man dieses Buch gebrauchen sollte

Natürlich kann man gezielt einzelne Themen auswählen und bearbeiten. Idealerweise sollte man das Buch aber von vorne nach hinten durcharbeiten. Wissens- und Verständnisteile bauen in diesem Buch aufeinander auf, und der Stoff in einem Kapitel fußt in der Regel auf den vorherigen Inhalten.

Am Ende des Buches befinden sich Übungen, die man als Student bearbeiten sollte.

1.2 Was man alles lernen muß

In diesem Abschnitt wollen wir uns einen Überblick über die Lernfelder verschaffen, die vor Ihnen stehen, wenn Sie im Grundstudium eine Vorlesung über Bilanzierung besuchen (müssen).

1.2.1 Die Begriffe

Kein Fach kommt ohne Fachbegriffe aus – da ist das Fach *Betriebliches Rechnungswesen* keine Ausnahme. Im Rechnungswesen muß man allerdings etwas vorsichtig sein, denn viele Begriffe, die im Rechnungswesen verwendet werden und die der Leser zu lernen hat, *stehen in einem eigentümlichen Wettbewerb zur Alltagssprache*. Gewinn, Ausgabe, Einzahlung, Bewertung, Geldvermögen, Schulden oder Rücklagen sind Begriffe, die man ohne weiteres im täglichen Leben verwenden könnte. Im Rechnungswesen bezeichnen aber alle Begriffe *sehr spezifische Sachverhalte*, die man *nicht* mit der intuitiven, alltäglichen Vorstellung besetzen sollte.

Und es gibt noch einen anderen wichtigen Aspekt, warum man sich beim Lernen der Fachbegriffe keinem Schlendrian hingeben darf. Im Alltag schadet es ja nicht, wenn der Begriff und das, was der Begriff bezeichnen soll, nicht so recht zusammenpassen. Im Alltag kann man reden, wie man will, und niemanden wird es ernstlich stören.

Aber in einem fachspezifischen Zusammenhang geht das nicht.

Da kann man ***nicht*** reden, wie einem der Schnabel gewachsen ist. Jede Fachsprache bringt es mit sich, den Sachkundigen eine gemeinsame Verständigungsbasis zu verschaffen, die im Umgang untereinander viel Zeit spart und zur Eindeutigkeit beiträgt. Außerdem bestätigen sich die Diskursteilnehmer durch die korrekte Verwendung einer Fachsprache gegenseitig, daß sie *dazu gehören*.

Umgekehrt identifiziert sich jemand durch die falsche oder mehrdeutige Begriffsverwendung automatisch als Stümper, der zwar keine richtige Ahnung hat, aber dennoch mitquatschen will – und das, lieber Leser, kommt in den meisten Fällen nicht gut an, jedenfalls nicht bei den Fachleuten. Es ist also wichtig, die *Begriffe und ihren Sinn* sorgfältig zu erlernen – auch wenn's manchmal überhaupt keinen Spaß macht.

1.2.2 Die Aufgaben und Zwecke der Bilanzierung

Anfänger tun sich oft schwer mit dem Umstand, daß es so viele verschiedene Aufgaben und Zwecke des Rechnungswesens gibt. Manche Anfänger haben sogar schon Probleme damit, überhaupt zu akzeptieren, ***daß*** es solche Rechnungslegungszwecke gibt. Man könnte ja denken, als Unternehmen ist man gesetzlich verpflichtet, bestimmte Buchführungs- und Bilanzierungspflichten zu erfüllen – warum sich also Gedanken machen über die Zwecke?

Es gibt aber einen Zusammenhang von Zwecken und Regeln (Regeln sind z.B. die Gesetze, die die Pflichten kodifizieren). Die Methoden und Regeln der Bilanzierung müssen ja *immer* gelernt werden. Sie werden aber viel leichter verstanden, wenn sie in ihrer Verbindung zu den Aufgaben und Zwecken des Rechnungswesens gelernt werden. Sind die Aufgaben und Zwecke der Rechnungslegung nicht verstanden, dann fehlen Basis und Verbindung für das Verständnis eben dieser Methoden und Regeln – mit der Folge, daß diese dann verständnistechnisch im luftleeren Raum schweben.

Versuchen Sie also bitte immer, das ***Warum*** und ***Wozu*** zu erfassen! Die Erfahrung zeigt, daß dann das Fach auch mehr Spaß macht, wenn man versteht, *warum* irgendetwas so gemacht wird.

Unternehmerische Rechnungslegung umfasst eine Menge an unterschiedlichen Zwecken und Aufgaben – sowas nennt man dann ***Zweckpluralismus***. ***Rechnungslegungszwecke*** können beispielsweise sein: die Ermittlung eines *ausschüttungsfähigen* Jahresgewinns, die Ermittlung eines *steuerlich relevanten* Gewinns, der Schutz von Gläubigern oder die Information verschiedener Interessenten (Banken, Öffentlichkeit, Arbeitnehmer, Eigentümer). Aber meist beziehen sich diese Zwecke auf ***unternehmensexterne*** Parteien: Staat, Eigentümer, Kreditgeber, Öffentlichkeit. Daher wird dieser Teil des Rechnungswesens als ***externes Rechnungswesen*** bezeichnet.

Die Rechnungslegungsfachleute haben schon seit einiger Zeit erkannt, daß diese *Zwecke* mit teilweise recht unterschiedlichen *Regeln* erreicht werden können. Allerdings werden sich diese Regeln manchmal bezüglich ihrer Fähigkeit *widersprechen*, einen *bestimmten Zweck* zu erfüllen – es gibt also eine gewisse Konkurrenz oder einen Trade-Off. Das führt beispielsweise dazu, daß ein *ganz unterschiedlicher Gewinn* ermittelt wird, je nachdem, ob der Gewinn nach Handelsrecht (HGB), Steuerrecht oder nach IFRS ermittelt worden ist.

Es hilft sehr, wenn man sich bereits jetzt von dem Gedanken verabschiedet, ***Gewinn*** sei eine *einheitliche, objektiv feststellbare Größe* – das ist er nämlich *ganz sicher nicht*. Je nachdem, *nach welchen Regeln* ein Gewinn ermittelt wird, ergibt sich *eine ganz andere Gewinnhöhe*, obwohl die Geschäftsvorfälle ***völlig identisch*** sind. Für Laien oder Anfänger ist das eine irritierende Vorstellung!

Etwas bildhaft und sehr sinnig wurde dieser Sachverhalt von Prof. Moxter wie folgt formuliert:

Gewinn als objektive Größe?

"Wer die Objektivierung und den betriebswirtschaftlich aussagefähigen Gewinn in einer (einzigen) Rechnung haben will, ähnelt den Kindern, die Sonne und Sternenpracht zugleich bestaunen möchten; und wer für Kompromisse zwischen Objektivierung und betriebswirtschaftlicher Aussagefähigkeit eintritt, der gleicht demjenigen, der eher Dämmerung als Sonne oder Sternenpracht schätzt."

Moxter, Adolf: Bedeutung und Methodik betriebswirtschaftlicher Gewinnermittlung, in: Die Betriebswirtschaft, 36. Jg., 1983, S. 133 – 134, hier S. 134.

Und wenn sich der Student dann mühsam durch die Regeln zur Aufstellung eines Jahresabschlusses gequält hat (mit der *Gewinnermittlung* als einem der *Hauptzwecke* im Rahmen des externen Rechnungswesens), dann kommen mit Kostenrechnung und Controlling weitere Veranstaltungen, in denen ganz andere Regeln für Kosten- und Gewinnermittlung gelernt werden müssen. Kostenrechnung und Controlling gehören aber zum ***internen Rechnungswesen***, das als alleinigen Adressaten das ***Management des Unternehmens*** hat. Hier wird nach rein betriebswirtschaftlichen Kriterien gerechnet.

1.2.3 Die verschiedenen Regelquellen

Die Erstellung von Jahresabschlüssen erfolgt gemeinhin nicht aus Freude an der Sache oder aus Einsicht in die Notwendigkeit, sondern weil es dazu ***Vorschriften*** gibt. Diese Vorschriften können Gesetze, aber auch nicht-gesetzliche Regeln sein. So muss ein deutsches Unternehmen – wenn die Voraussetzungen zutreffen – einen Jahresabschluß nach ***Handelsgesetzbuch*** machen (also ein Gesetz!), zusätzlich eine ***steuerliche Gewinnermittlung*** anfertigen, die – etwas nachlässig – als Steuerbilanz bezeichnet wird. Diese Gewinnermittlung folgt dem ***Steuerrecht*** (ebenfalls Gesetze!). Je nach Rechtsform des Unternehmens müssen auch noch andere Gesetze (z.B. GmbH-Gesetz, Aktiengesetz) berücksichtigt werden.

Handelt es sich bei dem deutschen Unternehmen um einen ***Konzern***, so muss zusätzlich ein ***Konzernabschluss*** erstellt werden***, in dem die Tochtergesellschaften*** einbezogen werden.

- Wenn die Muttergesellschaft des Konzerns *keinen geregelten Kapitalmarkt* in Anspruch nimmt (also zum Beispiel keine Aktien oder Anleihen zur Finanzierung ausgegeben hat), wird der Konzernabschluss für die Unternehmensgruppe – so wie der

Einzelabschluss der Muttergesellschaft – nach deutschem Recht, also nach *Handelsgesetzbuch,* erstellt.

- Nimmt die Muttergesellschaft allerdings einen *geregelten Kapitalmarkt* in Anspruch, dann muss der Konzernabschluss nach ***IFRS*** gemacht werden. Die IFRS – International Financial Reporting Standards – sind keine nationalen Gesetze, sondern ein Regelwerk, das von einer privatrechtlichen Institution entwickelt wird (dem IASB – International Accounting Standards Board in London), und die in verschiedenen Ländern durch Gesetze oder sonstige Bestimmungen zur Vorschrift gemacht worden sind. So müssen europäische Konzerne seit 2005 ihre Konzernabschlüsse nach IFRS erstellen.[1]

→ Begriffe!

Eine Gruppe rechtlich selbstständiger Unternehmen unter wirtschaftlich einheitlicher Leitung nennt man ***Konzern***. Nur die einzelnen Unternehmen eines Konzerns (i.d.R. Muttergesellschaft und Tochtergesellschaften) sind *rechtlich selbstständig* (z.B. als AG oder GmbH), der Konzern an sich ist *keine Rechtsperson* (kann also beispielsweise nicht verklagt werden oder Verträge unterschreiben). Diese rechtlich selbstständigen Unternehmen stehen aber wirtschaftlich unter der Leitung der Muttergesellschaft. Die Geschäftspolitik des Gesamtunternehmens wird also durch die Muttergesellschaft bestimmt. Der Konzernabschluss ist ein *reines Informationsinstrument.* Er begründet *keine* Rechtsansprüche der Eigentümer oder anderer Parteien.

1.2.4 Regelungsbereiche

Im vorherigen Abschnitt haben wir gelesen, ***daß*** es sehr unterschiedliche Vorschriften gibt, die ein Unternehmen beachten ***muß***. Wovon das im Einzelnen abhängt, lernen wir später. Man wird sich aber auch damit beschäftigen müssen, ***was*** denn eigentlich zu regeln ist. Keine der im Folgenden beschriebenen Regelungsbereiche ist trivial. Sie sind zum Teil schwierig zu verstehen, wobei es hilft, wenn man die Zwecke nicht aus den Augen verliert.

Die folgenden Tabellen geben einen Überblick über die Regelungsbereiche Aufstellung, Prüfung und Publizität (Offenlegung).

---

[1] Verordnung (EG) Nr. 1606/2002 des Europäischen Parlaments und des Rates vom 19. Juli 2002 betreffend die Anwendung internationaler Rechnungslegungsstandards, in: ABl.EG, Nr. L 243 vom 11.9.2002 (IASVerordnung),S. 1-4.

Tabelle 1: Berichtsumfang (Überblick)

Aufstellung	**Prüfung**	**Publizität**
Mit dem Begriff ***Aufstellung*** ist die Frage gemeint, welche Unternehmen welche Teilrechenwerke überhaupt aufstellen müssen, welchen Aufbau sie haben und welche Informationen enthalten sein müssen. Kleinere Unternehmen müssen z.B. nur eine Bilanz und eine Gewinn- und Verlustrechnung machen. Andere müssen auch noch weitere Teilrechenwerke aufstellen, z.B. einen Anhang, eine Kapitalflußrechnung, einen Anlagespiegel, oder einen Eigenkapitalspiegel.	Mit dem Begriff ***Prüfung*** ist gemeint, daß manche Unternehmen die Jahresabschlüsse von ***externen Wirtschaftsprüfern prüfen*** lassen müssen. Das gilt in erster Linie für Kapitalgesellschaften, wie die GmbH oder die AG.	Dann gilt für manche Unternehmen eine sogenannte ***Publizitätspflicht***. Das heißt, daß sie ihre Jahresabschlüsse innerhalb bestimmter Fristen ***veröffentlichen*** müssen.
Also müssen die Studenten lernen, *welche* Unternehmen (Rechtsform, Größe) *welche* Rechenwerke aufzustellen haben.	Also müssen die Studenten lernen, *welche* Unternehmen (Rechtsform, Größe) *welche* Abschlüsse prüfen lassen müssen oder nicht.	Auch hier müssen sich Studenten mit den *Publizitätsvorschriften* beschäftigen, je nach Dozent mehr oder weniger.

Tabelle 2: Aufstellung Jahresabschluß (Überblick)

<table>
<tr><th colspan="6">Aufstellung</th></tr>
<tr><td colspan="6">Ansatz und Ausweis
Es ist zu lernen, ob bzw. welche Sachverhalte in den Jahresabschlüssen aufzunehmen sind, und nach welchen Konzepten und Regeln das entschieden wird („Bilanzierung dem Grunde nach"). Kommt ein Sachverhalt in die Bilanz, spricht man von Ansatz. Mit dem Begriff Ausweis ist gemeint, wo ein Sachverhalt auszuweisen ist, also z.B. in welcher Bilanzposition.</td></tr>
<tr><td colspan="3">Aktivierungsfähigkeit</td><td colspan="3">Passivierungsfähigkeit</td></tr>
<tr><td colspan="3">Hier geht es um die Frage, ob ein Sachverhalt seiner Natur nach ein Vermögensgegenstand ist („abstrakte Aktivierungsfähigkeit") oder erst aufgrund von Gesetzen zu einem Vermögensgegenstand gemacht wird („konkrete Aktivierungsfähigkeit").</td><td colspan="3">Hier geht es um die Frage, ob ein Sachverhalt seiner Natur nach eine Schuld ist („abstrakte Passivierungsfähigkeit") oder erst aufgrund von Gesetzen zu einer Schuldenposition gemacht wird („konkrete Passivierungsfähigkeit").</td></tr>
<tr><td colspan="2">Ansatzpflicht</td><td colspan="2">Wahlrecht</td><td colspan="2">Verbot</td></tr>
<tr><td colspan="2">Für bestimmte Sachverhalte auf Aktiv- und Passivseite der Bilanz gilt, daß sie in die Bilanz aufgenommen werden müssen.</td><td colspan="2">Für bestimmte Sachverhalte auf Aktiv- und Passivseite der Bilanz gilt, daß sie in die Bilanz aufgenommen werden dürfen. Der Bilanzierende kann also selber entscheiden, ob er den Sachverhalt in der Bilanz ansetzen will oder nicht.</td><td colspan="2">Für bestimmte Sachverhalte auf Aktiv- und Passivseite der Bilanz gilt, daß sie keinesfalls in die Bilanz aufgenommen werden dürfen.</td></tr>
</table>

<table>
<tr><th colspan="2">Aufstellung</th></tr>
<tr><td colspan="2">Bewertung
Kommt man zu dem Ergebnis, daß ein Sachverhalt in den Jahresabschluß aufgenommen werden muß oder kann („Ansatz"), und weiß man, wo der Sachverhalt zu bilanzieren ist („Ausweis"), so stellt sich die Frage, mit welchem Betrag die Position im Jahresabschluß erscheint.
Man spricht dann allgemein von Bewertung. Analog zu der Bilanzierung dem Grunde nach liest man die Bezeichnung Bilanzierung der Höhe nach.</td></tr>
<tr><td>Erstbewertung</td><td>Folgebewertung</td></tr>
<tr><td>Wird eine Position erstmalig in die Bilanz aufgenommen, spricht man von Erstbewertung. Bilanz- oder Steuerrecht geben vor, wie eine Bilanzposition zu bewerten ist.</td><td>Wenn die Position bereits in der vorherigen Bilanz enthalten war, spricht man von Folgebewertung. Planmäßige und außerplanmäßige Abschreibungen sind typische Aspekte der Folgebewertung.</td></tr>
</table>

Abgrenzungen

Mit ***Abgrenzung*** bei der Bilanzierung ist gemeint, daß sich der Bilanzierende überlegen muß, mit welchen Beträgen *Aufwendungen* und *Erträge* auf die aufeinanderfolgenden Perioden *verteilt* werden. Dieses Problem ist ganz und gar nicht trivial, entscheidet sich doch hier, welcher Gewinn oder Verlust in welchem Jahr anfällt, und damit – anders formuliert – welche Gewinnansprüche für die Eigentümer für das betreffende Geschäftsjahr entstanden sind.

Oft wird Gewinn oder Verlust durch *Abgrenzungsentscheidungen* einem Geschäftsjahr zugeordnet, wobei beim Laien nicht selten die Vermutung einer gewissen Willkür entsteht. Im Rahmen der Regeln kann also der Bilanzierende beeinflussen, *in welchem Jahr* ein Ertrag oder ein Aufwand entsteht – und damit eben ein höherer oder niedrigerer Gewinn.

Rückstellungen, *Rechnungsabgrenzungen* und *latente Steuern* sind typische Beispiele für Abgrenzungsbuchungen, bei denen der Bilanzierende (Management, Geschäftsführung, Inhaber) gewisse *Spielräume* beim Ansatz und bei der Bewertung hat und mit denen das Jahresergebnis beeinflusst werden kann. Mit betriebswirtschaftlichen Überlegungen hat das kaum etwas zu tun, sondern eher mit bilanz- oder steuerpolitischen Entscheidungen. Man darf nicht vergessen, daß gerade Kreditgeber (also z.B. Banken) den Jahresabschlüssen eine erhebliche Bedeutung bei ihrer Kreditentscheidung beimessen.

Eigenkapitalausweis

Wie detailliert das Eigenkapital im Jahresabschluß dargestellt wird, ist in erster Linie von der Rechtsform des bilanzierenden Unternehmens abhängig.

Je größer das Unternehmen und je komplizierter die Rechtsform, umso aufwendiger wird das Eigenkapital aufgeschlüsselt. Also muss sich der Student mit den verschiedenen Möglichkeiten beschäftigen, wie das ***Eigenkapital*** in der Bilanz erscheinen kann.

Zusammenhang von Handelsbilanz und Steuerbilanz

Bei vielen Lernenden geht es drunter und drüber, wenn es um die Besteuerung des Unternehmensgewinns geht. Vielen ist gar nicht klar, daß die Gewinnermittlung nach Handelsrecht für die Besteuerung des Gewinns eine Rolle spielen kann und daß trotzdem der steuerliche Gewinn und der handelsrechtliche Gewinn gerade bei Kapitalgesellschaften unterschiedlich hoch sind. Dieser Zusammenhang zwischen handelsrechtlichem und steuerlichem Gewinn wird durch den in § 5 EStG formulierten Maßgeblichkeitsgrundsatz begründet.

1.3 Informationsgehalt im Jahresabschluß: Drei wichtige Grundfragen

Rechnungslegung basiert heute weltweit auf denselben Teilrechenwerken: der Bilanz, der Gewinn- und Verlustrechnung (Erfolgsrechnung, GuV) und der Kapitalflußrechnung[2].

Die *Kapitalflußrechnung* (Cashflow Statement) ist eine Zahlungs- und damit Stromgrößenrechnung[3] , die möglicherweise die Urform der Rechnungslegung beschreibt: die Auflistung von Ein- und Auszahlungen einer bestimmten Periode zur Ermittlung des Zahlungsüberschusses (Cashflow). Im Großen und Ganzen helfen bereits diese drei Rechenwerke, die drei wichtigsten Fragen zu beantworten, wobei allerdings die anderen im Jahresabschluß enthaltenen Daten wichtige weitere Informationen liefern können.

Egal welche Adressatengruppe betrachtet wird, in den meisten Fällen kann man deren Informationsinteresse mit *den drei folgenden Fragen* recht gut beschreiben. Diese Fragen werden immer gestellt, egal aus welcher Interessenlage heraus die Jahresabschlüsse des Unternehmens untersucht werden. Wer also Jahresabschlüsse analysiert, der wird Antworten suchen auf eine oder mehrere der folgenden Fragen.

Frage 1: Wie ist die Gewinnsituation des Unternehmens?

Die *Eigentümer* oder die *potentiellen Investoren* des Unternehmens werden die Frage stellen, welche *Gewinne* das Unternehmen erzielt hat und voraussichtlich erzielen kann. Die Eigentümer des Unternehmens (die Gesellschafter, Aktionäre oder Partner) haben ein Anrecht auf den Residualüberschuss des Unternehmens, also dem, was nach Abzug aller periodischen Aufwendungen (Gewinnsteuern sind auch Aufwand!) vom Ertrag übrig bleibt. Und wie dieser Gewinn verwendet wird, hängt von den Eigentümern ab, denn die Eigentümer entscheiden über die Verwendung des Gewinns. Der Gewinn kann im Unternehmen verbleiben und wird dem Eigenkapital zugeschlagen, oder er wird ausgeschüttet (als Dividende oder allgemein als Gewinnausschüttung).

→ Zum Verständnis!

Der in der Gewinn- und Verlustrechnung ermittelte Gewinn des Jahres (daher „Jahresüberschuss“) zerfällt in den Teil, der im Unternehmen (eigenkapitalerhöhend) verbleibt, und den Teil, der an die Eigentümer ausgeschüttet wird (Dividende) – typischerweise im Wege einer Banküberweisung. Der Jahresgewinn (Jahresüberschuss) ist kein Geld, man darf sich das nicht so vorstellen, daß in der Höhe des Jahresgewinns irgendwo doch Geld rumliegen müßte. Die Liquidität am Bilanzstichtag kann man nur aus der Aktivseite der Bilanz ablesen (Position Kassenbestand/Bankguthaben), die Passivseite mit den Gewinnpositionen im Eigen-

---

[2] Die Kapitalflußrechnung wird erst in der nächsten Auflage behandelt.

[3] Stromgrößen verändern Bestandsgrößen. Eine Einzahlung verändert den Bestand an Zahlungsmitteln. Also ist die Einzahlung eine Stromgröße, und der Bestand an Finanzmitteln eine Bestandsgröße.

kapital (Jahresüberschuss, Bilanzgewinn, Gewinnrücklagen, Gewinnvorträge) sagt über die vorhandene Liquidität überhaupt nichts aus.

Auch der *Staat* interessiert sich für die Gewinnsituation des Unternehmens, will er doch ebenfalls ein Stück vom Kuchen abhaben – in Form von Steuern, die er auf den zu versteuernden Gewinn erhebt. Und damit die Berechnung des Gewinns nicht allzu sehr von den handelsrechtlichen Gestaltungspielräumen abhängt, gibt es mit dem Steuerrecht eine zweite Sammlung von Gewinnermittlungsregeln, nach denen der *steuerlich relevante* Gewinn zu ermitteln ist.

Wettbewerber interessieren sich ebenfalls für die Gewinnsituation des Unternehmens, können sie doch versuchen, sich über die Analyse der Finanzdaten des Unternehmens mit diesem zu vergleichen.

Diese Bilanzleser fragen sich:

- Wie viele Euros Umsatz kann das Unternehmen aus dem Verkauf seiner Produkte und Leistungen am Markt generieren?
- Wie hoch sind die *Kosten*, die das Unternehmen auf sich nehmen muss, um diese Umsätze zu erreichen?
- Wenn das Unternehmen Gewinn erzielt, was genau macht das Unternehmen oder – genauer – seine Eigentümer mit diesem Gewinn? Wie viel von dem Jahresgewinn wird von den Eigentümern *nicht* abgeschöpft, sondern für das zukünftige Wachstum eingesetzt? Wie viel vom Gewinn der letzten Jahre ist von den Eigentümern aus dem Unternehmen noch nicht entnommen worden?

Solche Fragen werden durch die Analyse der Gewinn- und Verlustrechnung beantwortet, und auch durch Analyse der Veränderungen der Eigenkapitalpositionen in der Bilanz.

Frage 2: Welchem Risiko ist das Unternehmen ausgesetzt?

Ein tatsächlicher oder potentieller *Kreditgeber* dürfte sich für das Risiko interessieren, das seinem Kreditengagement ausgesetzt ist. Und damit hier nicht der falsche Eindruck entsteht – Kreditgeber sind nicht nur Banken. Gibt das Unternehmen zur Finanzierung seines Kapitalbedarfs *Anleihen* aus, dann sind die Anleihebesitzer ebenfalls Kreditgeber.

Auch *Lieferanten* sind Kreditgeber des Unternehmens, jedenfalls dann, wenn sie das Unternehmen *auf Ziel* (also auf offene Rechnung) beliefern. In einem weiten Sinne kann man sogar *Kunden* als Gläubiger interpretieren, denn in ökonomischer (und rechtlicher) Sicht sind zukünftig zu erbringende Gewährleistungen des Unternehmens wie Verpflichtungen, die vom Unternehmen noch erfüllt werden müssen. Insofern könnten sich auch Kunden für die finanzielle Risikosituation des Unternehmens interessieren, um abzuschätzen, inwiefern das Unternehmen in der Lage sein wird, in Zukunft Gewähr- oder andere Serviceleistungen zu erbringen. Das erklärt, warum manche Kunden bei formellen Angebotsverfahren auch Bilanzen vom potentiellen Lieferanten sehen wollen, um abzuschätzen, ob sie mit einem Unternehmen eine Lieferbeziehung eingehen wollen.

Diese Interessengruppen wollen wissen:

- Welche Verpflichtungen (Schulden) hat das Unternehmen bereits gegenüber anderen Gläubigern?
- Über welche Vermögenswerte verfügt das Unternehmen, um diese Schulden abzudecken?
- Über welche Vermögenswerte verfügt das Unternehmen, die gegebenenfalls als Sicherheit für neue Schulden dienen könnten?
- Wie viel des gesamten Kapitals des Unternehmens ist den Eigentümern zuzurechnen, wie viel stammt von Fremdkapitalgebern?

Frage 3: Hat das Unternehmen ausreichende liquide Mittel?

Kein Unternehmen kommt ohne richtiges Geld aus, mit dem Rechnungen bezahlt und Schulden beglichen werden können. Anfänger und Laien sollten sich an dieser Stelle bereits an einen irritierenden Sachverhalt gewöhnen. Es ist nämlich keineswegs ungewöhnlich, daß ein Unternehmen zwar Gewinne macht, aber nur über knappe Barmittel verfügt. Und mit *Barmittel* sind dabei nicht nur Geldscheine gemeint, sondern auch *Geld auf den Bankkonten* des Unternehmens. Umgekehrt kann ein Unternehmen durchaus über erhebliche Liquidität verfügen, obwohl es niedrige oder gar keine Gewinne macht.

Möglich ist auch, daß ein Unternehmen Investitionen tätigen muß (im Hinblick auf weiteres Wachstum), und auch Gewinne macht, aber wegen der hohen Investitionsauszahlungen knapp bei Kasse ist. Und genauso kann es sein, daß ein Unternehmen von Eigentümern und/oder Kreditgebern mit ausreichend Liquidität versorgt ist, oder sich zur Existenzsicherung durch Verkauf von langfristigen Vermögensgegenständen Liquidität beschafft hat, aber wenig oder keine Gewinne macht.

Die Jahresabschlußleser werden sich fragen:

- Wie viel Finanzmittel (richtiges Geld!) hat das Unternehmen aus seinen Aktivitäten in der Periode generiert? Kann das Unternehmen aus eigener Kraft (durch den Erfolg am Markt) genügend Finanzmittel verdienen (sogenannter *operativer Cashflow*)?
- Welche Finanzmittel werden in das Wachstum des Unternehmens investiert? Können sinnvolle Investitionen in langfristige Vermögenswerte – Maschinen, technische Anlagen, Kauf von anderen Unternehmen – durch das Unternehmen bewerkstelligt werden (sogenannter *investiver Cashflow*)?
- Ist das Unternehmen in der Lage, weitere Geldquellen anzuzapfen, so zum Beispiel durch Einlagen von Eigentümern oder Krediten von Fremdkapitalgebern (sogenannter *Cashflow aus Finanzierungstätigkeit*)?
- Welche Geldmittel verbleiben pro Jahr nach Investitionsauszahlungen vom operativen Cashflow übrig, um damit die Ansprüche der Kapitalgeber zu erfüllen (sogenannter *Free Cashflow*)?

→ Abgrenzungen!

Unterscheiden Sie sorgfältig zwischen *Umsatz* (Umsatzerlöse), *Gewinn* (Jahresüberschuss) und *Cashflow*. Alle drei Begriffe sind Stromgrößen. Stromgrößen sind solche Größen, die Bestandsgrößen innerhalb der Periode verändern.

Begriff	***Umsatzerlös***	***Jahresüberschuss, Jahresfehlbetrag***	***Cashflow***
Bedeutung	= der Betrag, für den das Unternehmen Lieferungen und Leistungen an seine Kunden erbringt. Die Umsatzerlöse der Periode stehen als erste Position in der Gewinn- und Verlustrechnung.	= alle Erträge minus alle Aufwendungen der Periode. Er ist das Ergebnis aus der Gewinn- und Verlustrechnung. In einer Gewinn- und Verlustrechnung (GuV) stehen nur Erträge und Aufwendungen, egal wie die Positionen im Einzelnen benannt sein mögen. Sind die Aufwendungen höher als die Erträge, so spricht man von Jahresfehlbetrag oder Verlust.	= alle Einzahlungen minus alle Auszahlungen der Periode.
Wirkung als Stromgröße	Ein Umsatzerlös ist ein Ertrag, und ein Ertrag (Stromgröße) erhöht *Eigenkapital* (Bestandsgröße).	Der Jahresüberschuss (Jahresfehlbetrag) erhöht (vermindert) *Eigenkapital.*	Der Cashflow ist die Veränderung des *Zahlungsmittelbestands* (also richtiges Geld!).
Merke!	***Umsatzerlöse sind noch kein Gewinn, und Gewinn ist keine Tüte mit Geld!***		

1.4 Grundlegende Bilanzmechanik

1.4.1 Das Inventar

Der einfachste Zugang zum Verständnis einer Bilanz erfolgt aus der Betrachtung des Inventars. Typischerweise zum Bilanzstichtag wird das Inventar in Staffelform[4] aufgestellt. Es besteht aus Vermögen, Schulden und Reinvermögen.

→ Lernkette 1: Inventur und Inventar

1	Ein ***Inventar*** ist ein ***Verzeichnis von Vermögensgegenständen und Schulden***, die dem Geschäftsbetrieb des Kaufmanns zuzurechnen sind.
2	Vermögensgegenstände und Schulden sind einzeln nach Art, Menge und Wert ***zu einem bestimmten Stichtag*** festzustellen.
3	Das Inventar ist die ***Grundlage*** für die Erstellung der Bilanz.
4	Die ***Tätigkeit*** der Bestandsaufnahme heißt ***Inventur.***
5	Für die ***ordnungsmäßige Durchführung*** der Inventur gibt es sowohl Gesetze als auch nicht-gesetzliche Normen.
6	Zum ***Anlagevermögen*** gehören die Vermögensgegenstände, die vom Unternehmen zur dauernden Verwendung bestimmt sind (§ 247 Abs. 2 HGB).
7	Zum ***Umlaufvermögen*** gehören die Vermögensgegenstände, die ***NICHT*** Anlagevermögen sind, also Warenvorräte, Produktionsmaterial, Forderungen, Bankguthaben, Barmittel.
8	***Schulden*** sind Gläubigeransprüche, die das Unternehmen je nach Fristigkeit diesen Gläubigern erfüllen muss.
9	***Reinvermögen*** (Eigenkapital) ist die ***Differenz*** zwischen Vermögen und Schulden. Es ist ***der*** Betrag, der dem Unternehmen unbelastet von Rückzahlungsverpflichtungen am Stichtag zur Verfügung steht.

Zunächst wird also zusammengefasst, über welche ***Vermögenswerte*** oder *Aktiva* ein Unternehmen *zu einem bestimmten Zeitpunkt* - dem ***Bilanzstichtag*** - verfügt. Vermögenswerte können sein: Patente, Grundstücke und Gebäude, Technische Anlagen und Maschinen, Beteiligungen, Vorräte, Forderungen und Finanzmittel.

---

[4] Staffelform = Positionen werden *untereinander* geschrieben,
Kontenform = Positionen werden *nebeneinander* geschrieben.

Dann wird ebenfalls zusammengefasst, wie viele ***Schulden*** (sowohl Schulden, die das Unternehmen genau kennt, als auch Schulden, deren Höhe oder Fälligkeitszeitpunkt noch nicht genau bekannt sind) das Unternehmen per Bilanzstichtag hat.

Die Differenz aus Vermögenswerten und Schulden heißt ***Eigenkapital*** oder Reinvermögen. Eigenkapital und Schulden werden auch als Passiva bezeichnet.

Beispiel 1-1: Inventar eines mittelständischen Unternehmens

Inventar der Fa. Kleiner Muck GmbH, München, zum 31.12.2012		
A. Vermögen	**Euro**	**Euro**
I. Anlagevermögen		
1. Bebautes Grundstück Saarstr. 4		254.000,00
2. Betriebsgebäude Saarstr. 4		178.000,00
3. Maschinen laut Verzeichnis A		69.500,00
4. Stammanteile an der Große Muck GmbH, Hamburg		50.000,00
5. Fuhrpark		
Lieferwagen MB Sprinter	14.250,00	
PKW BMW 5	38.800,00	53.050,00
6. Geschäftsausstattung laut Verzeichnis B		27.540,00
II. Umlaufvermögen		
1. Vorräte laut Verzeichnis C		53.554,00
2. Bankguthaben		
Sparkasse München		0,00
Postbank		15.456,57
3. Kassenbestand		792,18
SUMME VERMÖGEN		**701.892,75**
B. Schulden	**Euro**	**Euro**
I. Langfristige Schulden		
1. Darlehen RLZ 7J bei der Sparkasse München	250.000,00	
2. Darlehen RLZ 4J bei der Sparkasse München	85.000,00	335.000,00
II. Kurzfristige Schulden		
Girokonto Sparkasse München		9.543,29
Fa. Büromaschinen Müller & Söhne		1.250,00
Steuerberater Dr. Krupp		486,47
Sozialversicherungen		3.515,23
SUMME SCHULDEN		**349.794,99**
SUMME VERMÖGEN		**701.892,75**
./. SUMME SCHULDEN		**349.794,99**
C. Reinvermögen (= A. - B.)		**352.097,76**

Abbildung 1: Inventar eines mittelständischen Unternehmens

1.4.2 Der Zusammenhang von Inventar und Bilanz

Ein Inventar ist ein Verzeichnis von (einzelnen!) Vermögensgegenständen und Schulden, die dem Geschäftsbetrieb des Kaufmanns zuzurechnen sind (siehe das Beispiel in *Abbildung 1: Inventar eines mittelständischen Unternehmens*).

Das Inventar stellt die einzelnen Positionen in Staffelform da. Die Bilanz stellt dagegen die Wertverhältnisse zum Bilanzstichtag in Kontoform dar. Der Zusammenhang von Inventar und Bilanz lässt sich vereinfacht wie folgt darstellen:

Inventar zum 31.12.2012	
A	**Vermögensgegenstände**
I. II.	Anlagevermögen Umlaufvermögen
B.	**Schulden**
I. II.	Langfristige Schulden Kurzfristige Schulden
A. – B. = C.	Eigenkapital

Aktiva **Bilanz zum 31.12.2012**	**Passiva**
I. Anlagevermögen II. Umlaufvermögen	C. Eigenkapital B. Schulden I. Langfristige Schulden II. Kurzfristige Schulden
Summe	Summe

Abbildung 2: Schematischer Zusammenhang von Inventar und Bilanz

Nun könnte man meinen, die Bilanz sei einfach nur ein anders formatiertes Inventar, der Informationsgehalt sei ja eigentlich der gleiche – so sieht es jedenfalls aus in *Abbildung 2: Schematischer Zusammenhang von Inventar* und Bilanz. Das stimmt so aber nicht!

Die Darstellung soll nur ***verdeutlichen***, daß das Inventar die ***Grundlage*** für die Bilanz ist, und wie der grundsätzliche Zusammenhang ist. Die Bilanz enthält darüber hinaus ***zusätzliche*** Positionen, die später besprochen werden müssen. In *Tabelle 3* soll auf folgende Unterschiede zwischen Bilanz und Inventur hingewiesen werden:

Tabelle 3: Unterschiede von Inventar und Bilanz

Nr.	Inventar	Bilanz
1	Im Inventar stehen die Positionen ***untereinander*** (Staffelform)	In der Bilanz stehen die Positionen ***nebeneinander*** (Kontoform).
2	Das Inventar enthält ***einzelne*** Vermögensgegenstände und einzelne Schuldenpositionen mit Angabe von Mengen, Einzelwerten und Gesamtwerten.	Die Bilanz enthält ***nur*** Werte. Die einzelnen Vermögensgegenstände und Schulden werden in Gruppen ***zusammengefasst***.
3	Das Inventar enthält ***nur*** Vermögensgegenstände und Schulden und errechnet aus der Differenz das Reinvermögen.	Die Bilanz berücksichtigt Positionen und Geschäftsvorfälle, die sich erst im Zuge der Abschlussbuchungen und der eigentlichen Bilanzierung ergeben (z.B. Rückstellungen, Aufgliederung des Eigenkapitals, Abschreibungen, Rechnungsabgrenzungsposten, Latente Steuern).
4	Die Summen aus Inventar und Bilanz sind ***nicht*** identisch (siehe Nr. 3)	

→ Abgrenzungen!

In der ***Alltagssprache*** wird Eigenkapital oft mit den ***Finanzmitteln*** gleichgesetzt, die der Unternehmer (oder die Eigentümer) ***selbst*** ins Unternehmen stecken. Diese Vorstellung ist aber im Rechnungswesen und bei der Bilanzierung unsachgemäß und zumindest missverständlich. Will man ein fundiertes Verständnis des unternehmerischen Finanz- und Rechnungswesens entwickeln, empfiehlt es sich, den (bilanziellen) Eigenkapitalbegriff zu lernen.

Etwas vereinfacht formuliert: das ***Vermögen*** ist alles, was das Unternehmen ***besitzt*** und was es im ***täglichen Geschäftsverkehr einsetzt***, um Umsätze und Gewinne zu erzielen – einschließlich Geld auf der Bank.

Demgegenüber stehen die ***Schulden*** des Unternehmers aus seinem Betrieb (nicht seine privaten Schulden, die tauchen hier nicht auf). Die betrieblichen Schulden müssen – abhängig von ihrer Fristigkeit – irgendwann zurückgezahlt werden. Die Tilgung der Schulden wird logischerweise aus dem Vermögen erfolgen – in aller Regel mit Geld (Geld ist ein Vermögensgegenstand unter vielen).

Das ***Reinvermögen*** (oder das Eigenkapital) ist die ***Differenz aus Vermögen und Schulden,*** und das ist kein ***Geld***, sondern lediglich eine ***Wertdifferenz***, insofern eine Restgröße. Es ist unmittelbar einsichtig, daß es grundsätzlich wünschenswert ist, wenn das Unternehmen mehr

Vermögenswerte als Schulden hat. Hat das Unternehmen nämlich mehr Schulden als Vermögenswerte, ist es in einem Bilanzsinne bereits überschuldet[5].

Eigenkapital ist also gar keine Geldgröße – es ist kein Geld, das irgendwo rumliegt.

Wie man am Beispiel der Fa. Kleiner Muck GmbH in *Abbildung 1: Inventar eines mittelständischen Unternehmens auf Seite 26* sieht, ergibt sich aus dem Inventar ein ***Reinvermögen*** (Eigenkapital) von € 352.097,76. Der ***Zahlungsmittelbestand*** (Bankguthaben und Kasse) zum Stichtag betrug € 16.248,75. Das Reinvermögen ist ein ***Wert***, der Zahlungsmittelbestand ist ***Geld*** – ein großer Unterschied!

Eigenkapital ist der Betrag – ausgedrückt in Geldeinheiten (aber kein Geld!) – der den Wert des Vermögens (also nicht nur Geld!) angibt, der ungeschmälert von Rückzahlungsverpflichtungen dem Unternehmen zum Bilanzstichtag zur Verfügung steht.

1.4.3 Schematischer Bilanzaufbau

Nach Abbildung 2 auf Seite 27 läßt sich eine Bilanz schematisch aufteilen in Anlage- und Umlaufvermögen auf der Passivseite, und Eigen- und Fremdkapital auf der Passivseite. Das Vermögen (Aktiva) steht für die Verwendung der Finanzmittel (Woraus besteht das betriebliche Vermögen und welchen Wert hat es?). Die Passiva stehen für die Kapitalherkunft – also die Quellen, aus denen das Vermögen finanziert ist, nämlich entweder Eigen- oder Fremdkapital.

Aktiva	Passiva
Anlagevermögen	Eigenkapital
Umlaufvermögen	Fremdkapital

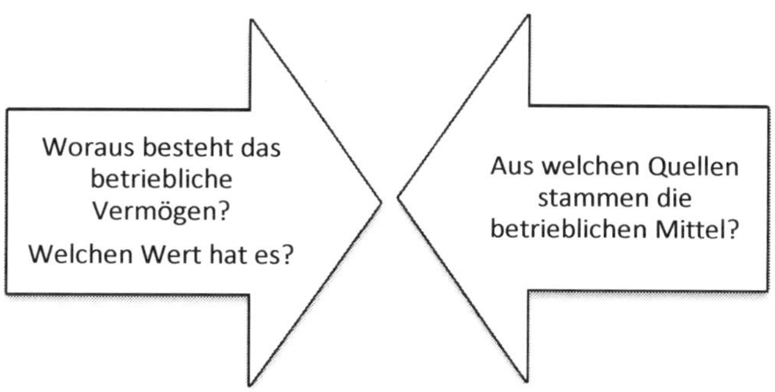

[5] Die Frage, ob das Unternehmen im insolvenzrechtlichen Sinne überschuldet ist, tut hier nichts zur Sache. Jedenfalls sind es zwei unterschiedliche Sachverhalte, die bilanzielle Überschuldung und die insolvenzrechtliche Überschuldung.

Eine sehr einfache Bilanz könnte also wie folgt aussehen:

Bilanz der Muck GmbH & Co. KG zum 31.12.2012			
Aktiva			***Passiva***
Computer	11.000	Schulden Bank	15.000
Aktien an der Hasenhirn AG	25.000	Schulden Lieferanten	12.000
Warenvorräte	8.000	Eigenkapital	33.000
Forderungen	12.000		
Liquide Mittel	4.000		
SUMME	***60.000***	***SUMME***	***60.000***

1.4.4 Veränderungen der Bilanz durch Geschäftsvorfälle

Die folgenden Tabellen geben eine Übersicht über die möglichen Veränderungen in der Bilanz durch Geschäftsvorfälle:

Durch einen Geschäftsvorfall mögliche Veränderung der Bilanz			
Ohne Veränderung der Bilanzsumme		***Mit*** Veränderung der Bilanzsumme	
Aktivtausch	Passivtausch	Bilanzverlängerung (Aktiv-Passiv-Mehrung)	Bilanzverkürzung (Aktiv-Passiv-Minderung)

Veränderung	***Beschreibung***	***Beispiele***
Aktivtausch	Eine Aktivposition vermindert sich, eine andere Aktivposition (+) erhöht sich. Durch den Tausch zwischen zwei (oder mehr) Aktiva wird nur die *Mittelverwendung* geändert; die *Bilanzsumme* und die *Zusammensetzung* der *Mittelherkunft* bleiben unverändert.	Anschaffung von Vermögensgegenständen gegen Barzahlung; Veräußerung von Vermögensgegenständen zum Buchwert; Einzahlung von liquiden Mitteln aus der Kasse auf das Bankkonto.
Passivtausch	Eine Passivposition (-) vermindert sich, eine andere Passivpositionen (+) erhöht sich. Durch den Tausch zwischen zwei (oder mehr) Passiva wird nur die *Mittelherkunft* (die Zurechnung zu Kapitalgebern bzw. Anspruchsgruppen) geändert; die *Bilanzsumme* und die *Zusammensetzung* der *Mittelverwendung* bleiben unverändert.	Lieferantenschulden werden in ein Darlehen umgewandelt Eine Rückstellung wird gebildet (= Aufwand vermindert EK) oder aufgelöst (= Ertrag erhöht EK) Gewinnvortrag wird in Gewinnrücklagen umgebucht
Bilanzverlängerung	Erhöhung eines Aktivpostens bei gleichzeitiger Erhöhung einer Passivposition.	Kauf von Waren auf Ziel. Verkauf von Waren mit Gewinn. Eine außerplanmäßige Abschreibung wird rückgängig gemacht (=Zuschreibung).
Bilanzverkürzung	Verminderung eines Aktivpostens bei gleichzeitiger Verminderung einer Passivposition.	Abschreibungen Tilgung von Verbindlichkeiten Buchverlust bei Vermögensabgang

Geschäftsvorfälle		
mit Wirkung auf das EK		***ohne*** Wirkung auf das EK
Beispiele Erträge wie Umsatzerlöse, alle anderen Erträge und Aufwendungen einschließlich Ab- und Zuschreibungen; Bildung und Auflösung von Rückstellungen; Bestandsveränderungen; Aktivierte Eigenleistungen.	***Beispiele*** Einlagen oder Entnahmen durch Eigentümer oder Gesellschafter; Kapitalerhöhungen und Dividenden bei Kapitalgesellschaften.	***Beispiele*** Kauf von Vermögensgegenständen; Kreditvergabe; Verkauf von Vermögensgegenständen zum Buchwert; Aufnahme oder Tilgung von Verbindlichkeiten.
Verändern den *Gewinn* (+ oder -), und damit auch das EK.	Verändern *nur* das EK, aber nicht den *Gewinn*.	Verändern *weder* das EK *noch* den Gewinn.
„erfolgswirksam“	***„erfolgsneutral“***	***„erfolgsneutral“***

2 Grundprinzipien der Bilanzierung

2.1 Funktionen des Jahresabschlusses

In Deutschland gibt es für die Erstellung von Jahresabschlüssen gesetzliche Vorschriften. Bevor wir uns um diese gesetzlichen Vorschriften im Einzelnen kümmern, sollen zunächst die Zwecke und Funktionen des Jahresabschlusses dargestellt werden.

Wir fragen uns also zunächst, was genau soll mit dem Jahresabschluß eigentlich erreicht werden.

Jedes Rechnungslegungssystem (egal ob deutsches Bilanzrecht, amerikanische Bilanzierungsregeln, oder die IFRS) kennt diese Zwecke und Funktionen. Unterschiede zwischen den Rechnungslegungssystemen sind erklärbar durch eine unterschiedliche Gewichtung der Zwecke und Funktionen, so daß in der Folge die Einzelregeln voneinander abweichen.

2.1.1 Dokumentationsfunktion

§ 238 Abs. 1 HGB formuliert die ***Generalnorm*** für *das Führen von Büchern* und gilt für jeden Kaufmann. Aus dem Wortlaut des § 238 Abs. 1 HGB und seinem Sinnzusammenhang ist das Bilanzierungsziel der *Dokumentation* abzuleiten. Dokumentation von Vermögensgegenständen und Schulden heißt zunächst, ihren Zugang und ihr Vorhandensein bzw. ihren Abgang in bestimmten Aufzeichnungen festzuhalten.

Gesetzestext: § 238 Abs. 1 HGB – Buchführungspflicht

Jeder Kaufmann ist verpflichtet, Bücher zu führen und in diesen seine Handelsgeschäfte und die Lage seines Vermögens nach den Grundsätzen ordnungsmäßiger Buchführung ersichtlich zu machen. Die Buchführung muß so beschaffen sein, daß sie einem sachverständigen Dritten innerhalb angemessener Zeit einen Überblick über die Geschäftsvorfälle und über die Lage des Unternehmens vermitteln kann. Die Geschäftsvorfälle müssen sich in ihrer Entstehung und Abwicklung verfolgen lassen.

Gesetzestext: § 243 Abs. 1 HGB – Aufstellungsgrundsatz

Der Jahresabschluß ist nach den Grundsätzen ordnungsmäßiger Buchführung aufzustellen.

Die Buchführung ist die Voraussetzung für den Jahresabschluß. Das Gesetz bestimmt die Befolgung der Grundsätze ordnungsmäßiger Buchführung ausdrücklich sowohl für Buchführung als auch für den Jahresabschluß.

Der Jahresabschluß eines Unternehmens soll eine übersichtliche, vollständige und für Dritte nachvollziehbare Aufzeichnung aller Geschäftsvorfälle gewährleisten und eine zusammenfassende Auskunft über die wirtschaftliche Lage des Unternehmens geben. Die Dokumentationsfunktion dient der Beweisfunktion und unterstützt die Prävention im Hinblick auf rechtswidrige Handlungen durch Angehörige des Unternehmens.

Erstes Dokumentationsinstrument ist die laufende ***Buchführung***. Zweites Dokumentationsinstrument ist das ***Inventar***. Die ***Bilanz*** gilt als drittes Dokumentationsinstrument.

In der Bilanz werden zwar alle im zugehörigen Inventar enthaltenen Vermögensgegenstände und Schulden angeführt, aber in zusammengefasster Form, und nicht mehr in Mengeneinheiten, sondern in Geldeinheiten.

Die Dokumentation im Sinne einer vollständigen, richtigen und systematischen Aufzeichnung aller Geschäftsvorfälle bildet somit die Basis eines jeden Jahresabschlusses. Durch die Nachprüfbarkeit der Aufzeichnungen in den Handelsbüchern erfüllt die Dokumentation auch gleichzeitig eine Beweisfunktion bei eventuellen Rechtsstreitigkeiten.

2.1.2 Zahlungsbemessungsfunktion

Mit der sogenannten „Zahlungsbemessungsfunktion" lassen sich zwei weitere Aufgaben des Jahresabschlusses identifizieren. Zum einen ist das die *Ausschüttungsbemessung*, zum anderen die Bemessung der *Besteuerungsgrundlage*. „Ausschüttung" bezieht sich auf die Gewinnauszahlungen an die Eigentümer, „Besteuerungsgrundlage" bezieht sich auf die Steueransprüche des Staates. Die Zahlungsbemessung erfolgt im Rahmen eines Jahresabschlusses also für *zwei verschiedene Zahlungsgläubiger*, den ***Fiskus*** und die ***Anteilseigner*** des Unternehmens. Einerseits ist ein *nach Steuerrecht ermittelter Gewinn* zu ermitteln (um dann versteuert zu werden), andererseits bildet der *nach Handelsrecht ermittelte Gewinn* die Grundlage für die Höhe der Ausschüttungen an die Anteilseigner.

Man kann also durchaus sagen, daß zwei Parteien Gewinnansprüche an das Unternehmen stellen, der Staat und die Eigentümer. Und diese Gewinnansprüche werden nach zweierlei Maß gemessen, nämlich nach Handelsrecht und nach Steuerrecht.

2.1.2.1 Besteuerungsgrundlage

Auch wenn der Gewinn für Zwecke der Besteuerung dem Steuerrecht folgt, bestimmt das Steuerrecht in § 5 Abs. 1 EStG, daß der handelsrechtliche Gewinn der Ausgangspunkt für die Ermittlung der Besteuerungsgrundlagen. In § 5 Abs. 1 EStG heißt es:

Gesetzestext: § 5 Abs. 1 EStG

Bei Gewerbetreibenden, die aufgrund gesetzlicher Vorschriften verpflichtet sind, Bücher zu führen und regelmäßig Abschlüsse zu machen, oder die ohne eine solche Verpflichtung Bücher führen und regelmäßig Abschlüsse machen, ist für den Schluß eines Wirtschaftsjahres das Betriebsvermögen anzusetzen (§ 4 Abs. 1 Satz 1), das nach den handelsrechtlichen Grundsätzen ordnungsmäßiger Buchführung auszuweisen ist, es sei denn, im Rahmen der Ausübung eines steuerlichen Wahlrechts wird oder wurde ein anderer Ansatz gewählt.

Handels- und Steuerbilanz sind somit durch das in § 5 Abs. 1 EStG verankerte *Maßgeblichkeitsprinzip* miteinander verknüpft (siehe dazu im Einzelnen Abschnitt 2.2). Die handelsrechtlichen Vorschriften bilden die Grundlage für die steuerliche Gewinnermittlung.

2.1.2.2 Ausschüttungsbemessungsfunktion

Noch in der Regierungsbegründung zum BilMoG[6] wurde die Ausschüttungsbemessungsfunktion als *primäre Aufgabe der handelsrechtlichen Regeln bestätigt* – gerade auch in ihrer Verknüpfung zu der steuerlichen Gewinnermittlung. Dort heißt es: „Die Funktion des handelsrechtlichen Jahresabschlusses als Grundlage der Gewinnausschüttung und seine Maßgeblichkeit für die steuerliche Gewinnermittlung – die [...] Eckpfeiler der handelsrechtlichen Bilanzierungsvorschriften – bleiben gewahrt."[7]

Die Ermittlung des Gewinns (zur Ausschüttung und für die Besteuerung) ist also eine der Hauptzwecke des Jahresabschlusses.

Bei der Ausschüttungsbemessung kann es zu Interessenskonflikten zwischen Management, Anteilseignern und Gläubigern kommen, zum Beispiel:

- Die Gläubiger – also beispielsweise die Kreditgeber – wissen, daß mit einer Gewinnausschüttung die Liquidität des Unternehmens vermindert wird. Sie könnten davon ausgehen, daß sich ihre Risikoposition verschlechtert im Hinblick auf die Fähigkeit des Unternehmens, Zinszahlungen und Tilgungen zu leisten. Gläubiger sehen daher Gewinnausschüttungen eher kritisch.
- Für das Management könnten Anreize entstehen, durch entsprechende bilanzpolitische Maßnahmen hohe Ausschüttungen zu vermeiden, um mit den einbehaltenen Finanzmitteln Investitionen zu tätigen (z.B. Finanzierung von Übernahmen).

Um diese Interessenkonflikte zu mildern, hat der Gesetzgeber die Erstellung des Jahresabschlusses bestimmten Regeln unterworfen, die auch als Ausschüttungsbemessungsfunktion bezeichnet werden.

---

[6] Bilanzrechtsmodernisierungsgesetz 2009

[7] Zitiert nach Wüstemann, J./Wüstemann S. (2010): Das System der Grundsätze ordnungsmäßiger Buchführung nach dem Bilanzrechtsmodernisierungsgesetz; in: Besteuerung, Rechnungslegung und Prüfung der Unternehmen, Festschrift für Prof. D. Norbert Kravitz, hrsg. von H. Baumhoff et.al., Wiesbaden 2010, S. 751-780.

Sicherung einer Mindestausschüttung

Im Rahmen dieser Regelungen soll die Sicherung einer Mindestausschüttung gewährleistet werden. Auf diesem Wege wird verhindert, daß Mehrheitsaktionäre und/oder das Management den Ausschüttungsanspruch von Minderheitsaktionären ignorieren. So könnte z.B. das Management Jahr für Jahr vorschlagen, die erwirtschafteten Gewinne in die Gewinnrücklagen einzustellen, um eine Ausschüttung zu umgehen.

Vor diesem Hintergrund gewährt z.B. § 254 AktG Minderheitsaktionären das Recht, Hauptversammlungsbeschlüsse anzufechten, wenn die Minderheiten unnötigerweise auf eine Mindestausschüttung von 4 % des Grundkapitals verzichten müssen. Diese Regelung gilt also dem Gesellschafterschutz.

Begrenzung zu hoher Ausschüttungen

Der Gesetzgeber hat aber auch darauf zu achten, das nicht überproportional hohe Ausschüttungen stattfinden, da die Anteilseigner durch ihre Beschlussmöglichkeiten im Rahmen einer Gesellschafterversammlung oder über die Satzung der Gesellschaft selbst die Höhe ihrer Ausschüttungen festlegen.

Deshalb kommt dem Jahresabschluß auch die sog. Ausschüttungssperrfunktion zu. Insbesondere vor dem Hintergrund der Haftungsbeschränkung der Kapitalgesellschaften erfordert der Gläubigerschutz eine Begrenzung der Ausschüttungsbeträge. Auf diesem Wege soll für den Konkursfall ein Mindestzugriffsvermögen für die Gläubiger gewährleistet werden.

Gesetzliche Regelungen, die diesem Zwecke dienen sind u.a.:

- Verbot der Rückgewähr des Grundkapitals (§ 57 AktG)
- Bildung einer ausschüttungsgesperrten gesetzlichen Rücklage (§ 150 AktG)
- vorsichtige Bewertung der Vermögensgegenstände und Schulden (§ 252 Abs. 1 Nr. 4 HGB)

Durch diese und andere Regelungen wird versucht zu gewährleisten, daß dem Unternehmen ausreichend finanzielle Mittel zur Verfügung stehen, um zukünftigen Zahlungsverpflichtungen nachkommen zu können. Man spricht auch von der *Kapitalerhaltungsfunktion*.

In der Bilanzlehre und im Bilanzrecht lag der Primärzweck der Handels- und Steuerbilanz lange in der Ermittlung eines unbedenklich ausschüttbaren Reinvermögenszuwachses. Etwas salopp gesagt, sollte nur dann ein Gewinn ausgeschüttet werden dürfen, wenn er auch verdient („realisiert") worden ist. Man muß also genau festlegen, wann ein Ertrag als *realisiert* gelten kann.

Bei oberflächlicher Betrachtung könnte man glauben, ein Ertrag sei realisiert, wenn das Geld in der Kasse ist. Aber diese Betrachtung ist falsch. *Realisation* knüpft nicht an den Geldzufluß an, sondern an den Zeitpunkt, wann der Anspruch auf die Bezahlung entstanden ist – und das ist der Zeitpunkt der Lieferung oder Leistung.

Ebenso muß festgelegt werden, was genau als Aufwand gilt (und damit den Gewinn vermindert), und was *nicht* als Aufwand gilt bzw. *nicht* als Aufwand gelten *muß*. Auch diese Fragen sind (z.B. im Zusammenhang mit Entwicklungskosten, Disagio oder Rückstellungen) nicht trivial.

- Wenn also die Frage auftaucht, ob eine Geldausgabe zu einem Aktivum in der Bilanz führen muß oder führen kann („eine Ausgabe aktivieren"), geht es auch darum zu bestimmen, ob die Geldausgabe zu einem Aufwand führt oder nicht.
- Wenn die Geldausgabe auch ein Aufwand ist, dann wird der Jahresgewinn vermindert (Aufwand vermindert Gewinn) und es darf dann entsprechend weniger ausgeschüttet werden.
- Wenn die Geldausgabe aber nicht als Aufwand zu klassifizieren ist, dann führt sie zu einem Aktivum in der Bilanz oder ein Passivum wird reduziert, und der Gewinn vermindert sich nicht. Die Bilanz wirkt somit wie ein Wertspeicher.

2.1.3 Informationsfunktion

Ganz allgemein besteht eine weitere Funktion der handelsrechtlichen Bilanzierung darin, den verschiedenen Bilanzadressaten notwendige Informationen zur Verfügung zu stellen.

Beim Einzelunternehmen wird der Kaufmann – so er denn Bücher führen und bilanzieren muß – mit dem Jahresabschluß zu einer Art Rechenschaft gegenüber sich selber genötigt, so daß es ihm möglich ist, sich über die finanziellen Verhältnisse seines eigenen Unternehmens zu informieren.

Weiter läßt sich aus der allgemeinen Informationsfunktion die Rechenschaftsfunktion ableiten. Diese bezieht sich vorrangig auf *die Interessen der Kapitalgeber*. Die Gruppe der Kapitalgeber kann in *Gesellschafter* und *Gläubiger* unterteilt werden.

Gerade bei Kapitalgesellschaften ist die Rechenschaftsfunktion bedeutsam, da es bei der Kapitalgesellschaft zu einer Trennung von Eigentum und Verfügungsgewalt kommen kann. Vorstand einer Aktiengesellschaft oder Geschäftsführer einer GmbH müssen nicht Eigentümer (Gesellschafter) sein, verfügen aber durch ihre Entscheidungen über das Eigentum der Gesellschafter, ohne daß die Gesellschafter die Handlungen der angestellten Manager ständig überwachen können.

Auch die Fremdkapitalgeber befinden sich in der Situation, daß sie keine faktische Kontrolle über die Verwendung der Kapitalbeträge haben, die sie dem Unternehmen zur Verfügung gestellt haben.

Neben den Konflikten zwischen Unternehmensleitung (angestellte Manager vs. Eigentümer und Kapitalgeber) kommt es auch zu unterschiedlichen Interessenlagen der einzelnen Kapitalgebergruppen. Die gegensätzliche Interessenlage dieser Gruppen (Zahlung von Dividenden vs. Rückzahlung von Krediten)[8] führt dazu, daß hier grundsätzlich auch unterschiedliche Präferenzen bezüglich der gewünschten Informationen vorliegen. Der Jahresabschluß soll in diesem Zusammenhang dem Problem der asymmetrischen Informationsverteilung entgegentreten. Die Bilanzskandale um Enron, Worldcom und EM-TV belegen die Bedeutung dieser Funktion des Jahresabschlusses.

Der Jahresabschluß hat für Kapitalmarktteilnehmer eine zentrale Informationsfunktion. Diese Funktion wird primär gewährleistet, wenn die Informationen des Jahresabschlusses geeignet sind, den Anlegern (aktuelle und potentielle Eigentümer) entscheidungsrelevante Informationen bezüglich einer Investition in das jeweilige Unternehmen zu liefern. Diese kann allerdings nur gegeben sein, wenn den Investoren ein möglichst sicherer Einblick in die finanzwirtschaftliche Unternehmenslage gewährt wird.

[8] Eigentümer sind an Gewinnen und Dividenden interessiert, Gläubiger sind an verlässlicher Zinszahlung und pünktlicher Tilgung der Kredite interessiert. Ausgeschüttete Gewinne stehen dem Unternehmen aber als Finanzmittel nicht mehr zur Verfügung, so daß sich die Risikoposition der Fremdkapitalgeber zwangsläufig verschlechtert. Daher sehen Kreditgeber bei der Höhe der Gewinnausschüttungen sehr genau hin.

2.2 Verknüpfung von Handels- und Steuerbilanz über das Maßgeblichkeitsprinzip

2.2.1 Grundlegendes zum Maßgeblichkeitsprinzip

Werfen wir kurz einen Blick auf die steuerliche Gewinnermittlung. Die drei wesentlichen Methoden der steuerlichen Gewinnermittlung sind:

Gewinnermittlung durch Betriebsvermögensvergleich nach § 4 Abs. 1 EStG	***Gewinnermittlung durch Betriebsvermögensvergleich nach § 5 Abs. 1 EStG (i.V.m. § 4 Abs. 1 EStG)***	***Einnahme-Überschuss-Rechnung nach § 4 Abs. 3***
Gewinn ist der Unterschiedsbetrag zwischen dem Betriebsvermögen (BV) am Schluss des Wirtschaftsjahres (Wj.) und dem BV am Schluss des vorangegangenen Wj., vermehrt um den Wert der Entnahmen und vermindert um den Wert der Einlagen. ***Ansatz und Bewertung erfolgen nach rein steuerrechtlichen Regeln.***	Gewinn ist der Unterschiedsbetrag zwischen dem Betriebsvermögen (BV) am Schluss des Wirtschaftsjahres (Wj.) und dem BV am Schluss des vorangegangenen Wj., vermehrt um den Wert der Entnahmen und vermindert um den Wert der Einlagen. ***Ansatz und Bewertung erfolgen nach handelsrechtlichen GoB.***	Gewinn ist hier der Überschuss der Betriebseinnahmen über die Betriebsausgaben (nicht Erträge minus Aufwendungen).
Für Gewerbetreibende, die keine Kaufleute i.S.d. HGB sind, die aber steuerlich verpflichtet sind, Bücher zu führen und Abschlüsse zu machen (§ 141 AO).	Für Gewerbetreibende, die aufgrund handelsrechtlicher Vorschriften (HGB) bzw. Kaufleute i.S.d. HGB; außerdem für Gewerbetreibende, die freiwillig Bücher führen (§ 140 AO).	Für Steuerpflichtige, die nicht aufgrund gesetzlicher Vorschriften verpflichtet sind, Bücher zu führen und Abschlüsse zu machen (kleine Gewerbetreibende, Freiberufler).
Rechenwerk: eigenständige Steuerbilanz,	Rechenwerk: Ableitung der Steuerbilanz aus der Handelsbilanz: ***Maßgeblichkeitsprinzip***	Rechenwerk: Einnahme-Überschuss-Rechnung

Im Falle des § 5 Abs. 1 EStG gilt also das sogenannte ***Maßgeblichkeitsprinzip***. Es besagt, daß das Betriebsvermögen (also das Eigenkapital), das für die Besteuerung herangezogen wird, nach den handelsrechtlichen Vorschriften ermittelt werden soll. Insofern ist die Handelsbilanz ***maßgeblich*** für die Steuerbilanz. Das Maßgeblichkeitsprinzip ist kodifziert im EStG:

Gesetzestext: § 5 Abs. 1 EStG – Betriebsvermögensvergleich

(1) Bei Gewerbetreibenden, die auf Grund gesetzlicher Vorschriften verpflichtet sind, Bücher zu führen und regelmäßig Abschlüsse zu machen, oder die ohne eine solche Verpflichtung Bücher führen und regelmäßig Abschlüsse machen, ist für den Schluss des Wirtschaftsjahres das Be-

triebsvermögen anzusetzen (§ 4 Absatz 1 Satz 1), das nach den handelsrechtlichen Grundsätzen ordnungsmäßiger Buchführung auszuweisen ist, es sei denn, im Rahmen der Ausübung eines steuerlichen Wahlrechts wird oder wurde ein anderer Ansatz gewählt.

Etwas weniger gespreizt bedeutet das, daß der steuerliche Gewinn des Unternehmens aus dem handelsrechtlich ermittelten Gewinn abgeleitet wird. Wir haben ja u.a. in Abschnitt 1.2.2 gelernt, daß einer der Hauptzwecke des Jahresabschlusses die *Feststellung des periodischen Gewinns* ist. Aus dem nach Handelsrecht aufgestellten Einzelabschluß des Unternehmens ergibt sich der Jahresgewinn (nach Steuern), den die Eigentümer beanspruchen können – ob und wie der Gewinn ausgeschüttet wird, ist eine völlig andere Frage. Die Regelungen im HGB bestimmen also die Gewinnhöhe.

Aber nicht nur die Eigentümer des Unternehmens, auch der Staat will sein Stück vom Gewinnkuchen haben, und zwar in Form von Steuern, die auf den Gewinn (vor Steuern) anfallen. Damit stellt sich die Frage, *nach welchen Regeln* der zu versteuernde Gewinn ermittelt werden soll.

Kaufleute im Sinne des HGB müssen Bücher führen und Jahresabschlüsse nach den GoB machen, d.h. der Jahresgewinn ist nach den Bestimmungen des HGB zu ermitteln. Das Steuerrecht sagt mit § 5 EStG, daß für diese Kaufleute dieser nach HGB ermittelte Gewinn („das nach den handelsrechtlichen Grundsätzen ordnungsmäßiger Buchführung auszuweisen ist") auch für die Besteuerung herangezogen wird.

§§ 4, 5 EStG schreiben also vor, ***wie*** der Gewinn für Zwecke der Besteuerung zu ermitteln ist. ***Welche Unterlagen*** zu diesem Zweck beim Finanzamt einzureichen sind, ergibt sich aus Einkommensteuerdurchführungsverordnung:

Gesetzestext: § 60 EStDV – Unterlagen zur Steuererklärung

(1) Der Steuererklärung ist eine Abschrift der Bilanz, die auf dem Zahlenwerk der Buchführung beruht, im Fall der Eröffnung des Betriebs auch eine Abschrift der Eröffnungsbilanz beizufügen, wenn der Gewinn nach § 4 Abs. 1, § 5 oder § 5a des Gesetzes ermittelt und auf eine elektronische Übermittlung nach § 5b Abs. 2 des Gesetzes verzichtet wird. Werden Bücher geführt, die den Grundsätzen der doppelten Buchführung entsprechen, ist eine Gewinn- und Verlustrechnung beizufügen.

(2) Enthält die Bilanz Ansätze oder Beträge, die den steuerlichen Vorschriften nicht entsprechen, so sind diese Ansätze oder Beträge durch Zusätze oder Anmerkungen den steuerlichen Vorschriften anzupassen. Der Steuerpflichtige kann auch eine den steuerlichen Vorschriften entsprechende Bilanz (Steuerbilanz) beifügen.

(3) Liegt ein Anhang, ein Lagebericht oder ein Prüfungsbericht vor, so ist eine Abschrift der Steuererklärung beizufügen. Bei der Gewinnermittlung nach § 5a des Gesetzes ist das besondere Verzeichnis nach § 5a Abs. 4 des Gesetzes der Steuererklärung beizufügen.

(4) Wird der Gewinn nach § 4 Abs. 3 des Gesetzes durch den Überschuss der Betriebseinnahmen über die Betriebsausgaben ermittelt, ist die Einnahmenüberschussrechnung nach amtlich vorgeschriebenem Datensatz durch Datenfernübertragung zu übermitteln. Auf Antrag kann die Finanzbehörde zur Vermeidung unbilliger Härten auf eine elektronische Übermittlung verzichten; in diesem Fall ist der Steuererklärung eine Gewinnermittlung nach amtlich vorgeschriebenem Vordruck beizufügen. § 150 Abs. 7 und 8 der Abgabenordnung gilt entsprechend.

Der steuerpflichtige Kaufmann kann also entweder zusätzlich zu seiner handelsrechtlichen Bilanz eine sogenannte Mehr- und Weniger-Rechnung beifügen, oder gleich eine Bilanz einreichen, die den steuerlichen Vorschriften genügt (Steuerbilanz).

Der steuerliche Gewinn ergibt sich in den Fällen des § 4 Abs. 1 EStG und § 5 EStG aus dem sogenannten *Betriebsvermögensvergleich.*

Der Begriff *Betriebsvermögen* findet sich nur im Steuerrecht – im Wesentlichen ist damit das *Eigenkapital des Unternehmens* (des Kaufmanns) gemeint. Man kann mit einem noch gerade akzeptablen Begriffsschlendrian sagen, *Betriebsvermögen* ist das Steuer-Wort für das, was wir im Handelsrecht als *Eigenkapital* bezeichnen.

Beim Betriebsvermögensvergleich ist Gewinn der Unterschiedsbetrag zwischen dem Betriebsvermögen am Schluss des Wirtschaftsjahres und dem Betriebsvermögen am Schluss des vorangegangenen Wirtschaftsjahres, vermehrt um den Wert der Entnahmen und vermindert um den Wert der Einlagen.

Ein einfaches Beispiel soll diesen Sachverhalt erläutern.

Beispiel 2-1: Betriebsvermögensvergleich

Das Betriebsvermögen (also das Eigenkapital) des Gewerbetreibenden Muck beträgt nach der Bilanz zum 31.12.2007 70.000 € und nach der Bilanz zum 31.12.2006 30.000 €. Im Laufe des Jahres 2007 hat der Steuerpflichtige für 10.000,00 € Waren entnommen und in seinem Haushalt verbraucht. Außerdem hat er 2007 von seinem privaten Sparkonto 20.000 € abgehoben und auf das betriebliche Bankkonto eingezahlt.

Der Gewinn durch Betriebsvermögensvergleich wird wie folgt ermittelt:

Betriebsvermögen am Schluss des Wj (31.12.2007):	70.000,00 €
– BV am Schluss des vorangegangenen Wj (31.12.2006)	– 30.000,00 €
= Unterschiedsbetrag	+40.000,00 €
+ Entnahme	+10.000,00 €
– Einlage	– 20.000,00 €
= Gewinn aus Gewerbebetrieb 2007	30.000,00 €

Das Eigenkapital hat sich im Jahr 2007 insgesamt um 40.000 erhöht („Unterschiedsbetrag"). Diese Erhöhung ist aber teilweise zustande gekommen durch die Einlage von Muck in Höhe von 20.000. Mit der Einlage hatte Muck das Eigenkapital erhöht. Diese Einlage ist aber kein Gewinn, wird daher also wieder subtrahiert. Das Eigenkapital hat sich um den Privatverbrauch des Muck in Höhe von 10.000 vermindert – diese 10.000 müssen daher wieder zum Gewinn addiert werden.

Warum wird der steuerliche Gewinn nicht direkt als Differenz zwischen Erträgen und Aufwendungen ermittelt, sondern aus dem Vergleich des Eigenkapitals?

Man muß bedenken, daß sich die Höhe des Eigenkapitals zum Bilanzstichtag aus dem Wert des Vermögens abzüglich des Werts der Schulden zum Bilanzstichtag ergibt. Die Vorschriften zur Bewertung von Vermögen und Schulden bestimmen deren tatsächliche Höhe. Die Differenz zwischen Vermögen und Schulden ist das Eigenkapital. Aus der Veränderung des Eigenkapitals während der Periode ergibt sich der Gewinn. Also haben die Ansatz- und Bewertungsvorschriften des Handels- und Steuerrechts unmittelbare Auswirkung auf die Höhe des Gewinns, und damit auf die Steuern.

Bedeutung des Maßgeblichkeitsgrundsatzes

Der Maßgeblichkeitsgrundsatz hat das deutsche Steuerbilanzrecht seit mehr als 100 Jahren geprägt. Zu Anfang standen Zweckmäßigkeitsgründe (Vereinfachung, Deregulierung) bei der Übernahme der handelsrechtlichen GoB in die Steuerbilanz im Vordergrund.

Aufgrund des für den Steuerpflichtigen und Fiskus einheitlich ermittelten Gewinns sah man in dem Fiskus einen stillen Teilhaber an einem einheitlich ermittelten Gewinn (Teilhabertheorie, Gleichstellungsthese). Andererseits sah der Fiskus in der Anknüpfung der Steuerbilanz an die Handelsbilanz eine Glaubwürdigkeit des ermittelten Gewinns.

Wegen des zunehmenden Finanzbedarfs des Staates wurde der Maßgeblichkeitsgrundsatz immer mehr zu Gunsten einer erhöhten Steuerbemessungsgrundlage eingeschränkt, so daß der Staat als *bevorrechtigter Teilhaber* am Gewinn in den Vordergrund trat. Hinzu kamen gewinnerhöhende Einflüsse aus den internationalen Rechnungslegungsstandards der IFRS und US-GAAP, die den Bilanzgewinn ebenfalls tendenziell erhöhen. Letztlich werden also unterschiedliche Gewinne ermittelt - einer nach Steuerrecht, und einer nach Handelsrecht.

2.2.2 Ausprägungen der Maßgeblichkeit

Gewerbetreibende haben nach § 5 Abs. 1 Satz 1 EStG im Rahmen der steuerlichen Gewinnermittlung das nach den handelsrechtlichen Grundsätzen ordnungsmäßiger Buchführung auszuweisende Betriebsvermögen anzusetzen. Der Regelungsinhalt dieser Vorschrift wird unterschiedlich weit interpretiert:

(1) Materielle Maßgeblichkeit

- Die materielle Maßgeblichkeit hat allein die Beachtung handelsrechtlicher Grundsätze ordnungsmäßiger Buchführung zum Gegenstand. Demzufolge müssen die steuerlichen Ansätze lediglich abstrakt den handelsbilanziell einschlägigen Prinzipien der Rechnungslegung entsprechen.
- Eine Übernahme konkreter Wertansätze der Handelsbilanz wird hingegen nicht gefordert. Wahlrechte können also in beiden Rechenwerken unterschiedlich ausgeübt werden. Somit ist eine Übereinstimmung von Handels- und Steuerbilanz durchaus möglich, aber keinesfalls zwingend.

(2) Formelle Maßgeblichkeit

- Die formelle Maßgeblichkeit geht über die Beachtung der allgemeinen Rechnungslegungsgrundsätze hinaus. Innerhalb des insoweit abgegrenzten Rahmens beinhaltet die formelle Maßgeblichkeit generell auch die Übernahme konkreter Wertansätze aus der Handels- in die Steuerbilanz.
- Abweichungen können sich demnach nur ergeben, wenn eine steuerrechtliche Vorschrift eine abweichende Vorgehensweise vorschreibt.

(3) Eingeschränkte Maßgeblichkeit

- Dieser Grundsatz bezieht sich auf Fälle, in denen bei einem handelsbilanziellen Wahlrecht *im Bereich des Steuerrechts eine ausdrückliche Regelung fehlt*. Auf der Grundlage geltender Rechtsprechung (vgl. BFH-Beschluss vom 3.2.1969 Gr. S. 2/68, BStBI 1969 II, S. 291) gilt dabei:
    - handelsrechtliche Aktivierungswahlrechte werden zu steuerlichen Aktivierungsgeboten
    - handelsrechtliche Passivierungswahlrechte werden zu steuerlichen Passivierungsverboten.
- Dies bedeutet, dass Wahlrechte generell in gewinnerhöhender Weise in die Steuerbilanz zu übernehmen sind.
- Damit wird im Hinblick auf den Grundsatz der Gleichmäßigkeit der Besteuerung eine im Ermessen des Bilanzierenden stehende Wahlrechtsausübung zur Minderung des ausgewiesenen Ergebnisses ausgeschlossen.
- Eine gesetzliche Grundlage für diese Ausprägung des Maßgeblichkeitsprinzips existiert nicht. Der Beschluss des Großen Senats des BFH wurde jedoch durch ständige Finanzrechtsprechung bestätigt und bildet als Richterrecht eine faktisch zwingend anzuwendende Rechtsgrundlage für die Steuerpflichtigen.

(4) Durchbrochene Maßgeblichkeit

Es gibt Fälle, in denen explizite steuerliche Regelungen den handelsrechtlichen Bestimmungen vorgehen. Insoweit wird der Maßgeblichkeitsgrundsatz durchbrochen (§ 5 Abs. 6 EStG). Handels- und Steuerbilanz weichen dann voneinander ab.

(5) Steuerliche Wahlrechte

Steuerliche Wahlrechte können bei der Aufstellung der Steuerbilanz unabhängig von der Handelsbilanz ausgeübt werden. Wie der Sachverhalt in der Handelsbilanz behandelt wird, ist dann für die Steuerbilanz nicht relevant. In einem solchen Fall können die Werte in den beiden Bilanzen gleich sein, müssen es aber nicht.

Aus diesen Ausprägungen (1) bis (5) lassen sich eine Reihe von Fallkonstellationen ableiten (siehe zur Übersicht Tabelle 4 auf Seite 44), die davon abhängen, ob es für die Handelsbilanz oder Steuerbilanz jeweils verbindliche Regelungen, Wahlrechte, Ermessensspielräume oder gar keine Regelung gibt. Beispiele zu den Fallkonstellationen sind in Tabelle 4 auf Seite 44 zusammengefasst.[9]

Tabelle 4: Fallkonstellationen und Beispiele zur Maßgeblichkeit (*MGK)

Nr.	***Regelung in HB/StB***	***Auswirkung***	***Form***
1	verbindlich/keine	Wert aus HB ist in die StB zu übernehmen.	Maßgeblichkeit
	Aktivierungspflicht für materielle Vermögenswerte und für immaterielle Vermögenswerte des Umlaufvermögens. Zurechnung von Vermögenswerten nach der wirtschaftlichen Zugehörigkeit/wirtschaftliches Eigentum. Rückstellungen für ungewisse Verbindlichkeiten (einschl. Kulanzrückstellungen).		

[9] Eine tiefergehende Beschreibung ist für ein Einsteigerbuch unangebracht. Die Tabelle ist zusammengestellt nach den Ausführungen in der sehr übersichtlichen Darstellung bei Scheffler, Wolfram (2011): Das Maßgeblichkeitsprinzip nach dem Bilanzrechtsmodernisierungsgesetz, in: IFSt Schrift Nr. 474, Berlin, Juli 2011.

<table>
<tr>
<td rowspan="2">2</td>
<td>verbindlich/verbindlich</td>
<td>Fall 2a): Regelungen stimmen überein

Fall 2b): Regelungen stimmen nicht überein: für StB ist die steuerliche Regelung verbindlich, HB und StB weichen voneinander ab.</td>
<td>Maßgeblichkeit

Einschränkung oder Durchbrechung der MGK*</td>
</tr>
<tr>
<td colspan="3">Fall 2 a: Der Begriff Vermögensgegenstand (Handelsrecht) stimmt grundsätzlich mit dem Begriff Wirtschaftsgut (Steuerrecht) überein.
- Geschäfts- oder Firmenwert gilt als Vermögensgegenstand/Wirtschaftsgut.
- Aktivierungsverbot für selbst geschaffenen Firmenwert.
- Wertkonzept Anschaffungskosten.
- Aktivierungsgebot für entgeltlich erworbene immaterielle Vermögenswerte des Anlagevermögens.
- Sachliche Zurechnung bei Kapitalgesellschaften: alle Wirtschaftsgüter sind Betriebsvermögen.
- Wertaufholungsgebot.
Fall 2b: Vorübergehende Wertminderungen im Umlaufvermögen: HB Abwertungsgebot; StB Abwertungsverbot
- Rückstellungen für Jubiläumszuwendungen: HB Passivierungspflicht; StB Begrenzung auf bestimmte Verpflichtungen.
- Drohverlustrückstellungen: HB Passivierungspflicht; StB Passivierungsverbot.
Pensionsrückstellungen: HB Abzinsung mit dem durchschnittlichen Marktzins der letzten 7 Jahre; StB Abzinsung mit 6 Prozent.</td>
</tr>
<tr>
<td rowspan="2">3</td>
<td>verbindlich/Wahlrecht</td>
<td>Steuerliches Wahlrecht kann ausgeübt werden, HB und StB müssen nicht übereinstimmen.</td>
<td>keine MGK</td>
</tr>
<tr>
<td colspan="3">Dauernde Wertminderungen (AV und UV): HB Abwertungsgebot; StB Abwertungswahlrecht.
Dauernde Erhöhung der Belastung aus einer bilanziellen Schuld: HB Aufwertungsgebot; StB Aufwertungswahlrecht.</td>
</tr>
<tr>
<td rowspan="2">4</td>
<td>Wahlrecht/verbindlich</td>
<td>Für StB ist die steuerliche Regelung verbindlich, HB und StB weichen ggf. voneinander ab.</td>
<td>Einschränkung der MGK</td>
</tr>
<tr>
<td colspan="3">Vorübergehende Wertminderungen bei Finanzanlagen: HB Abwertungswahlrecht, StB Abwertungsverbot.
Rechnungsabgrenzungsposten: HB Disagio Wahlrecht; StB Disagio Aktivierungspflicht.</td>
</tr>
</table>

5	Wahlrecht/keine	Handelsrechtliche Aktivierungswahlrechte werden zu steuerlichen Aktivierungsgeboten; handelsrechtliche Passivierungswahlrechte werden zu steuerlichen Passivierungsverboten.	Einschränkung der MGK
	Mittelbare Verpflichtungen aus einer Pensionszusage: HB Passivierungswahlrecht, StB Passivierungsverbot.		
6	Wahlrecht/Wahlrecht	Steuerliches Wahlrecht kann ausgeübt werden, HB und StB müssen nicht übereinstimmen.	keine MGK
	Investitionszuschüsse: Wahlrecht zwischen sofortiger Ertragsvereinnahmung oder Verrechnung mit den Anschaffungs- oder Herstellungskosten Verbrauchsfolgeverfahren: HB Lifo, Fifo, Einzelbewertung, StB: Einzelbewertung, Lifo		
7	Ermessen/keine	Wert aus HB ist in die StB zu übernehmen.	Maßgeblichkeit
	Bewertungsvereinfachung: Durchschnittsbewertung bei HB und StB möglich. Anschaffungs- und Herstellungskosten: Fremdkapitalzinsen können und bestimmten Voraussetzungen einbezogen werden.		
8	Ermessen/Ermessen	Fall 8a): Ermessensspielraum stimmt überein: HB und StB stimmen überein. Fall 8b): Handelsrechtlicher Ermessensspielraum geht über steuerlichen Ermessensspielraum hinaus.	Maßgeblichkeit Einschränkung der MGK
	8a: Stimmt der Ermessenspielraum für HB und StB überein, ist für die HB und StB die gleiche Bewertung vorzunehmen, z.B. bei der Bewertung von Rückstellungen. 8b: Abgrenzung zwischen voraussichtlich dauernder und voraussichtlich vorübergehender Wertminderung - für StB engere Kriterien durch die Finanzverwaltung. Auch dürfte der der beizulegende Wert u.U. niedriger sein als der steuerliche Teilwert, z.B. bei der Wertminderung von Forderungen, immateriellen Wirtschaftsgütern, Beteiligungen.		
9	keine/verbindlich	Die spezielle steuerliche Regelung ist anzuwenden.	Durchbrechung der MGK
	Für StB spezielle Regelungen für die Zurechnung von Betriebsvermögen bei Einzelunternehmen und Personengesellschaften. Für StB viele nichtabziehbare Betriebsausgaben.		
10	keine/Wahlrecht	HB und StB können voneinander abweichen	keine MGK
	Für StB: Sonderabschreibungen, erhöhte Absetzungen und Bewertungsabschläge möglich. Bildung steuerfreier Rücklagen in der StB. Wahlrecht zwischen der Auflösung stiller Reserven bzw. der Fortführung der Buchwerte bei Umwandlungen (siehe Umwandlungssteuergesetz UmwStG).		

2.3 Grundsätze ordnungsmäßiger Buchführung (GoB)

2.3.1 Wesen, Sinn und Zweck der GoB

Die Grundsätze ordnungsgemäßer Buchführung und Bilanzierung (GoB) umfassen die Gesamtheit der Grundsätze für die Buchführung und den Abschluss. Sie sind aus dem Gesetzestext abgeleitete, gesetzesergänzende Postulate, die Rechtswirkung erfahren. Sie sind als Gewohnheitsrecht auf der Basis von Handelsbräuchen und allgemeiner Verkehrsanschauung entstanden und mittlerweile weitgehend durch Bilanzrichtlinien formalisiert. Die GoB schreiben kein bestimmtes System der Buchführung vor.

Nach einer weiten Auslegung entspricht die Buchführung dann den GoB, wenn sie einem sachverständigen Dritten innerhalb angemessener Zeit einen Überblick über die Geschäftsvorfälle und über die Vermögenslage des Unternehmens vermitteln kann und sich die Geschäftsvorfälle in ihrer Entstehung und sachlichen Zuordnung verfolgen lassen (§ 145 AO, 238 I HGB, R 29 EstR). Die GoB sind somit ein unbestimmter Rechtsbegriff und bedürfen der Auslegung.[10] GoB haben den Zweck, die Aufgaben der externen Rechnungslegung zu erfüllen. Die Anwendung der GoB soll sicherstellen, daß die oben genannten Funktionen der Rechnungslegung erreicht werden.

2.3.2 Dokumentationsgrundsätze

Grundsatz	Allgemeine Anforderung: Der Jahresabschluß ist nach den GoB aufzustellen
Inhalt	Die Grundsätze ordnungsgemäßer Buchführung und Bilanzierung (GoB) umfassen die Gesamtheit der Grundsätze für die Buchführung und den Abschluss. Sie sind Rechtsnormen, deren Ermittlung dem Gesetzgeber und ersatzweise den Zivil-, Straf- und Finanzgerichten obliegt.
Gesetz	*§ 243 HGB* (1) Der Jahresabschluß ist nach den Grundsätzen ordnungsmäßiger Buchführung aufzustellen.

Grundsatz	Bilanzidentität
Inhalt	Die Schlußbilanz des Vorjahres ist die Eröffnungsbilanz des Folgejahres. Allein aus buchhalterischen Gründen wird die Bilanz in Schluss- und Eröffnungsbilanz getrennt.

[10] Unbestimmte Rechtsbegriffe dienen der Rechtspflege dazu, unvorhergesehene Fälle zu behandeln, bei denen eine direkte Anwendung des kodifizierten Rechts zu inadäquaten Ergebnissen führen würde. Die unbestimmten Rechtsbegriffe sind durch Auslegung („Hermeneutik“) zu spezifizieren.

Gesetz	*§ 252 Abs. 1 Nr. 1* (1) Bei der Bewertung der im Jahresabschluß ausgewiesenen Vermögensgegenstände und Schulden gilt insbesondere folgendes: 1. Die Wertansätze in der Eröffnungsbilanz des Geschäftsjahrs müssen mit denen der Schlußbilanz des vorhergehenden Geschäftsjahrs übereinstimmen.

Grundsatz	Nachprüfbarkeit der Geschäftsvorfälle, Beleggrundsatz
Inhalt	Die Buchführung muß systematisch aufgebaut sein (z.B. mit einem Kontenplan). Auch gilt für die Buchführung grundsätzlich, daß keine Buchung erfolgen darf, ohne daß ein Beleg (also ein Dokument) vorliegt. Die Geschäftsvorfälle müssen sich in ihrer Entstehung und Abwicklung verfolgen lassen.
Gesetz	*§ 238* (1) (...) Die Buchführung muß so beschaffen sein, daß sie einem sachverständigen Dritten innerhalb angemessener Zeit einen Überblick über die Geschäftsvorfälle und über die Lage des Unternehmens vermitteln kann. Die Geschäftsvorfälle müssen sich in ihrer Entstehung und Abwicklung verfolgen lassen. (2) Der Kaufmann ist verpflichtet, eine mit der Urschrift übereinstimmende Wiedergabe der abgesandten Handelsbriefe (Kopie, Abdruck, Abschrift oder sonstige Wiedergabe des Wortlauts auf einem Schrift-, Bild- oder anderen Datenträger) zurückzubehalten.

Grundsatz	Klarheit
Inhalt	Posten müssen zutreffend bezeichnet werden. Die Klarheit des Jahresabschlusses wird durch eine hinreichende Aufgliederung der Bilanz- und GuV-Positionen und deren eindeutige Bezeichnung erreicht.
Gesetz	*§ 243 HGB* (1) Der Jahresabschluß ist nach den Grundsätzen ordnungsmäßiger Buchführung aufzustellen. (2) Er muß klar und übersichtlich sein.

2.3.3 Rechenschaftsgrundsätze

Grundsatz	Prämisse der Unternehmensfortführung (Going concern)
Inhalt	Solange die Beendigung des Unternehmens nicht in absehbarer Zeit entweder durch freiwillige Liquidation oder Konkurs bevorsteht, ist von Fortführungswerten auszugehen. Somit wird der Ansatz von Liquidationswerten im regulären Abschluß grundsätzlich ausgeschlossen. So müssen halbfertige Erzeugnisse z.B. mit Anschaffungskosten angesetzt werden und dürfen nicht zu etwaigen (höheren) Marktpreisen aktiviert werden.
Gesetz	*§ 252 Abs. 1 Nr. 2* Bei der Bewertung ist ***von der Fortführung der Unternehmenstätigkeit auszugehen,*** sofern dem nicht tatsächliche oder rechtliche Gegebenheiten entgegenstehen.

Grundsatz	Wahrheit
Inhalt	Der Bilanzaufgabe kann nur dann erfüllt sein, wenn die vermittelte Information mit der Wirklichkeit übereinstimmt. Gemeint ist allerdings nicht eine objektive Richtigkeit, da viele Normen ein Abweichen von tatsächlichen Verhältnissen gestatten bzw. Ermessensspielräume erlauben. Da es bei den Wertansätzen eine objektive Wahrheit nicht geben kann, ist nur die sachliche Übereinstimmung mit dem Normsystem des Handelsrechts maßgebend.
Gesetz	*§ 239 Abs. 2 und Abs. 3* (1) ... (2) Die Eintragungen in Büchern und die sonst erforderlichen Aufzeichnungen müssen vollständig, richtig, zeitgerecht und geordnet vorgenommen werden. (3) Eine Eintragung oder eine Aufzeichnung darf nicht in einer Weise verändert werden, daß der ursprüngliche Inhalt nicht mehr feststellbar ist. Auch solche Veränderungen dürfen nicht vorgenommen werden, deren Beschaffenheit es ungewiss läßt, ob sie ursprünglich oder erst später gemacht worden sind.

Grundsatz	Periodisierungsprinzip
Inhalt	Einer der wichtigsten Grundsätze der Bilanzierung überhaupt: Aufwendungen und Erträge des Geschäftsjahrs sind unabhängig von den Zeitpunkten der entsprechenden Zahlungen im Jahresabschluß zu berücksichtigen. Das bedeutet, in der Gewinn- und Verlustrechnung werden Erträge aufgeführt, wenn sie realisiert sind, nicht wann der Kunde bezahlt. Aufwendungen vermindern den Gewinn bereits, wenn sie verursacht sind, und nicht wenn sie vom Unternehmen bezahlt werden.

	Außerdem sind aktive und passive Rechnungsabgrenzungen zu bilden.
Gesetz	*§ 252 Abs. 1 Nr. 5* Aufwendungen und Erträge des Geschäftsjahrs sind ***unabhängig von den Zeitpunkten der entsprechenden Zahlungen*** im Jahresabschluß zu berücksichtigen.

Grundsatz	Anschaffungswertprinzip
Inhalt	Bei allen Kaufleuten gelten die Anschaffungs- oder Herstellungskosten als Höchstwert. Höher als die Anschaffungs- oder Herstellungskosten kann also ein Vermögensgegenstand in der Bilanz nicht angesetzt werden. Damit wird verhindert, daß Marktwerterhöhungen von Vermögensgegenständen in die Bilanz einfließen, da diese keinen objektivierbaren Ausgabengegenwert besitzen.
Gesetz	*§ 253 Abs. 1* (1) Vermögensgegenstände sind höchstens mit den Anschaffungs- oder Herstellungskosten, vermindert um die Abschreibungen nach den Absätzen 3 bis 5, anzusetzen. (...)

Grundsatz	Vollständigkeit
Inhalt	Der Bilanzaufgabe kann nur dann erfüllt sein, wenn die vermittelte Information mit der Wirklichkeit übereinstimmt. Aus diesem Postulat der Wahrheit lässt sich der Grundsatz der Vollständigkeit ableiten. Dieser besagt, daß nur solche Informationen weggelassen werden dürfen, deren Kenntnis keinen Einfluss auf die Einschätzung des Sachverhalts durch den Bilanzadressaten hätte. Bilanzierungspflichtige Kaufleute haben nach § 242 Abs. 1 HGB mit Ablauf eines jeden Geschäftsjahres einen ihren Vermögens- und Schuldenpositionen darstellenden Abschluss aufzustellen. Dieser hat nach 246 Abs. 1 HGB unter anderem *sämtliche* Vermögensgegenstände und Schulden zu enthalten. Daher kommen für eine Aktivierung nicht nur Vermögensgegenstände in Frage, die sich im rechtlichen Eigentum des Unternehmens befinden, sondern auch diejenigen, über die die *tatsächliche Verfügungsmacht* ausgeübt wird (§ 246 Abs. 1 Satz 2 HGB). Analog umfasst der handelsrechtliche Schuldenbegriff nicht nur rechtliche, sondern auch wirtschaftlich-faktische Verbindlichkeiten. Voll abgeschriebene Vermögensgegenstände werden mit dem Erinnerungswert angesetzt. Auch müssen die Konten gegen Manipulation geschützt werden.
Gesetz	*§ 239 Abs. 2 und Abs. 3* (1) ... (2) Die Eintragungen in Büchern und die sonst erforderlichen Aufzeichnungen müssen

	vollständig, richtig, zeitgerecht und geordnet vorgenommen werden. (3) Eine Eintragung oder eine Aufzeichnung darf nicht in einer Weise verändert werden, daß der ursprüngliche Inhalt nicht mehr feststellbar ist. Auch solche Veränderungen dürfen nicht vorgenommen werden, deren Beschaffenheit es ungewiß läßt, ob sie ursprünglich oder erst später gemacht worden sind. *§ 244* Der Jahresabschluß ist in deutscher Sprache und in Euro aufzustellen. *§ 246 Abs. 1* (1) Der Jahresabschluß hat **sämtliche** Vermögensgegenstände, Schulden, Rechnungsabgrenzungsposten sowie Aufwendungen und Erträge zu enthalten, (...)

Grundsatz	Bruttoprinzip
Inhalt	Aktivposten und Passivposten der Bilanz dürfen nicht miteinander verrechnet werden, Erträge dürfen nicht mit Aufwendungen verrechnet werden. Allerdings gibt es ***Ausnahmen*** vom Bruttoprinzip. Vermögensgegenstände, die dem Zugriff aller Gläubiger entzogen sind und ausschließlich der Erfüllung von Schulden aus Altersvorsorgeverpflichtungen (oder ähnlichen Verpflichtungen) dienen, müssen mit diesen Schulden verrechnet werden (Aktiva vermindern sich, Pensionsrückstellungen vermindern sich ebenfalls). Ist der beizulegende Zeitwert der dem Gläubigerzugriff entzogenen Vermögensgegenstände höher als die damit abgedeckten Schulden, so ist ein gesonderter Posten auszuweisen (§ 266 Abs. 2 E: Aktiver Unterschiedsbetrag aus der Vermögensverrechnung).
Gesetz	*§ 246 Abs. 2 Satz 1 Verrechnungsverbot* (2) Posten der Aktivseite dürfen nicht mit Posten der Passivseite, Aufwendungen nicht mit Erträgen, Grundstücksrechte nicht mit Grundstückslasten verrechnet werden. *§ 246 Abs. 2 Satz 2 Ausnahme vom Verrechnungsverbot* Vermögensgegenstände, die dem Zugriff aller übrigen Gläubiger entzogen sind und ausschließlich der Erfüllung von Schulden aus Altersversorgungsverpflichtungen oder vergleichbaren langfristig fälligen Verpflichtungen dienen, sind mit diesen Schulden zu verrechnen; entsprechend ist mit den zugehörigen Aufwendungen und Erträgen aus der Abzinsung und aus dem zu verrechnenden Vermögen zu verfahren. Übersteigt der beizulegende Zeitwert der Vermögensgegenstände den Betrag der Schulden, ist der übersteigende Betrag unter einem gesonderten Posten zu aktivieren.

Grundsatz	Vorsichtsprinzip
Inhalt	Der Kaufmann hat vorsichtig zu bewerten, er darf sich also nicht reich rechnen. Im Zweifel hat der Kaufmann also sein Vermögen und seinen Gewinn in der Bilanz eher zu niedrig als zu hoch auszuweisen. Die Hauptbedeutung des Vorsichtsprinzips liegt im Gläubigerschutz. Durch eine Verhinderung zu hoher Gewinnausschüttungen bleibt die Haftungsmasse des Unternehmens erhalten. Das Vorsichtsprinzip sichert eine der wichtigsten Aufgaben der Handelsbilanz, die Ermittlung eines verteilungsfähigen, ausschüttbaren Gewinns. Das Vorsichtsprinzip wird durch weitere Prinzipien konkretisiert (Realisations-, Verlustantizipations- und Imparitätsprinzip). Auch Höchstwert- und Niederstwertprinzip sind Ausprägungen des Vorsichtsprinzips.
Gesetz	*§ 252 Abs. 1 Nr. 4* (...) ***Es ist vorsichtig zu bewerten,*** namentlich sind alle vorhersehbaren Risiken und Verluste, die bis zum Abschlußstichtag entstanden sind, zu berücksichtigen, selbst wenn diese erst zwischen dem Abschlußstichtag und dem Tag der Aufstellung des Jahresabschlusses bekanntgeworden sind; (...)

Grundsatz	Einzelbewertung und Stichtagsbezogenheit
Inhalt	Vermögensgegenstände und Schulden sind zum Abschlußstichtag einzeln zu bewerten. Die Bilanz mißt also Werte, die zu einem Stichtag (oft der 31.12. eines Jahres) Gültigkeit besitzen. Allerdings gibt es ***Ausnahmen*** von der Einzelbewertung: Festbewertung, Gruppenbewertung und die Bewertungsvereinfachungsverfahren lassen Abweichungen zu. Außerdem können Bewertungseinheiten (Fremdwährungsgeschäfte, Wertpapierkurssicherung) gebildet werden.
Gesetz	*§ 252 Abs. 1 Nr. 3 (Grundsatz)* Die Vermögensgegenstände und Schulden sind **zum *Abschlußstichtag einzeln*** zu bewerten. *§ 252 Abs. 2 (Ausnahmen sind zulässig)* Von den Grundsätzen des Absatzes 1 darf nur in begründeten Ausnahmefällen abgewichen werden. *§ 240 Abs. 3 und 4 (Inventar)* (3) Vermögensgegenstände des Sachanlagevermögens sowie Roh-, Hilfs- und Betriebsstoffe können, wenn sie regelmäßig ersetzt werden und ihr Gesamtwert für das Unternehmen von nachrangiger Bedeutung ist, ***mit einer gleichbleibenden Menge und einem gleichbleibenden Wert angesetzt werden,*** sofern ihr Bestand in seiner Größe, seinem Wert und seiner Zusammensetzung nur geringen Veränderungen unterliegt. Jedoch ist in der Regel alle drei Jahre eine körperliche Bestandsaufnahme durchzuführen. (4) Gleichartige Vermögensgegenstände des Vorratsvermögens sowie andere gleichartige oder annähernd gleichwertige bewegliche Vermögensgegenstände und Schulden ***können jeweils zu einer Gruppe zusammengefaßt und mit dem gewogenen Durchschnittswert*** angesetzt werden. *§ 256 Verbrauchsfolgefiktionen (Lifo, Fifo)* Soweit es den Grundsätzen ordnungsmäßiger Buchführung entspricht, ***kann*** für den Wertansatz gleichartiger Vermögensgegenstände des Vorratsvermögens ***unterstellt*** werden, daß die zuerst oder daß die zuletzt angeschafften oder hergestellten Vermögensgegenstände zuerst verbraucht oder veräußert worden sind. § 240 Abs. 3 und 4 ist auch auf den Jahresabschluß anwendbar. *§ 254 Bewertungseinheiten* Werden Vermögensgegenstände, Schulden, schwebende Geschäfte oder mit hoher Wahrscheinlichkeit erwartete Transaktionen zum Ausgleich gegenläufiger Wertänderungen oder Zahlungsströme aus dem Eintritt vergleichbarer Risiken mit Finanzinstrumenten zusammengefasst (Bewertungseinheit), sind § 249 Abs. 1, § 252 Abs. 1 Nr. 3 und 4, § 253 Abs. 1 Satz 1 und § 256a in dem Umfang und für den Zeitraum nicht anzuwenden, in dem die gegenläufigen Wertänderungen oder Zahlungsströme sich ausgleichen. Als Finanzinstrumente im Sinn des Satzes 1 gelten auch Termingeschäfte über den Erwerb oder die Veräußerung von Waren.

Grundsatz	Bilanzierungsstetigkeit
Inhalt	Für Kapitalgesellschaften: Bezeichnungen und Gliederung ist grundsätzlich beizubehalten, Vorjahreszahlen sind anzugeben (§ 265 Abs. 1 u. 2 HGB). Für alle Kaufleute: Bewertungsmethoden sind beizubehalten (§ 252 Abs. 1 Nr. 6). Diese Vorschrift soll den Ermessensspielraum des Bilanzierenden dahingehend einschränken, daß er seinen Gewinn nicht durch einen im Zeitablauf willkürlichen Wechsel der Bewertungsmethoden manipuliert. Ein Wechsel der Methode darf nur in Ausnahmefällen erfolgen und bedarf der genauen Erläuterung im Anhang.
Gesetz	*§ 252 Abs. 1 Nr. 1* (1) Bei der Bewertung der im Jahresabschluß ausgewiesenen Vermögensgegenstände und Schulden gilt insbesondere folgendes: 1. Die Wertansätze in der Eröffnungsbilanz des Geschäftsjahrs müssen mit denen der Schlußbilanz des vorhergehenden Geschäftsjahrs übereinstimmen.

Grundsatz	Niederstwertprinzip
Inhalt	Der Bilanzerstansatz von Vermögensgegenständen (ausgedrückt in den Anschaffungs- oder Herstellungskosten) ist um planmäßige oder außerplanmäßige Abschreibungen zu vermindern. Bei Sachanlagen müssen außerplanmäßige Abschreibungen vorgenommen werden, *wenn* von einer *voraussichtlich dauernden Wertminderung* auszugehen ist. Bei Finanzanlagen *dürfen* außerplanmäßige Abschreibungen auch bei voraussichtlich *nicht* dauernder Wertminderung vorgenommen werden (Gemildertes Niederstwertprinzip). Bei Vermögensgegenständen des Umlaufvermögens *muss* auf den Börsen- oder Marktpreis oder auf den beizulegenden Wert abgeschrieben werden (Strenges Niederstwertprinzip).
Gesetz	*§ 253 Abs. 3* (...) Ohne Rücksicht darauf, ob ihre Nutzung zeitlich begrenzt ist, sind bei Vermögensgegenständen des Anlagevermögens bei voraussichtlich dauernder Wertminderung außerplanmäßige Abschreibungen vorzunehmen, um diese mit dem niedrigeren Wert anzusetzen, der ihnen am Abschlussstichtag beizulegen ist. Bei Finanzanlagen können außerplanmäßige Abschreibungen auch bei voraussichtlich nicht dauernder Wertminderung vorgenommen werden. *§ 253 Abs. 4* Bei Vermögensgegenständen des Umlaufvermögens sind Abschreibungen vorzunehmen, um diese mit einem niedrigeren Wert anzusetzen, der sich aus einem Börsen- oder Marktpreis am Abschlussstichtag ergibt. Ist ein Börsen- oder Marktpreis nicht festzustellen und übersteigen die Anschaffungs- oder Herstellungskosten den Wert, der den Vermögensgegenständen am Abschlussstichtag beizulegen ist, so ist auf diesen Wert abzuschreiben.

Grundsatz	Realisationsprinzip
Inhalt	Die herrschende Meinung lautet, daß der Gewinn dann als realisiert gilt, wenn die eigene Leistung vollständig erbracht ist (im Zweifel wenn die Lieferung erfolgt ist, dann gilt der Zahlungsanspruch an den Kunden als verdient). Durch eine umsatzgebundene Gewinnermittlung wird die Ausschüttung an die Ertragsbestätigung durch den Markt gebunden, dies entspricht sowohl einer vorsichtigen als auch objektivierten Bilanzierung, da der Gewinnausweis ab diesem Zeitpunkt nicht mehr mit ungewöhnlichen Risiken belastet ist.
Gesetz	*§ 252 Abs. 1 Nr. 4* Gewinne sind nur zu berücksichtigen, wenn sie am Abschlußstichtag ***realisiert*** sind.
Grundsatz	Verlustantizipationsprinzip
Inhalt	Dieser Grundsatz beinhaltet die Forderung, am Bilanzstichtag erkennbare künftige Verluste aus eingeleiteten oder abgeschlossenen Geschäften vorwegzunehmen, zu antizipieren. Die Verluste müssen durch die Geschäftstätigkeit wirtschaftlich begründet, d.h. aus dem Verkauf von Vermögensgegenständen oder aus der Zahlung von Schulden konkret zu erwarten sein. Es darf sich also nicht einfach um zukünftige, möglicherweise eintretende Verluste handeln. Das Prinzip wird umgesetzt durch die Bildung von Rückstellungen für ungewisse Verbindlichkeiten und drohende Verluste aus schwebenden Geschäften (§ 249 HGB). Wenn im Geschäftsjahr ein Sachverhalt eingetreten ist (also Verursachung im Geschäftsjahr!), der für das Unternehmen mit hinreichender Wahrscheinlichkeit zu einer Vermögensminderung in einer späteren Periode führen wird, so ist der Aufwand bereits (eigenkapital- und gewinnmindernd) im Geschäftsjahr zu berücksichtigen. Die Rückstellung für drohende Verluste aus schwebenden Geschäften (§ 249 Abs. 1 S. 1 HGB) dient des Ausweises eines noch nicht realisierten künftigen Verlustes, wenn dieser mit ausreichender Sicherheit bekannt wird.
Gesetz	*§ 252 Abs. 1 Nr. 4* (...) Es ist vorsichtig zu bewerten, ***namentlich sind alle vorhersehbaren Risiken und Verluste, die bis zum Abschlußstichtag entstanden sind, zu berücksichtigen,*** selbst wenn diese erst zwischen dem Abschlußstichtag und dem Tag der Aufstellung des Jahresabschlusses bekanntgeworden sind; (...) *§ 249 Abs. 1* (1) ***Rückstellungen sind*** für ungewisse Verbindlichkeiten und für drohende Verluste aus schwebenden Geschäften ***zu bilden***. Ferner sind Rückstellungen zu bilden für 1. im Geschäftsjahr unterlassene Aufwendungen für Instandhaltung, die im folgenden Geschäftsjahr innerhalb von drei Monaten, oder für Abraumbeseitigung, die im folgenden Geschäftsjahr nachgeholt werden, 2. Gewährleistungen, die ohne rechtliche Verpflichtung erbracht werden.

Grundsatz	Imparitätsprinzip
Inhalt	Wie beim Realisationsprinzip und beim Verlustantizipationsprinzip dargelegt wurde, besteht einerseits ein Gewinnantizipationsverbot, andererseits ein Verlustantizipationsgebot. Gewinne (Erträge) werden also erst dann berücksichtigt, wenn sie *realisiert* sind. Verluste (Aufwendungen) werden bereits berücksichtigt, wenn sie *verursacht* sind. Diese ungleiche, d.h. imparitätische Behandlung nicht realisierter Gewinne und Verluste im Jahresabschluß wird als Imparitätsprinzip bezeichnet.

Grundsatz	Wertaufhellungsprinzip
Inhalt	***Wertaufhellende*** Tatsachen sind Tatsachen, die schon am Bilanzstichtag vorgelegen haben, von denen der Unternehmer aber erst zwischen Abschlußstichtag und Bilanzaufstellung Kenntnis erlangt. Sie sind grundsätzlich noch zu berücksichtigen. Demgegenüber bleiben Umstände, welche die am Stichtag bestehende objektive Situation nicht ändern, weil sie erst nach dem Bilanzstichtag eintreten sind, als sogenannte ***wertbegründende*** Tatsachen unberücksichtigt. Sie sind als Geschäftsvorfall der neuen Rechnungsperiode einzustufen.
Gesetz	*§ 252 Abs. 1 Nr. 4* (...) Es ist vorsichtig zu bewerten, namentlich sind alle vorhersehbaren Risiken und Verluste, die bis zum Abschlußstichtag entstanden sind, zu berücksichtigen, ***selbst wenn diese erst zwischen dem Abschlußstichtag und dem Tag der Aufstellung des Jahresabschlusses bekanntgeworden sind;*** (...)

2.3.4 Grundsätze ordnungsgemäßer Inventur

Es gibt sogenannte „Grundsätze ordnungsmäßiger Inventur". Diese Grundsätze finden sich einerseits in Gesetzen (Steuerrecht und Handelsrecht), andererseits in nicht in Gesetzen verfassten Grundregeln, die dennoch zu beachten sind. Eine Übersicht findet sich in *Tabelle 5: Grundsätze ordnungsgemäßer Inventur.*

Tabelle 5: Grundsätze ordnungsgemäßer Inventur

Vollständigkeit: Der Grundsatz der Vollständigkeit verlangt, daß im Inventar alle Vermögensgegenstände und Schulden, die dem Kaufmann rechtlich und/oder wirtschaftliche zuzurechnen sind, verzeichnet sein müssen. Es darf nichts weggelassen werden; es dürfen aber auch keine fiktiven Posten hinzugefügt werden.
Einzelerfassung und Einzelbewertung: Der Grundsatz der Einzelerfassung und Einzelbewertung ist in § 240 Abs. 1 HGB festgelegt: im Inventar ist der *Wert* der einzelnen Vermögensgegenstände und Schulden anzugeben. Jeder Vermögensgegenstand und jede Schuld ist einzeln aufzunehmen und zu bewerten. Der Grundsatz der Einzelerfassung und Einzelbewertung findet seine Grenze, wenn der durch die Einzelaufnahme und Einzelbewertung bedingte Zeit- und Arbeitsaufwand wirtschaftlich nicht mehr vertretbar ist. Der Gesetzgeber lässt deshalb auch die Stichprobeninventur (§ 241 Abs. 1 HGB) und zur Erleichterung der Bewertung die Gruppen- und die Festbewertung zu (§ 240 Abs. 3 und 4 HGB).
Richtigkeit: Der Grundsatz der Richtigkeit bezieht sich auf Art, Menge und Wert der zu erfassenden Vermögensgegenstände und Schulden. Nach dem Grundsatz der artmäßigen Richtigkeit sind die aufgenommenen Vermögensgegenstände und Schulden zutreffend zu bezeichnen, um Täuschungen zu verhindern. Der Grundsatz der mengenmäßigen Richtigkeit fordert möglichst fehlerfreie Mengenangaben im Inventar. Der Grundsatz der wertmäßigen Richtigkeit fordert, daß die erfassten Mengen zutreffend bewertet werden.
Nachprüfbarkeit: Der Grundsatz der Nachprüfbarkeit verlangt, daß alles dokumentiert wird, das notwendig ist, damit ein sachverständiger Dritter die im Inventar ausgewiesenen Mengen- und Wertansätze nachvollziehen kann. Diese Dokumente sind aufzubewahren. Der Gesetzgeber fordert für das Inventar und die zu seinem Verständnis erforderlichen Arbeitsanweisungen und sonstigen Organisationsunterlagen eine Aufbewahrung von 10 Jahren (§ 257 Abs. 4 HGB).
Klarheit: Der in § 239 Abs. 2 HGB für die Buchführung kodifizierte Grundsatz der Klarheit gilt auch für das Inventar. Das Bestandsverzeichnis ist verständlich und übersichtlich zu gestalten; die einzelnen Inventarpositionen sind eindeutig und zutreffend zu bezeichnen; falls erforderlich, sind auch Qualitätsangaben zu machen.

2.3.5 Systematik der Bestandsaufnahme

Die Regeln zur Bestandsaufnahme lassen sich systematisieren in drei Gruppen.

- Die erste Gruppe von Regeln zur Inventur beziehen sich auf den ***Termin***, zu dem eine Inventur zu machen ist.
- Eine zweite Gruppe regelt den ***Umfang*** der Bestandsaufnahme, also ob der komplette Bestand oder eine Stichprobe ausreichend ist.
- Eine dritte Regelgruppe bestimmt die ***Technik***, nach der die Erhebung zu machen ist.

Dem Gesetzgeber ist klar, daß Unternehmen sehr unterschiedlich organisiert sind, in sehr unterschiedlichen Branchen aktiv sind, saisonale oder marktbedingte Umstände für diese Unternehmen sehr unterschiedlich sein können, und daß die Produkte und Materialien, die diese Unternehmen zu inventarisieren haben, sehr unterschiedlich sein können. Der Gesetzgeber hat insofern weitgehend flexible Regelungen zugelassen.

Eine Übersicht findet sich in *Tabelle 6: Übersicht "Systematik der Bestandsaufnahme"* auf Seite 59.

Tabelle 6: Übersicht "Systematik der Bestandsaufnahme"

Inventurtermin (nach dem *Zeitpunkt* der Bestandsaufnahme)	***Inventurintensität*** (nach dem *Umfang* der Bestandsaufnahme)	***Inventurverfahren*** (nach der *Technik* der Bestandsaufnahme)
Stichtagsinventur: Inventur am Bilanzstichtag. *Ausgeweitete Stichtagsinventur* (**R30 I EStR**): Bestandsaufnahme 10 Tage vor und/oder nach dem Bilanzstichtag. *Vor– oder nachverlagerte Inventur* (**§ 241 Abs. 3 HGB**): Bestandsaufnahme ganz oder teilweise zu einem anderen Stichtag innerhalb der letzten 3 Monate vor und/oder in den ersten beiden Monaten nach dem Schluss des Geschäftsjahres; Voraussetzung: auf hinreichend verlässlichen Aufzeichnungen basierende wertmäßige Fortschreibung oder Rückrechnung. *Permanente Inventur* (**§ 241 Abs. 2 HGB**): Zeitpunkt der Bestandsaufnahme frei wählbar. Voraussetzung: Mengen- u. wertmäßige Bestandsfortschreibung. Jährlich mind. eine körperliche Bestandsaufnahme mit Protokoll über das Ergebnis.	*Vollständige Inventur:* Es erfolgt eine Vollerhebung *Repräsentative Teilinventur* (**§241 Abs. 2 HGB**): Voraussetzung: das angewandte Teilerhebungsverfahren muss den GOB (Grundsätzen ordnungsmäßiger Buchführung) entsprechen; es dürfen nur anerkannte mathematisch statistische Methoden angewendet werden. Das durch Teilerhebung erlangte Inventar muss hinsichtlich seiner Aussagekraft dem aus einer Vollerhebung entsprechen.	*Körperliche Inventur:* bei Maschinen, Rohstoffen, Waren durch Zählen, Messen, Wiegen. Inventur mit Hilfe von *Schätzmethoden:* bei Gütern geringen Wertes, die sich schwer zählen lassen, z.B. Schüttgüter. *Buchmäßige* Inventur: bei immateriellem Vermögen, z.B. Patente oder Lizenzen; bei Bankguthaben, Forderungen, Schulden, deren Höhe sich aus Verträgen, Kontoauszügen etc. ergeben. Inventur an Hand von *Urkunden:* bei Beteiligungen, Geschäftsanteilen.

2.4 Die Bilanz nach § 266 HGB

In der Bilanz sind gemäß § 242 Abs. 1 HGB *Vermögen und Schulden des Kaufmanns* gegenüberzustellen.

Gesetzestext: § 242 Abs. 1 HGB

Der Kaufmann hat zu Beginn seines Handelsgewerbes und für den Schluß eines jeden Geschäftsjahrs einen das Verhältnis seines Vermögens und seiner Schulden darstellenden Abschluß (Eröffnungsbilanz, Bilanz) aufzustellen. Auf die Eröffnungsbilanz sind die für den Jahresabschluß geltenden Vorschriften entsprechend anzuwenden, soweit sie sich auf die Bilanz beziehen.

§ 247 Abs. 1 HGB bestimmt dann, *welche Positionen* in jede Bilanz gehören. § 247 Abs. 2 HGB definiert, was unter Anlagevermögen zu verstehen ist. Da Umlaufvermögen nicht weiter definiert ist, unterstellt man, daß alle Vermögensgegenstände, die *nicht* zum Anlagevermögen gehören, automatisch als *Umlaufvermögen* auszuweisen sind.

Gesetzestext: § 247 HGB

(1) In der Bilanz sind das Anlage- und das Umlaufvermögen, das Eigenkapital, die Schulden sowie die Rechnungsabgrenzungsposten gesondert auszuweisen und hinreichend aufzugliedern.

(2) Beim Anlagevermögen sind nur die Gegenstände auszuweisen, die bestimmt sind, dauernd dem Geschäftsbetrieb zu dienen.

Der Gesetzgeber liefert keine ausdrückliche Definition, was unter Vermögen und Schulden zu verstehen ist. Vielmehr zählt er in § 266 Abs. 2 und Abs. 3 eine Reihe von Vermögensgegenständen und Schulden auf, die in der Bilanz anzusetzen sind. Zusätzlich wird eine hinreichende Aufgliederung der Bilanzposten verlangt.

Da eine solch Aufzählung nicht geeignet ist, Grundsätze zur Bilanzierung zu liefern, ist eine allgemeingültige Klärung dessen notwendig, was unter Vermögen und Schulden zu verstehen ist. Daher werden wir uns im folgenden Abschnitt damit beschäftigen, welche Positionen in der Bilanz angesetzt werden dürfen. Die GoB, die wir bereits kennen gelernt haben, werden hierbei eine Rolle spielen.

In § 266 HGB ist eine Bilanzgliederung enthalten.

Dieses Gliederungsschema basiert insbesondere auf folgenden *Gliederungsprinzipien*, von denen jedoch keines durchgängig eingehalten wird:

- ***Liquiditätsprinzip*** Das Liquiditätsprinzip gilt für die Aktivseite. Bei der Gliederung des Vermögens werden zuerst die geldfernsten Aktiva, wie beispielsweise die immaterielle Vermögensgegenstände und Grundstücke, und zuletzt die geldnächsten Aktiva, wie z.B. der Kassenbestand, ausgewiesen.

- ***Prozessgliederungsprinzip*** Das Prozessgliederungsprinzip tritt insbesondere beim Umlaufvermögen auf. Entsprechend den einzelnen Stufen des betrieblichen Leistungsprozesses erfolgt eine Unterteilung des Umlaufvermögens nach Roh-, Hilfs- und Betriebsstoffen, unfertigen und fertigen Erzeugnissen, Forderungen und Zahlungsmitteln.

- ***Gliederung nach Rechtsverhältnissen*** Das Prinzip der Gliederung nach den Rechtsverhältnissen gilt für die Grobgliederung der Passiva. Zuerst wird das Eigenkapital, danach das Fremdkapital ausgewiesen.

- ***Fristigkeitsprinzip*** Das Fristigkeitsprinzip ordnet das ausgewiesene Kapital nach der Dauer der Verfügbarkeit. An erster Stelle auf der Passivseite wird das Eigenkapital ausgewiesen, das dem Unternehmen auf unbeschränkte Dauer zur Verfügung steht. Am Schluss werden die kurzfristigen Verbindlichkeiten aufgeführt.

Kleine Kapitalgesellschaften dürfen eine verkürzte Bilanz aufstellen, in der ***nur die mit Buchstaben und römischen Ziffern bezeichneten Posten*** aus § 266 aufgenommen werden müssen:

Gliederungsschema für kleine Kapitalgesellschaften § 266 HGB	
Aktiva	Passiva
A. Anlagevermögen	A. Eigenkapital
I. Immaterielle Vermögensgegenstände	I. Gezeichnetes Kapital
II. Sachanlagen	II. Kapitalrücklage
III. Finanzanlagen	III. Gewinnrücklage
B. Umlaufvermögen	IV. Gewinnvortrag
I. Vorräte	V. Jahresüberschuss/Jahresfehlbetrag
II. Forderungen und sonstige Vermögensgegenstände	B. Rückstellungen
III. Wertpapiere	C. Verbindlichkeiten
IV. Kasse, Bankguthaben	D. Rechnungsabgrenzungsposten
C. Rechnungsabgrenzungsposten	E. Passive latente Steuern
D. Aktive latente Steuern	
E. Aktiver Unterschiedsbetrag aus der Vermögensverrechnung	

Das in § 266 Abs. 2 und 3 HGB angegebene Gliederungsschema, das im Folgenden näher erläutert wird, ist für mittelgroße und große Kapitalgesellschaften verbindlich. Im Unterschied dazu gibt es für Einzelunternehmen und Personengesellschaften kein gesetzlich vorgeschriebenes Bilanzschema. Um den Grundsätzen ordnungsmäßiger Buchführung nachzukommen, sollten sich aber auch diese Unternehmen an der für Kapitalgesellschaften vorgesehenen Gliederung orientieren.

Gliederung der Aktivseite nach § 266 Abs. 3 HGB (mit Erläuterungen)

A. ***Anlagevermögen:*** Die Aktivseite der Bilanz enthält als erste Position das Anlagevermögen. Dazu gehören nach dem Wortlaut des § 247 Absatz 2 HGB diejenigen Gegenstände, die dazu bestimmt sind, dem Geschäftsbetrieb dauernd zu dienen.

I. ***Immaterielle Vermögensgegenstände:*** Die erste Hauptgruppe innerhalb des Anlagevermögens bilden die immateriellen Vermögensgegenstände. Es handelt sich um nicht-körperliche, d.h. nicht greifbare bzw. nicht sichtbare Objekte, die durch ihre geistige oder rechtliche Form gekennzeichnet sind.

1. ***Selbstgeschaffene gewerbliche Schutzrechte und ähnliche Rechte und Werte:*** hier sind aufgeführt die nach § 248 HGB aktivierbaren selbst hergestellten Patente und Software.

2. ***entgeltlich erworbene Konzessionen, gewerbliche Schutzrechte sowie ähnliche Rechte und Werte sowie Lizenzen an solchen Rechten und Werten:*** Anders als in 1. sind hier alle „entgeltlich erworbenen" Werte zu aktivieren, z.B. gekaufte Lizenzen, Patente und Software.

3. ***Geschäftswert- oder Firmenwert:*** Nach § 246 ist der entgeltlich erworbene Geschäfts- oder Firmenwert („derivativer Geschäfts- oder Firmenwert") ein Vermögensgegenstand. Er ergibt sich bei der Übernahme eines Unternehmens als Differenzbetrag zwischen dem Kaufpreis und dem Reinvermögen zum Zeitpunkt des Erwerbs.

4. ***geleistete Anzahlungen:*** Hier sind Anzahlungen zu auszuweisen, die vom Unternehmen für den Erwerb immaterieller Vermögensgegenstände bereits getätigt wurden.

II. ***Sachanlagen:*** In dieser Hauptgruppe sind sämtliche materiellen Gegenstände des Anlagevermögens zu aktivieren.

1. ***Grundstücke, grundstücksgleiche Rechte und Bauten:*** Hier sind Grundstücke und Gebäude auszuweisen, auch solche Gebäude, die auf fremden Grundstücken stehen.

2. ***Technische Anlagen und Maschinen:*** Sämtliche Sachanlagen, die nicht unter 1. auszuweisen sind, und ihrer Art nach unmittelbar dem betrieblichen Produktionsprozess dienen, z.B. Produktionsmaschinen, Silos, Hochöfen.

3. ***andere Anlagen, Betriebs- und Geschäftsausstattung:*** Sammelposten für Sachanlagen, die nicht unmittelbar dem Produktionsprozess dienen. Hier wird z.B. der betriebliche Fuhrpark, Büroeinrichtung, Telefonanlagen etc. ausgewiesen.

4. ***geleistete Anzahlungen und Anlagen im Bau:*** Hier sind Anzahlungen auszuweisen, die für den Erwerb von Sachanlagen getätigt wurden, sowie Investitionen in Sachanlagen, die noch unvollendet sind.

III. ***Finanzanlagen:*** Hier sind auszuweisen langfristig dienende Investitionen in andere Unternehmen sowie Darlehen/Kredite mit Restlaufzeiten von über 1 Jahr.

1. ***Anteile an verbundenen Unternehmen:*** Mitgliedsrechte, Vermögens- oder Verwaltungsrechte an Unternehmen, die nach § 271 Abs. 2 HGB Mutterunternehmen sind oder Tochterunternehmen, die nach § 290 in den Konzernabschluß einzubeziehen sind.

2. ***Ausleihungen an verbundene Unternehmen:*** Langfristige Finanzforderungen (keine Sach- oder Leistungsforderungen), die in Wertpapieren verbrieft sein können oder als Hypothekenforderungen auftreten.

3. ***Beteiligungen:*** Gesellschaftsanteile an anderen Unternehmen, die keine verbundenen Unternehmen sind. Gemäß § 271 Abs. 1 liegt „im Zweifel“ eine Beteiligung vor bei einem Beteiligungsverhältnis von mehr als 20 Prozent.

4. ***Ausleihungen an Unternehmen, mit denen ein Beteiligungsverhältnis besteht:*** Langfristige Finanzforderungen an Unternehmen, die keine verbundenen Unternehmen sind. Gemäß § 271 Abs. 1 liegt „im Zweifel“ eine Beteiligung vor bei einem Beteiligungsverhältnis von mehr als 20 Prozent.

5. ***Wertpapiere des Anlagevermögens:*** Sammelposten für Wertpapiere, die nicht unter Nr. 1 bis 4 passen, die aber langfristig dem Betrieb dienen sollen.

6. ***sonstige Ausleihungen:*** Langfristige Finanzforderungen, die nicht unter Nr. 2 oder Nr. 4 einzuordnen sind.

B. ***Umlaufvermögen:*** Hier sind Vermögensgegenstände auszuweisen, die nicht zum Anlagevermögen gehören und nur zur vorübergehenden Nutzung im Betrieb gedacht sind. Im Zweifel sind die Zwecksetzung und nicht die tatsächlichen Verhältnisse maßgebend.

I. ***Vorräte:*** Umfassen die Bestände an Produktionsmaterial, fertigen Erzeugnissen und Handelswaren in allen Stufen des Fertigstellungsgrades.

1. ***Roh-, Hilfs- und Betriebsstoffe:*** Noch unverarbeitete Stoffe, die zur Weiterverarbeitung dienen. Rohstoffe gehen als Hauptbestandteil direkt ins Produkt, Hilfsstoffe sind Nebenbestandteile des Produkts und Betriebsstoffe werden im Zuge des Fertigungsprozesses verbraucht.

2. ***unfertige Erzeugnisse, unfertige Leistungen:*** Sämtliche im Betrieb hergestellte Erzeugnisse, deren Be- oder Verarbeitung bereits Aufwendungen (z.B. Löhne, Materialkosten) verursacht hat, die aber noch nicht verkaufsfertig sind.

3. ***fertige Erzeugnisse und Waren:*** Verkaufsfertige Vorräte sowie fremdbezogene Handelsartikel. Diese Vermögensgegenstände werden so lange aktiviert, bis der Realisationsvorgang abgeschlossen ist (Gefahrenübergang nach Veräußerung, Verschaffung der Verfügungsmacht).

4. ***geleistete Anzahlungen:*** Hier sind Anzahlungen auszuweisen, die für Lieferungs- und Leistungsverträge getätigt wurden, die aber noch nicht geliefert bzw. erfüllt sind.

II. ***Forderungen und sonstige Vermögensgegenstände:*** Ansprüche des Unternehmens gegenüber Dritten.

1. ***Forderungen aus Lieferungen und Leistungen:*** Ansprüche aus gegenseitigen Verträgen, die vom Unternehmen bereits erfüllt sind, vom Schuldner jedoch noch nicht.

2. ***Forderungen gegen verbundene Unternehmen:*** Sämtliche Ansprüche aus dem Waren-, Finanz- und Leistungsverkehr mit Unternehmen, die als verbundene Unternehmen nach

§ 271 Abs. 2 und § 290 HGB anzusehen sind.

3. ***Forderungen gegen Unternehmen, mit denen ein Beteiligungsverhältnis besteht:*** Sämtliche Ansprüche aus dem Waren-, Finanz- und Leistungsverkehr mit Unternehmen, bei denen nach § 271 Abs. 1 ein Beteiligungsverhältnis vorlegt.

4. ***sonstige Vermögensgegenstände:*** Sammelposten für Vermögensgegenstände, die keiner anderen Position zuzuordnen sind, z.B. Gehaltsvorschüsse oder Ansprüche aus Steuerrückerstattungen.

III. ***Wertpapiere:*** Urkunden mit kurzfristiger Halteabsicht, in denen ein privates Recht verbrieft ist.

1. ***Anteile an verbundenen Unternehmen:*** Mitgliedsrechte, Vermögens- oder Verwaltungsrechte an Unternehmen, die nach § 271 Abs. 2 HGB Mutterunternehmen sind oder Tochterunternehmen, die nach § 290 in den Konzernabschluß einzubeziehen sind. Beispiele: Anteile für Verschmelzung oder Eingliederung, Anteile die zum Verkauf gedacht sind.

2. ***sonstige Wertpapiere:*** Sämtliche anderen Wertpapiere mit Halteabsicht unter 1 Jahr.

IV. ***Kassenbestand, Bundesbankguthaben, Guthaben bei Kreditinstituten und Schecks:*** Sämtliche liquiden Mittel werden in einem Posten zusammengefasst. Dazu gehören täglich fällige Sichtguthaben und Schecks.

C. ***Rechnungsabgrenzungsposten:*** Vom Unternehmen getätigte Auszahlungen des Geschäftsjahrs, die Aufwand darstellen in einem späteren Geschäftsjahr. Hierunter fällt auch ein aktiviertes Disagio nach § 250 Abs. 2.

D. ***Aktive latente Steuern:*** In Anspruch genommenes Wahlrecht für den Ansatz von Wertdifferenzen zwischen der Handelsbilanz und der Steuerbilanz, wenn der steuerliche Wertansatz derzeit höher ist als der handelsrechtliche und sich diese Differenz in den Folgejahren voraussichtlich ausgleichen werden. Interpretierbar als erwartete, spätere steuerliche Minderbelastungen.

E. ***Aktiver Unterschiedsbetrag aus der Vermögensverrechnung:*** Vermögensgegenstände, die ausschließlich der Erfüllung bestimmter Schulden dienen, und die dem Zugriff anderer Gläubiger entzogen sind, sind mit diesen Schulden zu verrechnen. Ist der beizulegende Zeitwert dieser Vermögensgegenstände höher als der Betrag dieser bestimmten Schulden, so ist die Differenz unter dieser Position auszuweisen.

Gliederung der Passivseite nach § 266 Abs. 3 HGB

A. ***Eigenkapital:*** Bilanzwert der von den Eigentümern des Unternehmens zeitlich unbegrenzt zur Verfügung gestellten Mittel, die entweder von außen zugeführt wurden, oder von innen durch nicht ausgeschüttete Gewinne erwirtschaftet wurden. Bilanztechnisch handelt es sich um die Differenz aus allen Aktiva und allen Schulden.

I. ***Gezeichnetes Kapital:*** Kapital, auf das die Haftung der Gesellschafter für die Verbindlichkeiten der Kapitalgesellschaft gegenüber den Gläubigern beschränkt ist. Das gezeichnete Kapital (§

272 Abs. 1 Satz 1 HGB) ist das im Handelsregister eingetragene Haftungskapital. Bei Aktiengesellschaften ist das der Nennbetrag der emittierten Aktien (Grundkapital, Mindesthöhe 50.000 Euro), bei GmbHs der Nennbetrag der ausgegebenen Stammanteile (Stammkapital, Mindesthöhe 25.000 Euro). Das Grund- bzw. Stammkapital ist in Höhe des Nennbetrags auszuweisen. Dies gilt auch dann, wenn das Nominalkapital noch nicht voll eingezahlt ist. Daraus erklärt sich auch die Bezeichnung Gezeichnetes Kapital, mit der zum Ausdruck gebracht wird, daß es sich eben nicht notwendigerweise um eingezahltes Kapital handelt.

Wenn das gezeichnete Kapital von den Gesellschaftern noch nicht vollständig eingezahlt ist, muss man zwischen zwei Fällen unterscheiden. (1) Entweder sind die Beträge noch nicht eingefordert (vom Vorstand oder den Geschäftsführern gegenüber den Gesellschaftern), oder (2) es sind Beträge bereits eingefordert, aber noch nicht eingezahlt.

Für die nicht eingeforderten ausstehenden Einlagen auf das gezeichnete Kapital ist ein Nettoausweis vorgeschrieben, sie sind von dem Posten Gezeichnetes Kapital abzusetzen. Der verbleibende Betrag ist als Posten Eingefordertes Kapital in der Hauptspalte der Passivseite auszuweisen. Der eingeforderte, aber noch nicht eingezahlte Betrag wird nicht vom gezeichneten Kapital abgesetzt, sondern ist unter den Forderungen gesondert auszuweisen und entsprechend zu bezeichnen, da es sich um eine Forderung der Gesellschaft gegenüber ihren Gesellschaftern handelt.

II. ***Kapitalrücklage:*** Kapital, das die Gesellschafter über das gezeichnete Kapital hinaus der Gesellschaft als Eigenkapital zur Verfügung gestellt haben. Bei Aktiengesellschaften wird hier das Agio eingestellt, das dann entsteht, wenn die Gesellschaft Aktien oberhalb ihres Nennwerts emittiert.

III. ***Gewinnrücklagen:*** Kapital, das durch gesetzlich vorgeschriebene oder freiwillige Einbehaltung von Jahresgewinnen entstanden ist.

1. ***Gesetzliche Rücklage:*** Nur bei AG und KGaA, die nach § 150 AktG verpflichtet sind, 5 Prozent des um einen Verlustvortrag aus dem Vorjahr geminderten Jahresüberschusses einzubehalten, bis die gesetzliche Rücklage und die Kapitalrücklagen zusammen mindestens 10 Prozent des Grundkapitals (oder den in der Satzung bestimmten höheren Teil des Grundkapitals) erreichen.

2. ***Rücklage für Anteile an einem herrschenden oder mehrheitlich beteiligten Unternehmen:*** In diese Position ist nach § 272 Abs. 4 HGB der Betrag einzustellen, der dem auf der Aktivseite enthaltenen Betrag der Anteile an dem herrschenden oder mit Mehrheit beteiligten Unternehmen entspricht. Die Rücklage ist aufzulösen, wenn diese Anteile veräußert oder eingezogen werden oder sonst auf der Aktivseite ein niedrigerer Betrag eingestellt wird. Diese Rücklagen dürfen nicht ausgeschüttet werden.

3. ***satzungsmäßige Rücklagen:*** Gesellschaftsvertrag oder Satzung einer Kapitalgesellschaft können die Gesellschaft auf die Bildung entsprechender Rücklagen verpflichten. Siehe für Aktiengesellschaften auch § 58 AktG.

4. ***andere Gewinnrücklagen:*** Sämtliche anderen Rücklagen, vor allem freiwillig nicht ausgeschüttete Gewinne, die nach § 58 AktG bis zu 50 Prozent des Jahresüberschusses betragen können.

IV. ***Gewinnvortrag/Verlustvortrag:*** Teil des Gewinns, über dessen Verwendung noch nicht endgültig entschieden worden ist. Ein Verlustvortrag stellt den Bilanzverlust des Vorjahres dar.

V. ***Jahresüberschuß/Jahresfehlbetrag:*** Ergebnis der Gewinn- und Verlustrechnung des Geschäftsjahrs, also der eigentliche Gewinn oder Verlust nur des aktuellen Geschäftsjahrs.

B. ***Rückstellungen:*** Ungewisse Schulden nach § 249 HGB. Sie sind hinsichtlich ihres Grundes oder ihrer Höhe ungewiss, jedoch zumindest wahrscheinlich.

1. ***Rückstellungen für Pensionen und ähnliche Verpflichtungen:*** Unmittelbare und mittelbare Versorgungszusagen des Unternehmens an Mitarbeiter (z.B. für Betriebsrentenzusagen).

2. ***Steuerrückstellungen:*** Steuern und Abgaben, die bis zum Bilanzstichtag entstanden sind, jedoch hinsichtlich Höhe oder Zeitpunkt der Zahlung noch nicht feststehen.

3. ***sonstige Rückstellungen:*** Sammelposten für alle anderen Rückstellungen, z.B. Kulanzrückstellungen, Garantierückstellungen, Drohverlustrückstellungen, Prozessrückstellungen, Rückstellungen für unterlassene Instandhaltungen, Jahresabschluß- und Prüfungsrückstellungen.

C. ***Verbindlichkeiten:*** Verpflichtungen, die am Bilanzstichtag hinsichtlich ihres Grundes und ihrer Höhe feststehen.

1. ***Anleihen, davon konvertibel:*** Schuldverschreibungen, die am Kapitalmarkt emittiert wurden (meist Aktiengesellschaften).

2. ***Verbindlichkeiten gegenüber Kreditinstituten:*** Alle Verbindlichkeiten gegenüber Kreditinstituten.

3. ***erhaltene Anzahlungen auf Bestellungen:*** Empfangene Anzahlungen (typischerweise von Kunden). Solange das Unternehmen noch nicht geleistet hat, sind die Anzahlungen ökonomisch ein Kredit des Kunden und noch kein Ertrag.

4. ***Verbindlichkeiten aus Lieferungen und Leistungen:*** Alle Verbindlichkeiten, die gegenüber Lieferanten bestehen.

5. ***Verbindlichkeiten aus der Annahme gezogener Wechsel und der Ausstellung eigener Wechsel:*** Als Schuldnerwechsel gezogene Wechsel oder eigene Wechsel (Waren- oder Finanzwechsel).

6. ***Verbindlichkeiten gegenüber verbundenen Unternehmen:*** Sämtliche Verpflichtungen, die gegen Unternehmen bestehen, die nach § 271 Abs. 2 Mutterunternehmen sind oder Tochterunternehmen, die nach § 290 in den Konzernabschluss einzubeziehen sind.

7. ***Verbindlichkeiten gegenüber Unternehmen, mit denen ein Beteiligungsverhältnis besteht:*** Sämtliche Verpflichtungen, die gegen Unternehmen bestehen, bei denen nach § 271 Abs. 1 eine Beteiligung anzunehmen ist.

8. ***sonstige Verbindlichkeiten, davon aus Steuern, davon im Rahmen der sozialen Sicherheit:*** Alle anderen Verbindlichkeiten, die in keine der Positionen 1. bis 7. einzuordnen sind. Verbindlichkeiten aus Steuern sowie Verpflichtungen den Sozialkassen gegenüber werden gesondert ausgewiesen.

D. ***Rechnungsabgrenzungsposten:*** Dem Unternehmen zugegangene Einzahlungen des Geschäftsjahrs, die einen Ertrag darstellen in einem späteren Geschäftsjahr.

E. ***Passive latente Steuern:*** Wertansatzdifferenzen zwischen der Handelsbilanz und der Steuerbilanz, wenn der steuerliche Wertansatz derzeit geringer ist als der handelsrechtliche und sich diese Differenzen in den Folgejahren voraussichtlich ausgleichen werden. Interpretierbar als erwartete, spätere steuerliche Mehrbelastungen.

2.5 Bilanzierungsfähigkeit von Aktiva und Passiva

Die Frage, ob ein Aktivposten in die Bilanz aufgenommen werden darf, wird unter dem Begriff der *Aktivierungsfähigkeit* subsumiert. Nach § 247 Abs. 1 sind das Vermögen eines Unternehmens sowie die aktiven Rechnungsabgrenzungsposten auf der Aktivseite einer Bilanz anzusetzen.

Der Aktivierungsgrundsatz legt die Kriterien dafür fest, was als Vermögensgegenstand anzusehen ist und somit grundsätzlich in die Bilanz aufgenommen werden muss. Der Aktivierungsgrundsatz gehört zu den nicht-kodifizierten GoB, er ist also nicht durch den Gesetzgeber definiert. Da jedoch neben dem Aktivierungsgrundsatz noch weitere Kriterien zum Ansatz eines Aktivpostens geprüft werden müssen (z.B. Ansatzverbote oder -ausnahmen) erfolgt die Prüfung der Aktivierungsfähigkeit eines Postens in zwei Schritten:

Schritt 1: Liegt ***abstrakte*** Aktivierungsfähigkeit vor?

Schritt 2: Liegt ***konkrete*** Aktivierungsfähigkeit vor?

2.5.1 Abstrakte und konkrete Aktivierungsfähigkeit

- Im Rahmen der *abstrakten Aktivierungsfähigkeit* geht es um die Frage, ob es sich bei einem Sachverhalt *seiner Natur nach* um einen Vermögensgegenstand handelt. Es gibt vom Gesetzgeber keine explizite Definition eines Vermögensgegenstands. Daher sind Kriterien vorgeschlagen worden, anhand derer man versuchen kann festzustellen, ob es sich bei einem Sachverhalt um einen Vermögensgegenstand handelt. Diese Kriterien werden im Folgenden kurz vorgestellt.
- Bei der *konkreten Aktivierungsfähigkeit* geht es *um die gesetzlichen Bestimmungen des HGB*, also was konkret aktiviert werden muss oder kann, oder gar nicht aktiviert werden darf. Ein *Aktivierungsgebot besteht grundsätzlich für alle abstrakt aktivierungsfähigen Vermögensgegenstände, soweit kein konkretes Verbot oder Wahlrecht zutrifft.*

Das HGB enthält aber auch ein Ansatzgebot für Aktiva, die keine Vermögensgegenstände im Sinne der abstrakten Aktivierungsfähigkeit darstellen.

Die Trennung zwischen abstrakter und konkreter Aktivierungsfähigkeit wird durch den Wortlaut des § 246 Abs. 1 HGB deutlich, der besagt, daß der Jahresabschluß *sämtliche* Vermögensgegenstände (und Schulden) zu enthalten hat, *soweit das Gesetz nichts anderes bestimmt*.

2.5.1.1 *Kriterien abstrakter Aktivierungsfähigkeit*

Da der Begriff des Vermögensgegenstands im Gesetz gar nicht definiert ist, bedarf er – der Begriff – der ***Auslegung***. Dazu werden bestimmte abstrakte Kriterien herangezogen.

Konkrete Einzelveräußerbarkeit

Nach dieser Auffassung soll ein Gut dann abstrakt aktivierungsfähig sein, wenn es allein im Rechtsverkehr gegen Entgelt übertragen werden kann, also selbständig veräußerbar ist. *Keine* Vermögensgegenstände wären danach jene Güter, die aufgrund eines gesetzlichen oder vertraglichen Veräußerungsverbots nicht veräußert werden dürfen.

Abstrakte Einzelveräußerbarkeit

Bei diesem Kriterium geht um die Frage, ob die abstrakte Möglichkeit der Veräußerung überhaupt besteht. Im Unterschied zum Kriterium der konkreten Einzelveräußerbarkeit werden gesetzliche oder vertragliche Veräußerungsbeschränkungen für die Frage der abstrakten Aktivierungsfähigkeit als unerheblich angesehen.

Man müsste also prüfen, ob sich das Gut überhaupt „zur Beiseiteschaffung eignet".[11] Beiseitegeschafft werden kann jedes Objekt, das einzeln entziehbar ist, zum Beispiel ein Wertpapier, eine Maschine, aber auch ein bestimmtes Wissen. Ungeeignet zur Beiseiteschaffung sind nur solche Güter, die für sich gesehen keinen Wert haben, vielmehr ihren Wert allein aus der Kombination mit anderen Gütern herleiten: Die *funktionierende Organisation eines Unternehmens* ist ein solches Gut; man kann sie nicht isoliert beiseiteschaffen, darüber hinaus lässt sie sich nicht isoliert verwerten – und dennoch darf man getrost davon ausgehen, daß die funktionierende Unternehmensorganisation für einen potentiellen Käufer einen erheblichen Wert haben dürfte. [12]

---

[11] Moxter, A. (1984): Bilanzlehre Band I: Einführung in die Bilanztheorie, 3. vollst. umgearbeitete Aufl., S. 82.

[12] Eine Organisation wird durchaus einen Wert haben, der in die Kaufpreisbereitschaft eines Unternehmenskäufers eingeht. Auf Alfred P. Sloan (Vorstandsvorsitzender von General Motors 1923-1937) geht der Satz zurück: "Take my assets but leave me my organization and in five years I'll have it all back"; zitiert aus Boone, Louis E. (1992): Quotable Business, ISBN 0679740805.

Im Bilanzrecht bezeichnet man Vermögensgegenstände, die als (wertvolle) Objekte einzeln abgehen können, als ***einzelverkehrsfähig***. Gemeint ist, daß sie einzeln, für sich, voll am Rechtsverkehr teilnehmen (insbesondere veräußert werden) können. Die funktionierende Organisation (die Kenntnis um die Arbeitsabläufe, das Verständnis der Mitarbeiter für die Aufbauorganisation, Markt- und Betriebskenntnis der Mitarbeiter) hat zwar einen Wert (sowohl für das Unternehmen, als auch für einen fiktiven Käufer des Unternehmens). Würde man sie aber gegen Entgelt veräußern wollen, müsste man das ganze Unternehmen oder jedenfalls bestimmte Betriebsteile mit veräußern.

Selbständige Verwertbarkeit

Nach dem Kriterium der selbständigen Verwertbarkeit liegt ein Vermögensgegenstand dann vor, wenn ein Gut auf irgendeine Weise außerhalb des eigenen Unternehmens gegenüber Dritten verwertet werden kann. Unter Verwertung versteht man, wenn ein Gut in Geld (oder Äquivalente) transformiert werden kann, und zwar

- durch Veräußerung,
- durch Einräumung eines Nutzungsrechts: ein Urheberrecht beispielsweise kann man zwar nicht *einzeln veräußern*, aber man kann es *wirtschaftlich verwerten*.
- durch bedingten Verzicht: Ein bedingter Verzicht liegt dann vor, wenn der Inhaber eines Rechts unter der Bedingung, daß dieses Recht einem Dritten eingeräumt wird, auf dieses Recht verzichtet. Praktisch relevant ist diese Form der Verwertung bei Konzessionen.
- im Wege der Zwangsvollstreckung: Dieser Ansicht nach liegt ein Vermögensgegenstand dann vor, wenn auf ein Gut im Wege der Einzelvollstreckung (Pfändung) zugegriffen werden kann.

Bilanzielle Greifbarkeit

Hier handelt es sich um ein *steuerrechtliches* Kriterium. Die steuerrechtliche Aktivierungskonzeption weicht von der handelsrechtlichen Aktivierungskonzeption ab. Im Steuerrecht beruht die Aktivierbarkeit eines Gutes nicht auf dessen *isolierter Transformation in Geld*, sondern seiner Übertragbarkeit zusammen mit dem gesamten Betrieb (*Gesamtverkehrsfähigkeit*).

Nach einem Urteil des Reichsfinanzhofs aus dem Jahr 1931 muss es sich bei einem Vermögensgegenstand um ein Gut handeln, das *„bei einer Veräußerung des gesamten Unternehmens sozusagen greifbar ist, d.h. als Einzelheit ins Gewicht fällt, sich also nicht derart ins Allgemeine verflüchtigt, daß es nur noch als Steigerung des good will des ganzen Unternehmens in die Erscheinung tritt.“*

Entscheidend ist hierbei das *Übertragbarkeitsprinzip*, das besagt, daß ein potenzieller Erwerber des Unternehmens den Vermögensgegenstand im Rahmen der Kaufpreisbemessung berücksichtigen würde. Nach der Rechtsprechung des BFH sind beispielsweise Kundenlisten, die beim Erwerb eines Unternehmens übernommen werden, grundsätzlich nicht bilanziell greifbar, sondern Bestandteil des derivativen Firmenwertes. Eine gesonderte Aktivierung ist nur dann geboten, wenn die Kundenlisten gesondert Gegenstand eines Anschaffungsgeschäftes sind.

Selbständige Bewertbarkeit

Nach Meinung des BFH sind als Wirtschaftsgüter auch anzusehen als *tatsächliche Zustände, konkrete Möglichkeiten und Vorteile für den Betrieb, deren Erlangung sich der Kaufmann etwas kosten läßt* und die einen *wesentlichen und über die Dauer des einzelnen Steuerabschnitts hinausreichenden Wert für das Unternehmen haben und gesondert bewertbar sind.*

Diese selbständige Bewertbarkeit folgt aus dem Grundsatz der Einzelbewertung und fordert, daß ein Vermögensgegenstand (im Steuerrecht ***Wirtschaftsgut***) mit einem eigenen, von anderen Positionen unterscheidbaren Wert angesetzt werden kann.

Diese beiden Bedingungen (Verteilungsbedürfnis auf mehrere Perioden und Einzelbewertbarkeit) sind laut BFH erfüllt, wenn ein fremder Dritter bei Fortführung des Unternehmens diesen Gegenstand im Rahmen der Kaufpreisbemessung berücksichtigen würde (Übertragungsprinzip). Wie oben bereits ausgeführt, sind nach der Rechtsprechung des BFH Kundenlisten, die beim Erwerb eines Unternehmens übernommen werden, grundsätzlich nicht bilanziell greifbar, sondern Bestandteil des derivativen Firmenwertes. Eine gesonderte Aktivierung ist nur dann geboten, wenn die Kundenlisten gesondert Gegenstand eines Anschaffungsgeschäftes sind.

→ Zum Verständnis! Aktivierung

Was bedeutet Aktivierung? Zunächst die einfache Antwort: es wird ein Vermögensgegenstand oder zumindest ein Rechnungsabgrenzungsposten auf der Aktivseite der Bilanz aufgenommen.

Warum ist das wichtig? Es ist wichtig, da sich die Aktivierung oder Nicht-Aktivierung auf das Bilanzbild und auf den Gewinn auswirkt. Und es kann durchaus sein, daß das Unternehmen im Rahmen bilanzpolitischer Erwägungen entweder an einem höheren oder an einem niedrigeren Gewinn interessiert ist.

Wenn das Unternehmen Finanzmittel (Geld) ausgibt, vermindert sich definitiv die Position *Liquide Mittel (Kassenbestand und Bankguthaben)* auf der *linken* Seite der Bilanz. Je nachdem, wofür das Geld ausgegeben wurde, kann die Gegenbuchung alternativ in zwei Varianten erfolgen:

(1) Als Bilanzverkürzung, so daß sich eine oder mehrere Positionen auf der Passivseite der Bilanz vermindern. Wird mit der Geldausgabe z.B. ein Kredit getilgt oder eine fällige Lieferantenrechnung bezahlt, vermindert sich eine Schuldenposition – das

Eigenkapital bleibt unverändert. Muß die Geldausgabe aber gleichzeitig als Aufwand gebucht werden, dann vermindert sich der Jahresgewinn. Und ein verminderter Gewinn bedeutet ein vermindertes Eigenkapital.

(2) Als Aktivtausch: Wird mit der Geldausgabe ein Vermögensgegenstand angeschafft, der auf der Aktivseite der Bilanz angesetzt wird, dann liegt ein Aktivtausch vor.

Die entscheidende Frage ist, ob die *Verminderung der Finanzmittel* zu einem *Aktivtausch* führt, und sich eine andere Vermögensposition *erhöht*. Nur in diesem Fall sprechen wir von Aktivierung.

- Für manche Bilanzierende mag der Anreiz entstehen, eine Auszahlung durch kreative Interpretation der Bilanzierungsregeln zu aktivieren, da sie damit verhindern, daß die Auszahlung gleichzeitig als Aufwand den Gewinn vermindert. Wird also eine Auszahlung aktiviert, dann hat sich Aktivseite in der Summe gar nicht vermindert, nur die Zusammensetzung des Vermögens ist anders. Diesem Aktivierungseifer will der Gesetzgeber entgegenwirken, indem bestimmte Auszahlungen keinesfalls aktiviert werden dürfen, so daß sie zwangsläufig als Aufwand verbucht werden müssen, und den Gewinn vermindern. Und der Betrag, um den der Gewinn vermindert wurde, kann infolgedessen nicht ausgeschüttet werden.
- Andererseits kann es bei bestimmten Ausgaben zunächst zweifelhaft sein, ob eine Ausgabe den Gewinn vermindert, oder eigentlich als Vermögensgegenstand zu aktivieren ist.

Beispiel 2-2: Aktivierung oder Betriebsausgabe?

Einzelunternehmer Muck vermietet Baumaschinen. Er lässt seine betrieblichen Fahrzeuge nach der Anschaffung einheitlich lackieren und mit einem Firmenlogo beschriften, bevor sie für die betrieblichen Zwecke eingesetzt werden. Muck wollte die Ausgaben für die Sonderlackierung als sogenannte „abzugsfähige Betriebsausgabe“ (das Steuerwort für Aufwendungen) sofort vom Gewinn abziehen (um damit seine Steuerbelastung zu reduzieren). Das Finanzamt war der Ansicht, daß die Kosten für die Sonderlackierung sogenannter Herstellungsaufwand seien, und daher mit den Baumaschinen (Tieflader, Sattelauflieger) zu aktivieren sind. In der Folge könnte nur die planmäßige Abschreibung (AfA) gewinnmindernd angesetzt werden. Für Muck bedeutet das einen höheren Gewinn in der Periode und damit eine insgesamt höhere Steuerbelastung.

Das FG München (10.5.06, 1 K 5521/04) hat dagegen entschieden, dass diese Aufwendungen sofort als Betriebsausgaben abzugsfähig sind. Ein eigenständiges Wirtschaftsgut entsteht nicht, da die Lackierung mit den Anlagegütern, auf die sie aufgebracht wurden, eine so feste Verbindung eingegangen sind, dass sie als deren unselbständige Teile angesehen werden müssen. Ihre Werbewirkung können sie nur im jeweiligen Nutzungs- und Funktionszusammenhang der betreffenden Anlagegüter entfalten. Eine selbständige Bewertbarkeit ist mithin nicht gegeben. Außerydem wurden die betreffenden Wirtschaftsgüter des Anlagevermögens nicht erst durch die Lackierung und Beschriftung mit dem Firmennamen in Betriebsbereitschaft versetzt. Die Betriebsbereitschaft war auch ohne die spezielle Lackierung und Aufschrift gegeben. Die Kosten für die Lackierung sind daher abzugsfähige Betriebsausgaben der Periode.

2.5.1.2 Konkrete Aktivierungsfähigkeit

Bei der konkreten Aktivierungsfähigkeit geht es darum, wie das Handels- oder Steuerrecht die Frage nach der Aktivierung regelt, nämlich ob ein Posten konkret aktiviert werden muß („Aktivierungsgebot"), oder aktiviert werden kann („Aktivierungswahlrecht"), oder nicht aktiviert werden darf („Aktivierungsverbot").

Aktivierungsgebote

Ein *Aktivierungsgebot besteht grundsätzlich für alle abstrakt aktivierungsfähigen Vermögensgegenstände, soweit kein konkretes Verbot oder Wahlrecht zutrifft.*

Das HGB enthält aber auch Ansatz***gebote*** für Aktiva, die ***keine*** Vermögensgegenstände im Sinne der abstrakten Aktivierungsfähigkeit darstellen. So gibt es ein ***Aktivierungsgebot*** für den *derivativen Geschäfts- oder Firmenwert* (§ 246 Abs. 1 Satz 4 HGB), obwohl dieser seiner Natur nach kein abstrakt aktivierungsfähiger Vermögensgegenstand ist.[13] Allerdings ist er aufgrund der gesetzlichen Bestimmung ein konkret aktivierungsfähiger Vermögensgegenstand, denn im Gesetz heißt es:

Gesetzestext: § 246 Abs. 1 HGB Satz 4

Der Unterschiedsbetrag, um den die für die Übernahme eines Unternehmens bewirkte Gegenleistung den Wert der einzelnen Vermögensgegenstände des Unternehmens abzüglich der Schulden im Zeitpunkt der Übernahme übersteigt (entgeltlich erworbener Geschäfts- oder Firmenwert), gilt als zeitlich begrenzt nutzbarer Vermögensgegenstand.

Entscheidend für Aktivierung der Vermögensgegenstände ist auch ***nicht***, daß diese im *rechtlichen Eigentum des Bilanzierenden stehen*, sondern vielmehr daß diese dem Kaufmann *wirtschaftlich zuzurechnen* sind, was in § 246 Abs. 1 Satz 2 HGB festgelegt ist. Diese Regelung ist vor allem für die Bilanzierung von geleasten Vermögensgegenständen von Bedeutung[14]:

---

[13] Siehe die Ausführungen zum Geschäfts- oder Firmenwert in Abschnitt 3.2.3 auf Seite 105.

[14] Siehe die Ausführungen zum Leasing in Abschnitt 3.3.2 auf Seite 110.

Gesetzestext: § 246 Abs. 1 HGB Satz 1 und 2

(1) Der Jahresabschluss hat sämtliche Vermögensgegenstände, Schulden, Rechnungsabgrenzungsposten sowie Aufwendungen und Erträge zu enthalten, soweit gesetzlich nichts anderes bestimmt ist. Vermögensgegenstände sind in der Bilanz des Eigentümers aufzunehmen; ist ein Vermögensgegenstand nicht dem Eigentümer, sondern einem anderen wirtschaftlich zuzurechnen, hat dieser ihn in seiner Bilanz auszuweisen.

→ Zum Verständnis!

Als Geschäfts- und Firmenwert („Goodwill") gelten sämtliche wertbildenden Faktoren und Elemente eines Unternehmens, die für sich betrachtet nicht aktivierungsfähig sind. Solche werthaltigen Faktoren oder Elemente eines Unternehmens können beispielsweise sein: der Marktanteil, der Kundenstamm, die Betriebs- und Geschäftsgeheimnisse, die Produktionsverfahren, der Ruf des Unternehmens, seine Kreditwürdigkeit, Standortvorteile, Geschäftsverbindungen, Stellung im Wettbewerb, Qualität der Mitarbeiter, Kompetenz der Unternehmensleitung, und die Effizienz der Organisation. Allen diesen Faktoren ist gemein, daß sie nicht losgelöst werden können vom Unternehmen wie eine Maschine oder ein Wertpapier oder ein spezifisches Recht, insofern ist der Geschäfts- und Firmenwert nicht separat übertragbar (man sagt auch, er ist nicht „separierbar"). Daher ist der Geschäfts- und Firmenwert nicht verkehrsfähig, und obwohl er unbestritten wertvoll sein kann für das Unternehmen, ist er kein abstrakt aktivierbarer Vermögensgegenstand.

Man unterscheidet den originären (d.h. selbst geschaffenen) Geschäfts- oder Firmenwert vom derivativen (d.h. vom Unternehmenskauf abgeleiteten) Geschäfts- oder Firmenwert.

- Für den originären (also selbst geschaffenen) Geschäfts- oder Firmenwert bleibt es beim Aktivierungsverbot. Nach allgemeinem Bilanzierungsverständnis wäre die Ermittlung eines Wertes für die oben genannten Aspekte objektiv nicht nachprüfbar, darüber hinaus wäre ein solcher Wert flüchtig und unsicher.
- Wird aber ein Unternehmen im Gesamten gekauft, so ist die Differenz zwischen dem Kaufpreis und dem bilanzierbaren Eigenkapital des gekauften Unternehmens der Geschäfts- oder Firmenwert. In diesem durch eine Markttransaktion bestätigten Mehrwert des gekauften Unternehmens kommt der tatsächliche Geschäfts- und Firmenwert zum Ausdruck – und diese Differenz wird vom Gesetzgeber als Vermögensgegenstand fingiert und muß daher aktiviert werden.

Aktivierungsgebot für Rechnungsabgrenzungsposten

Ebenfalls keine Vermögensgegenstände im Sinne der abstrakten Aktivierungsfähigkeit sind (transitorische) Rechnungsabgrenzungsposten, die aber dennoch gemäß § 250 Abs. 1 Satz 1 HGB aktiviert werden müssen:

Gesetzestext: § 250 Abs. 1 HGB

(1) Als Rechnungsabgrenzungsposten sind auf der Aktivseite Ausgaben vor dem Abschlußstichtag auszuweisen, soweit sie Aufwand für eine bestimmte Zeit nach diesem Tag darstellen.

Das Periodisierungsprinzip verlangt, daß Aufwendungen in derjenigen Periode den Gewinn vermindern sollen, in der sie verursacht wurden oder in der die Güter oder Leistungen verbraucht wurden. Zahlt das Unternehmen in einer Periode für eine Leistung, die erst in einer Folgeperiode verbraucht wird (z.B. bei Vorauszahlungen aus einem Mietvertrag für Monate nach dem Bilanzstichtag, Zahlung der Versicherungsprämie für Monate des Folgejahres), so entspricht der vom Unternehmen bereits bezahlte Betrag einer Art Leistungsforderung – denn das Unternehmen hat ja noch einen Anspruch auf eine Leistungserbringung durch den Vertragspartner.

Rechnungsabgrenzungsposten sind also Ausgaben vor dem Abschlußstichtag, soweit sie Aufwand für eine bestimmte Zeit nach diesem Tag darstellen. Die Rechnungsabgrenzungsposten dienen dem Zweck der zeitlichen Abgrenzung und der periodengerechten Erfolgsermittlung.

Ansatzverbote

Der Gesetzgeber hat in § 248 HGB explizite Aktivierungsverbote festgelegt, und zwar für

- *Aufwendungen für die Gründung des Unternehmens und die Beschaffung des Eigenkapitals;*
- *Aufwendungen für den Abschluss von Versicherungsverträgen.*

Gesetzestext: § 248 Abs. 1 HGB

(1) In die Bilanz dürfen nicht als Aktivposten aufgenommen werden:

1. Aufwendungen für die Gründung eines Unternehmens,
2. Aufwendungen für die Beschaffung des Eigenkapitals und
3. Aufwendungen für den Abschluss von Versicherungsverträgen.

Gründungsaufwendungen sind beispielsweise Notar- und Gerichtskosten, Beratungskosten und Veröffentlichungskosten. Aufwendungen für die Eigenkapitalbeschaffung beziehen sich sowohl auf die erstmalige Kapitalaufbringung bei der Gründung als auch die Aufwendungen für spätere Kapitalerhöhungen.

Wendet man die Kriterien für die Aktivierungsfähigkeit an, kommt man zu dem Ergebnis, daß es sich bei diesen Ausgaben gar nicht um Vermögensgegenstände handeln kann.

Andererseits könnte man als Bilanzierender leicht auf den Gedanken kommen, diese Aufwendungen dennoch nicht als *typischen Periodenaufwand* zu betrachten. Immerhin handelt es sich ja nicht um Ausgaben, die nur diese eine Periode betreffen, so wie Löhne oder Mieten.

Beispielsweise könnte man argumentieren, daß die Aufwendungen für den *Abschluß* von Versicherungsverträgen (also *nicht* die Versicherungsprämien!) die Dauer des Versicherungsvertrags betreffen, insofern also zumindest über die Dauer des Versicherungsvertrags abgrenzt werden könnten. Ähnlich könnte man die Gründungsaufwendungen und die Aufwendungen für die Eigenkapitalbeschaffung interpretieren.

Dem hat der Gesetzgeber durch die Aktivierungsverbote einen Riegel vorgeschoben, so daß eine Aktivierung nicht in Frage kommt. Solche Ausgaben werden als Aufwand direkt in die Gewinn- und Verlustrechnung geführt und begründen keinen Vermögensgegenstand und keine Rechnungsabgrenzungsposten.

Weitere ***Aktivierungsverbote*** bestehen für selbst geschaffene Marken, Drucktitel, Verlagsrechte, Kundenlisten oder vergleichbare immaterielle Vermögensgegenstände des Anlagevermögens (§ 248 Abs. 2 HGB). Der Grund für das Aktivierungsverbot besteht darin, daß eine Aktivierung manipulative, willkürliche Wertansätze ermöglichen würde, denn objektivierbare Ausgabengegenwerte sind praktisch kaum feststellbar. So kann es also durchaus sein, daß ein Unternehmen über wertvolle Marken oder andere Rechte verfügt, aber solange diese nicht entgeltlich erworben wurde, scheidet eine Aktivierung aus.

Gesetzestext: § 248 Abs. 2 HGB Satz 2

(2) (...) Nicht aufgenommen werden dürfen selbst geschaffene Marken, Drucktitel, Verlagsrechte, Kundenlisten oder vergleichbare immaterielle Vermögensgegenstände des Anlagevermögens.

Aktivierungswahlrechte nach Handelsrecht

Wenn für einen Sachverhalt festgestellt wurde, daß *kein* Aktivierungsverbot besteht, ist in einem nächsten Schritt zu prüfen, ob ein *Aktivierungswahlrecht* existiert. Unter Ansatzwahlrecht versteht man die Möglichkeit des bilanzierenden Kaufmanns, selbst zu entscheiden, ob er bestimmte Positionen aktivisch in seiner Bilanz ausweisen will. Diese Wahlrechte betreffen:

- ein Disagio (§ 250 Abs. 3 Satz 1 HGB)[15];

[15] Siehe hierzu Abschnitt 3.6.1 Seite 134.

- aktive latente Steuern (§ 274 Abs. 2 HGB)[16];
- immaterielle Vermögensgegenstände des Anlagevermögens, selbst wenn sie nicht entgeltlich erworben (also selbsterstellt) wurden (Entwicklungskosten)[17].

Wahlrecht für den Ansatz eines Disagios

§ 250 Abs. 3 HGB bestimmt für den Fall, daß ein Kredit mit einem geringeren Betrag ausgezahlt wurde, als er zurückzuzahlen ist (=Erfüllungsbetrag einer Verbindlichkeit höher als der Ausgabebetrag), die Differenz aktiviert werden darf.[18]

Gesetzestext: § 250 Abs. 3 HGB

(3) Ist der Erfüllungsbetrag einer Verbindlichkeit höher als der Ausgabebetrag, so darf der Unterschiedsbetrag in den Rechnungsabgrenzungsposten auf der Aktivseite aufgenommen werden. Der Unterschiedsbetrag ist durch planmäßige jährliche Abschreibungen zu tilgen, die auf die gesamte Laufzeit der Verbindlichkeit verteilt werden können.

Das Periodisierungsprinzip verlangt, Aufwendungen derjenigen Periode zuzuordnen, in die sie wirtschaftlich gehören. Die periodisch anfallenden Zinsen sind eindeutig Periodenaufwand. Das Disagio/der Abschlag vermindert den Auszahlungsbetrag, aber nicht den Rückzahlungsbetrag, d.h. der Kreditnehmer erhält einen um das Disagio verminderten Auszahlungsbetrag, muß aber den kompletten Nominalbetrag bei Fälligkeit zurückzahlen. Über die periodischen Zinsen hinaus wird der Kreditnehmer mit dem Disagio belastet.

Man könnte argumentieren, daß es sich beim Disagio insofern um bereits im Voraus bezahlte Zinsen für die Kreditnutzung handelt, die ebenfalls periodisiert, d.h. auf die Jahre der Kreditlaufzeit als Aufwand verteilt werden sollten. Das erreicht man, indem man das Disagio – obwohl bereits faktisch gezahlt – zunächst als Rechnungsabgrenzungsposten aktiviert. Damit vermindert sich zwar der Zahlungsmittelbestand, aber das Disagio ist noch kein Zinsaufwand in der Gewinn- und Verlustrechnung. Andererseits existiert mit dem Vorsichtsprinzip eine starke Forderung nach im Zweifel niedrigem Gewinnausweis – und somit sollten die Möglichkeiten, Aufwendungen aus der GuV rauszuhalten, eher spärlich bleiben.

Der Gesetzgeber hat hier mit dem Wahlrecht einen Mittelweg beschritten. Ein konservativ bilanzierendes Unternehmen wird das Wahlrecht nicht nutzen, und damit das Disagio im Jahr der Kreditaufnahme oder der Anleiheemission sofort als Aufwand in die GuV buchen.

---

[16] Siehe hierzu ab Abschnitt 3.6.4 Seite 139.

[17] Die selbst geschaffenen immateriellen Vermögensgegenstände des Anlagevermögens werden im Zusammenhang mit den Entwicklungskosten erläutert, siehe dazu Abschnitt 3.2.1 auf Seite 101.

[18] Siehe hierzu die Ausführungen in Abschnitt 3.6.1 ab Seite 126.

Ein weniger konservativ bilanzierendes Unternehmen wird stattdessen das Wahlrecht wahrnehmen, und den Aufwand aus dem Disagio über die Jahre verteilen, um den Jahresüberschuß ein wenig höher zu halten.

Es sei an dieser Stelle darauf hingewiesen, daß *für das Disagio zwar ein handelsrechtliches Aktivierungswahlrecht, jedoch ein steuerrechtliches Aktivierungsgebot* besteht. Das bedeutet, daß bei der Ermittlung des steuerlichen Gewinns das Disagio nicht in voller Höhe sofort den Gewinn vermindern kann - in diesem Jahr sind der Gewinn und damit auch die Steuerlast etwas höher.

2.5.2 Abstrakte und konkrete Passivierungsfähigkeit

Im HGB ist festgelegt, dass Schulden in die Bilanz aufzunehmen sind, allerdings sind sie nicht weiter definiert. Also stellt sich – wie bereits bei den Vermögensgegenständen – die Frage nach den abstrakten Merkmalen, anhand derer man feststellen kann, ob es sich bei einem Sachverhalt um eine Schuld handelt oder nicht. Im Bilanzierungsalltag mag das in vielen Fällen keine schwierige Frage sein, aber in Grenz- oder Zweifelsfällen schon. Man denke nur an die hybriden Finanzierungsformen, die sowohl Eigenkapital- als auch Fremdkapitalmerkmale aufweisen.

Als Merkmale abstrakter Passivierungsfähigkeit sind zu nennen:

Außenverpflichtungen

Außenverpflichtungen sind Verpflichtungen gegenüber Dritten, denen sich der Bilanzierende nicht entziehen kann. Es kann sich dabei um bürgerlich-rechtliche Verpflichtungen, z.B. aufgrund von Kaufverträgen, öffentlich-rechtliche Verpflichtungen, wie beispielsweise die Verpflichtung Steuern zu zahlen, oder um wirtschaftlich begründete Verpflichtungen, wie beispielsweise Kulanzleistungen handeln. Ob auch Innenverpflichtungen, bei denen eine Verpflichtung des Bilanzierenden gegenüber sich selbst vorliegt (z.B. im Falle sogenannter Aufwandsrückstellungen), bilanzrechtlich Schulden begründen können, ist in der Literatur umstritten. Eine Mehrheitsmeinung lehnt eine Begründung von Schulden durch Innenverpflichtungen ab.

Bilanzielle Greifbarkeit

Ein weiteres Kriterium ist die bilanzielle Greifbarkeit von Schulden. Es ist besonders relevant bei Rückstellungen und bezieht sich auf die Frage, wie wahrscheinlich es ist, daß der Bilanzierende aus einer Verpflichtung in Anspruch genommen wird. Laut BFH-Urteil vom 01.08.1984 sind eine Verpflichtung und eine Inanspruchnahme *„wahrscheinlich, wenn mehr Gründe für als gegen das Be- und Entstehen einer Verbindlichkeit und einer zukünftigen Inanspruchnahme sprechen.“*

Wirtschaftliche Belastung

Das Kriterium der wirtschaftlichen Belastung besagt, daß der Unternehmer durch die Verpflichtung mit einer künftigen Minderung seines Vermögens rechnen muss, z.B. dadurch, daß aufgrund einer bereits erbrachten Leistung eines Dritten eine Gegenleistung in Form einer Geldzahlung erfolgen muss.

Quantifizierbarkeit

Das letzte Kriterium für die Passivierungsfähigkeit von Schulden besteht in der Quantifizierbarkeit. Eine Schuld ist quantifizierbar, wenn die Verpflichtung in der Höhe eindeutig feststeht, wie z. B. bei Verbindlichkeiten, oder wenn die Höhe innerhalb einer Bandbreite geschätzt werden kann, wie beispielsweise bei den Rückstellungen.

Bei der konkreten Passivierungsfähigkeit geht es um die Frage, ob eine abstrakt passivierungsfähige Schuld aufgrund abweichender konkreter Vorschriften des HGB nicht angesetzt werden muss oder darf, oder ob ein nicht abstrakt passivierungsfähiger Sachverhalt aufgrund handelsrechtlicher Vorschriften doch passiviert werden muss oder darf.

Verbindlichkeiten

Da die Verbindlichkeiten die Kriterien für das Vorliegen einer Schuld erfüllen, sind sie abstrakt passivierungsfähig und damit auch generell passivierungspflichtig, da weder ein Wahlrecht noch ein Verbot für den Ansatz von Verbindlichkeiten besteht.

Rückstellungen

Im HGB wird der Passivposten Rückstellungen nicht definiert. Stattdessen werden einzelne Rückstellungen in § 249 HGB abschließend aufgeführt. Es wird im HGB ebenfalls nicht definiert, *wie* die Rückstellungen bilanztechnisch zu bilden sind. Rückstellungen sind Positionen der Passivseite einer Bilanz, für die die gültigen Kriterien der Rückstellungsbildung erfüllt sind. Sie stehen für wirtschaftliche Verpflichtungen, die dem Grunde nach, dem Auszahlungszeitpunkt oder der Höhe nach noch nicht bestimmt sind, aber in der Abrechnungsperiode verursacht wurden.

Erfolgswirksame Bildung und Auflösung der Rückstellung

Bilanztechnisch wird durch die Rückstellungsbildung ein Aufwand der Zukunft in die Abrechnungsperiode vorverlagert. Dieser Aufwand wird über die GuV geführt ist, so daß der Periodengewinn vermindert wird. Eine Auszahlung findet nicht statt, so daß die Bildung einer Rückstellung einem Passivtausch gleichkommt – das Eigenkapital (der Gewinn) wird vermindert, gleichzeitig wird eine Schuldenposition in der Bilanz gebildet.

Bei den in der Bilanz anzusetzenden Rückstellungen (siehe Abbildung 3) ist nach dem Verpflichtungscharakter zu differenzieren zwischen Rückstellungen aufgrund von Verpflichtungen gegenüber Dritten (Außenverpflichtungen), die daher als *Verbindlichkeitsrückstellungen* bezeichnet werden und Rückstellungen aufgrund von Innenverpflichtungen, den sogenannten *Aufwandsrückstellungen*. Gegenstand dieser Rückstellungen sind Selbstverpflichtungen des Unternehmens zur Durchführung bestimmter Maßnahmen in der Zukunft, die eigentlich in der Berichtsperiode verursacht sind oder bereits hätten getätigt werden müssen. Bei den Außenverpflichtungen kann es sich um rechtliche Verpflichtungen handeln. Die entsprechenden Rückstellungen für ungewisse Verbindlichkeiten sind beispielsweise Pensionsrückstellungen, Garantierückstellungen und Steuerrückstellungen. § 249 HGB enthält einen abschließenden Rückstellungskatalog. Daher unterliegen Rückstellungen für sonstige, nicht in § 249 genannte Zwecke einem Passivierungsverbot. Rückstellungen lassen sich durch Grundsätze ordnungsmäßiger Buchführung begründen.

Abbildung 3: Rückstellungen

<table>
<tr><th colspan="5">Rückstellungen</th></tr>
<tr><td colspan="2">Rückstellungen aufgrund von Verpflichtungen gegenüber Dritten (sogenannte Außenverpflichtungen)</td><td colspan="2">Rückstellungen aufgrund von Verpflichtungen gegenüber sich selbst (sogenannte Innenverpflichtungen)</td><td>Sonstige Rückstellungen i. S. d. § 249 HGB</td></tr>
<tr><td colspan="2">Verbindlichkeitsrückstellungen</td><td colspan="2">Aufwandsrückstellungen</td><td rowspan="3"></td></tr>
<tr><td>Rechtliche Verpflichtungen</td><td>Wirtschaftliche Verpflichtungen</td><td>Rückstellungen für unterlassene Abraumbeseitigung</td><td>Rückstellungen für unterlassene Instandhaltung</td></tr>
<tr><td>für ungewisse Verbindlichkeiten (z.B. Pensions-, Steuer-, Prozess-, Garantierückstellungen)
Rückstellungen für drohende Verluste aus schwebenden Geschäften</td><td>Kulanzrückstellungen ("ohne rechtliche Verpflichtung")</td><td>falls Nachholung im folgenden Gj.</td><td>falls Nachholung innerhalb von 3 Monaten im folgenden Gj.</td></tr>
<tr><td colspan="2">Passivierungspflicht § 249 Abs. 1 S. 1 und S. 2 Nr. 2</td><td colspan="2">Passivierungspflicht § 249 Abs. 1 S. 2 Nr. 1</td><td>Passivierungsverbot § 249 Abs. 2 S. 1</td></tr>
</table>

Passive Rechnungsabgrenzungsposten

Ein Geldmittelzufluss vor dem Abschlussstichtag, soweit er Ertrag für eine bestimmte Zeit nach dem Bilanzstichtag darstellt, wird als passiver Rechnungsabgrenzungsposten angesetzt.

Gesetzestext: § 250 Abs. 2 HGB

(2) Auf der Passivseite sind als Rechnungsabgrenzungsposten Einnahmen vor dem Abschlußstichtag auszuweisen, soweit sie Ertrag für eine bestimmte Zeit nach diesem Tag darstellen.

Sachverhalte, die zu einer solchen passiven Rechnungsabgrenzung führen, sind nach abstrakten Passivierungskriterien keine Schuld. Sie sind zwar eine Außenverpflichtung (ein Dritter hat noch einen Anspruch an das Unternehmen), sie sind auch quantifizierbar und sie sind bilanziell greifbar (also hinreichend konkretisiert und die Inanspruchnahme ist wahrscheinlich). Allerdings fehlt es am Kriterium der wirtschaftlichen Belastung, denn mit der späteren Leistung ist keine spätere Bruttovermögensminderung verbunden.

Beispiel 2-3: Passive Rechnungsabgrenzung

Die Muck GmbH hat ein Lagerhaus an die Hasenhirn GmbH vermietet. Die Miete beträgt 12.000 Euro pro Jahr und ist vertragsgemäß jährlich im Voraus zu entrichten. Das Mietverhältnis begann am 1.10.2014 und die Hasenhirn GmbH hat pünktlich die Jahresmiete überwiesen. Die anteilige Miete von 3.000 Euro für die Monate Oktober, November und Dezember gelten als im Geschäftsjahr 2014 verdient und erhöhen den Gewinn des Geschäftsjahrs. Die verbleibenden 9.000 Euro sind zwar schon vereinnahmt, sind aber Ertrag des Folgejahres, und daher auch erst im Folgejahr in der Gewinn- und Verlustrechnung als Ertrag zu buchen. Die 9.000 Euro sind zum Bilanzstichtag 31.12.2014 als passiver Rechnungsabgrenzungsposten in der Bilanz der Muck GmbH anzusetzen.

Die Muck GmbH hat dem Mieter im Folgejahr noch die Nutzung der Mietsache zu ermöglichen – insofern existiert eine Außenverpflichtung. Die Verpflichtung ist auch quantifizierbar und es ist ausgesprochen wahrscheinlich, daß der Mieter die Mietsache weiterhin nutzen will. Die Leistungserbringung führt aber bei der Muck GmbH zu keiner Bruttovermögensminderung, denn es geht nicht darum, der Hasenhirn GmbH etwas zu liefern, sondern nur die Mietsache weiterhin bereitzustellen.

3 Ansatz und Bewertung der Aktiva

3.1 Erstbewertung des Vermögens

Durch eine ***Bewertung*** werden Vermögensgegenstände und Schulden mit Geldwerten beziffert. Hierbei sind die in § 252 HGB kodifizierten Grundsätze ordnungsmäßiger Bilanzierung anzuwenden. Demnach ist *vorsichtig zu bewerten*, was auch unmittelbar aus dem Bilanzzweck der Ermittlung eines *ausschüttungsfähigen* Gewinns folgt.

Handels- und Steuerrecht enthalten darüber hinaus alle für die Bilanzierung notwendigen *Bewertungsmaßstäbe* für Vermögensgegenstände und Schulden. Für den Lernenden ist wichtig, an dieser Stelle den *Bezug zwischen Bewertung und Gewinn* zu erkennen.

→ Lernkette 2: Eigenkapital und Gewinn

1	Vermögen und Schulden sind *nach bestimmten Regeln* zu bewerten.
2	Aus der *Differenz* von Vermögen und Schulden ergibt sich das *Eigenkapital*.
3	Aus dem *Vergleich* des Eigenkapitals *zwischen zwei Zeitpunkten* (am Anfang der Periode und am Ende der Periode) ergibt sich – unter Korrektur der Einlagen und Entnahmen – der *Gewinn des Jahres*.
4	Also wirkt sich die *Bewertung* mittelbar auf den *Gewinn* aus.
5	Der Bilanzierende darf eben nicht bewerten, wie er will, sondern nur so, wie es die Gesetze erlauben.
6	Die Wertkonzepte des Handels- und Steuerrechts sind also das Ergebnis des Versuchs, im Sinne der Zwecksetzung von Handelsbilanz und Steuerbilanz zu einem möglichst willkürfreien Gewinn zu gelangen.
7	Handelsrecht und Steuerrecht regeln die Bewertungsfragen unterschiedlich – mit der Folge, daß der Gewinn nach Handelsrecht und der Gewinn nach Steuerrecht unterschiedlich sein werden.

Tabelle 7: Wertkonzepte des Handelsrechts

Bilanzpositionen	***Wertkonzept***	***Rechtsgrundlage***
Vermögensgegenstände	Anschaffungs- bzw. Herstellungskosten; vermindert um Abschreibungen Beizulegender Wert Beizulegender Zeitwert Börsen- oder Marktpreis Festwert Gewogener Durchschnittswert bei Gruppenbewertung	§ 253 Abs. 1, § 255 Abs. 1, 2 § 253 Abs. 3 und 4 § 253 Abs. 1, § 255 Abs. 4 § 253 Abs. 4, § 255 Abs. 4 § 240 Abs. 3 § 240 Abs. 4
Verbindlichkeiten Rückstellungen	Erfüllungsbetrag nach vernünftiger kaufmännischer Beurteilung notwendige Erfüllungsbetrag	§ 253 Abs. 1 § 253 Abs. 1
Eigenkapital	Nennbetrag für das gezeichnete Kapital (rechtsformspezifische Vorschriften)	§ 272 Abs. 1

Tabelle 8: Wertkonzepte des Steuerrechts

Bilanzpositionen	***Wertkonzept***	***Rechtsgrundlage***
Abnutzbares Anlagevermögen	Anschaffungs- bzw. Herstellungskosten; vermindert um Absetzung für Abnutzung (AfA) und andere Absetzungen; Besondere Vorschrift für Geringwertige Wirtschaftsgüter Teilwert	§ 6 , 7 EStG § 6 Abs. 2 EStG
Nicht abnutzbares Anlage-, Umlaufvermögen	Anschaffungs- bzw. Herstellungskosten Teilwert	§ 6 Abs. 1 Nr. 2 EStG § 6 Abs. 1 Nr. 2 EStG
Verbindlichkeiten	sinngemäß: Anschaffungskosten (Rückzahlungsbetrag, Erfüllungsbetrag) Teilwert	§ 6 Abs. 3 EStG § 6 Abs. 2 EStG
Rückstellungen	Grundsätze	§ 6 Abs. 3a EStG
Pensionsrückstellungen	Teilwert	§ 6a Abs. 3-4 EStG

3.1.1 Anschaffungskosten

Anschaffungskosten (sowie Herstellungskosten) sind ***Wertkonzepte***! Dem Gesetzgeber geht es nicht darum, dem Unternehmen Nachhilfe oder Ratschläge in Kostenrechnung zu geben. Stattdessen hat der Gesetzgeber mit dem Begriff Anschaffungskosten *den* Wert festgelegt, der für den Vermögensgegenstand nach einem *Anschaffungsvorgang* in der Bilanz anzusetzen ist. Anschaffungskosten sind in § 255 Abs. 1 HGB definiert.

Gesetzestext: § 255 Abs. 1

Anschaffungskosten sind die Aufwendungen, die geleistet werden, um einen Vermögensgegenstand zu erwerben und ihn in einen betriebsbereiten Zustand zu versetzen, soweit sie dem Vermögensgegenstand einzeln zugeordnet werden können. Zu den Anschaffungskosten gehören auch die Nebenkosten sowie die nachträglichen Anschaffungskosten. Anschaffungspreisminderungen sind abzusetzen.

Also handelt es sich bei den Anschaffungskosten nicht nur um die Aufwendungen, die geleistet werden, um einen Vermögensgegenstand zu *erwerben* (Grundsatz), sondern darüber hinaus auch die, um ihn in einen *betriebsbereiten Zustand zu versetzen* (Erweiterung), sowie Nebenkosten und nachträgliche Anschaffungskosten. Der Gesetzgeber denkt offenbar durchaus ökonomisch: die Anschaffungskosten sind alle Aufwendungen, die notwendig sind, damit ein Vermögensgegenstand nutzbar ist – also nicht nur die reine Anschaffung.

Die Anschaffungskosten setzen sich wie folgt zusammen:

  Anschaffungspreis

\+ Anschaffungsnebenkosten

\+ nachträgliche Anschaffungskosten

– Anschaffungspreisminderungen

= Anschaffungskosten

Anschaffungspreis ist der Rechnungsbetrag abzüglich Vorsteuer.

Anschaffungsnebenkosten sind solche Kosten, die zur Versetzung in einen betriebsbereiten Zustand notwendig sind. Bei einem Kauf von Maschinen kann dies unter anderem Transportkosten aber auch Installationskosten umfassen.

Nachträgliche Anschaffungskosten sind Aufwendungen, die für einen Vermögensgegenstand anfallen, der sich bereits in einem betriebsbereiten Zustand befindet. Sie können bei einer erheblichen Verbesserung oder Funktionalitätserweiterung des Vermögensgegenstandes als nachträgliche Anschaffungskosten aktiviert werden. Diese Möglichkeit wird eingeräumt, da nach der Verbesserung von einem neuen, anderen Vermögensgegenstand ausgegangen werden kann.

Anschaffungspreisminderungen sind Skonti, Boni oder Rabatte, die von dem Anschaffungspreis abzusetzen sind.

Beispiel 3-1: Anschaffungskosten beim Sachanlagevermögen 1

Die Muck GmbH erwirbt einen neuen PKW. Die entsprechende Rechnung des Autohauses lautet wie folgt:

Position	***Euro***
1 PKW	35.000,00
Autoradio	550,00
Unterbodenschutz und Hohlraumversiegelung	250,00
Zwischensumme	***35.800,00***
10 % Rabatt	-3.580,00
Zwischensumme	***32.220,00***
Überführungskosten	125,00
Nettorechnungsbetrag	***32.345,00***
19 % Umsatzsteuer	6.145,55
Rechnungsbetrag	***38.490,55***
Weitere Kosten laut Kostenrechnung:	
Kfz-Brief	15,00
Zulassungsgebühr	50,00
Benzin	38,50

Die Anschaffungskosten errechnen sich wie folgt:

Anschaffungspreis (netto)	
+ Anschaffungsnebenkosten	
Autoradio	
Unterbodenschutz etc.	
– Anschaffungspreisminderungen (Rabatt)	
= Zwischensumme	32.220,00
+ Anschaffungsnebenkosten	
Überführung	125,00
Kfz-Brief	15,00
Zulassungsgebühr	50,00
= Anschaffungskosten	32.410,00

Abziehbare Vorsteuer sind keine Anschaffungskosten. Die Benzinkosten gehören nicht mehr zu den Anschaffungskosten, sie sind Periodenaufwand.

Beispiel 3-2: Anschaffungskosten beim Sachanlagevermögen 2

Die Muck GmbH erwirbt im Geschäftsjahr ein bebautes Grundstück. Das Gebäude war wirtschaftlich wertlos und wurde zu Kosten von 28.000 Euro abgerissen. Der Anschaffungspreis für das Grundstück beträgt 60.000 Euro, für das Gebäude fielen 135.000 Euro an sowie 12.000 Euro für eine übernommene Hypothek auf das Grundstück. Weitere Kosten fielen an: Notargebühren 3.200 Euro, Grunderwerbsteuer 13.000 Euro und Urkundsgebühren 1.500 Euro.

Auf dem Gelände des abgerissenen Gebäudes errichtet die Muck GmbH eine Fertigungsanlage zum Anschaffungspreis von 100.000 Euro. Für die Montage mußten weitere 23.000 Euro bezahlt werden. Zusätzlich sind der Muck GmbH eigene Herstellungskosten von 4.000 Euro entstanden.

Die Gesamtfinanzierung erfolgte durch die Hasenhirn Bank AG mit einem Darlehen über 20 Jahre, Auszahlung 97 Prozent, Nominalzinssatz 4 Prozent p.a. (Zinsen zahlbar halbjährlich im Voraus).

Die Anschaffungskosten betragen:

Grundstück	
Anschaffungspreis Grundstück	60.000
Anschaffungspreis Gebäude	135.000
+ Anschaffungsnebenkosten	
übernommene Hypothek	12.000
Notargebühren	3.200
Grunderwerbsteuer	13.000
Urkundsgebühren	1.500
= Anschaffungskosten	***224.700***
Fertigungsanlage	
Anschaffungspreis Anlage	100.000
Abbruchkosten Gebäude	28.000
+ Anschaffungsnebenkosten	
Montage	23.000
weitere Herstellkosten	4.000
= Anschaffungskosten	***155.000***

Die Finanzierungsdaten sind irrelevant für die Anschaffungskosten. Finanzierungskosten gehören nicht zu den Anschaffungskosten.

Beispiel 3-3: Anschaffungskosten Vorräte bei Kaufpreisminderungen

Möbelhändler Muck kauft auf einer Verkaufsveranstaltung des Herstellers zwanzig Sofas zum Gesamtpreis von 10.000€ zzgl. Umsatzsteuer. Er erhält einen Veranstaltungsrabatt von 15 Prozent. Für die Ermittlung der Anschaffungskosten ist der Rabatt zu berücksichtigen, so daß die Anschaffungskosten für das einzelne Sofa 425€ betragen (=8.500/20).

Muck hat außerdem im Geschäftsjahr Ware für über 100.000€ beim Hersteller geordert. Daher erhält er vom Hersteller einen Bonus von 5 Prozent vom Bestellvolumen. Am Ende des Jahres hat Muck noch Ware mit Anschaffungskosten von 20.000€ im Lager.

Bewertung der Vorräte nach HGB a.F.	***Bewertung der Vorräte nach HGB n.F. (2016)***
§ 255 Abs. 1 HGB a.F.: „Anschaffungspreisminderungen sind abzusetzen."	§ 255 Abs. 1 HGB a.F.: „Anschaffungspreisminderungen, die dem Vermögensgegenstand einzeln zugeordnet werden können, sind abzusetzen."
Der Anteil des Bonus, der auf die noch vorhandenen Vorräte entfällt, vermindert die Anschaffungskosten, daher sind die Vorräte zum Bilanzstichtag mit 20.000 × 0,95 = 19.000€ zu bewerten.	Die Anschaffungskosten der Vorräte bleibt bei 20.000. Der allgemeine Bonus ist den einzelnen Vermögensgegenständen nicht zuzuordnen.

3.1.2 Herstellungskosten

Die *Herstellungskosten* sind das zweite wichtige Wertkonzept für die Bilanzierung des Vermögens. Sie fallen an, wenn ein Vermögensgegenstand nicht angeschafft, sondern vom bilanzierenden Unternehmen selbst hergestellt wurde. Die Herstellungskosten sind der Wert mit dem ein *selbst hergestellter* Vermögensgegenstand in der Bilanz anzusetzen ist.

Herstellungskosten (bei der Bilanzierung) und Herstellkosten (bei der Kostenrechnung) sind sowohl vom Wert als auch vom Begriffsinhalt nicht identisch. Bilanzierung und Kostenrechnung sind zwei unterschiedliche Bereiche des Rechnungswesens und unterschiedlichen Zielsetzungen. Hauptzweck der Kostenrechnung ist die Ermittlung des Wertverzehrs (Kosten) und die Wirtschaftlichkeitskontrolle im Betrieb. Hauptzweck der Bilanzierung ist es, für Ausschüttungszwecke verfügbaren, entziehbaren Gewinn zu ermitteln.

Je nachdem, welche Kostenbestandteile in diesen Wert hineinzurechnen sind, wird dieser Wert höher oder niedriger ausfallen – eine wirkliche Wertobjektivität gibt es nicht.

Anders formuliert: je ***mehr*** (grundsätzlich erlaubte) Kostenbestandteile das Unternehmen in die Herstellungskosten hineinrechnet, umso ***höher*** ist der Wert in der Bilanz – umso ***reicher*** erscheint das Unternehmen, umso ***höher*** wird c.p. das Eigenkapital, umso ***höher*** ist der Gewinn!

Immerhin lässt § 255 noch ein paar Freiheiten, *welche* Kostenbestandteile in die Herstellungskosten hineingerechnet werden müssen, und für welche der Kaufmann ein *Wahlrecht* hat.

In § 255 Abs. 2 und 3 HGB sind die Herstellungskosten definiert.

Gesetzestext: § 255 Abs. 2 und 3

(2) Herstellungskosten sind die Aufwendungen, die durch den Verbrauch von Gütern und die Inanspruchnahme von Diensten für die Herstellung eines Vermögensgegenstands, seine Erweiterung oder für eine über seinen ursprünglichen Zustand hinausgehende wesentliche Verbesserung entstehen. Dazu gehören die Materialkosten, die Fertigungskosten und die Sonderkosten der

Fertigung sowie angemessene Teile der Materialgemeinkosten, der Fertigungsgemeinkosten und des Werteverzehrs des Anlagevermögens, soweit dieser durch die Fertigung veranlasst ist. Bei der Berechnung der Herstellungskosten dürfen angemessene Teile der Kosten der allgemeinen Verwaltung sowie angemessene Aufwendungen für soziale Einrichtungen des Betriebs, für freiwillige soziale Leistungen und für die betriebliche Altersversorgung einbezogen werden, soweit diese auf den Zeitraum der Herstellung entfallen. Forschungs- und Vertriebskosten dürfen nicht einbezogen werden.

(3) Zinsen für Fremdkapital gehören nicht zu den Herstellungskosten. Zinsen für Fremdkapital, das zur Finanzierung der Herstellung eines Vermögensgegenstands verwendet wird, dürfen angesetzt werden, soweit sie auf den Zeitraum der Herstellung entfallen; in diesem Falle gelten sie als Herstellungskosten des Vermögensgegenstands.

Warum nicht einen fiktiven Marktwert als Bilanzansatz?

Genau das will der Gesetzgeber nicht – nämlich daß der Kaufmann die von ihm selbst hergestellten Güter zu irgendwelchen Markt-Phantasiepreisen in die Bilanz einstellt.

Bei der *Herstellung* handelt es sich um einen innerbetrieblichen Wertumschichtungsprozess. Das Realisationsprinzip ***verbietet*** den Ausweis nicht realisierter Gewinne, also darf der Zugang eines selbsthergestellten Vermögensgegenstands nur zu seinen Herstellungskosten bewertet werden.

Zu dem Begriff der Herstellung wird nicht nur die Schaffung, sondern auch die Erweiterung oder eine, über den ursprünglichen Zustand hinausgehende wesentliche Verbesserung, eines Vermögensgegenstandes verstanden. Aus dem Prinzip der Erfolgsneutralität folgt, zu den Herstellungskosten nur die tatsächlich angefallenen, nicht aber die kalkulatorischen Kosten, zu zählen. Es ist also zu unterscheiden zwischen den Herstellungskosten in der Kostenrechnung und der gesetzlichen Definition. Handelsrechtlich bilden die Material- und Fertigungskosten, Material- und Fertigungsgemeinkosten, der Wertverzehr des Anlagevermögens (Abschreibungen) sowie die Sonderkosten der Fertigung die Untergrenze.[19]

Nach § 6 Abs. 1 Nr. 1b EStG „brauchen bei der Berechnung der Herstellungskosten angemessene Teile der Kosten der allgemeinen Verwaltung sowie angemessene Aufwendungen für soziale Einrichtungen des Betriebs, für freiwillige soziale Leistungen und für die betriebliche Altersversorgung ... nicht einbezogen zu werden, soweit diese auf den Zeitraum der Herstellung entfallen. Das Wahlrecht ist bei Gewinnermittlung nach § 5 EStG in Übereinstimmung mit der Handelsbilanz auszuüben."

[19] Mit Sonderkosten der Fertigung sind alle direkt dem Gut zurechenbaren, im Herstellungsprozess angefallenen Kosten gemeint, die *nicht* Materialkosten und *nicht* Personalkosten (Fertigungskosten) sind.

Durch diese Regelung wird für die aufgeführten Gemeinkosten das handelsrechtliche Aktivierungswahlrecht gesetzlich auch in die Steuerbilanz übernommen. Beachten müssen Bilanzierende den Übereinstimmungsvorbehalt ab VZ 2016, nach welchem das Wahlrecht in Handels- und Steuerbilanz einheitlich ausgeübt werden muss. Dadurch wird eine einheitliche Bewertung in der Handels- und der Steuerbilanz erreicht und sichergestellt, dass die Ausübung des steuerlichen Bewertungswahlrechtes nicht allein steuerlich motiviert ist, sondern der Vereinfachung und dem Bürokratieabbau dient. Bis VZ 2015 bestand dazu ein unabhängiges Wahlrecht in Steuer- und Handelsbilanz.

Fremdkapitalzinsen müssen daher steuerlich als Herstellungskosten aktiviert werden, wenn sie handelsrechtlich in die Herstellungskosten einbezogen werden. Das BMF verlangt wegen des Prinzips der Maßgeblichkeit der Handelsbilanz für die Steuerbilanz eine übereinstimmende Handhabung. Vertriebskosten dürfen nie in die Herstellungskosten eingerechnet werden, da sie mit der Herstellung nichts zu tun haben, sondern funktional der Herstellung nachgelagert sind.

Tabelle 9: Herstellungskosten nach HGB und Steuerrecht ab 2010

<table>
<tr><th>Bestandteile der Herstellungskosten</th><th>HGB</th><th>Steuerrecht
(R 6.3 EStR 2008)</th><th>Steuerrecht
(R 6.3 EStÄR 2011)</th><th>Steuerrecht
(§ 6 Abs. 1 Nr. 1b EStG n.F.)</th></tr>
<tr><td>Materialeinzelkosten</td><td colspan="2" rowspan="6">Pflicht</td><td rowspan="11">Pflicht</td><td rowspan="6">Pflicht</td></tr>
<tr><td>Fertigungseinzelkosten</td></tr>
<tr><td>Sonderkosten der Fertigung</td></tr>
<tr><td>Materialgemeinkosten</td></tr>
<tr><td>Fertigungsgemeinkosten</td></tr>
<tr><td>Wertverzehr des Anlagevermögens, sofern durch die Fertigung veranlasst</td></tr>
<tr><td></td><td colspan="2">Untergrenze</td><td>Untergrenze</td></tr>
<tr><td>allgemeine Verwaltung</td><td colspan="2" rowspan="5">Wahlrecht</td><td rowspan="5">Wahlrecht</td></tr>
<tr><td>soziale Einrichtungen des Betriebs</td></tr>
<tr><td>freiwillige soziale Leistungen</td></tr>
<tr><td>betriebliche Altersversorgung</td></tr>
<tr><td>Fremdkapitalzinsen</td><td>Wahlrecht</td></tr>
<tr><td></td><td colspan="4">Obergrenze</td></tr>
<tr><td>Forschungskosten
Vertriebskosten</td><td colspan="4">Ansatzverbot</td></tr>
<tr><td>Erstmalig anzuwenden</td><td>seit 2010</td><td>bis VZ 2015</td><td>bis VZ 2015</td><td>ab VZ 2016</td></tr>
</table>

Beispiel 3-4: Herstellungskosten

Die Muck KG stellt serienmäßig Blechgehäuse in unterschiedlicher Form, Größe und Ausstattung her. Im abgelaufenen Geschäftsjahr wurden insgesamt 200.000 Gehäuse hergestellt.

In der Kostenrechnung der Muck KG sind Daten ermittelt worden. Aus dem Betriebsabrechnungsbogen ergeben sich die Gemeinkosten für die vier Kostenbereiche (I. bis IV.). Außer den Aufwendungen für Rohstoffe (= Fertigungsmaterial) und den Löhnen – die als Einzelkosten gelten – zählen alle Kostenarten der Ergebnistabelle zu den Gemeinkosten.

Die Fertigungseinzelkosten betragen 2,4 Mio. Euro, die Materialeinzelkosten betragen 2,94 Mio. Euro. Die Fremdkapitalzinsen entfallen auf den Zeitraum der Herstellung.

			Kostenstellen			
Gemeinkostenart	**Zahlen der KLR**	**Grundlage**	**I (Mat.)**	**II (Fert.)**	**III (Verw.)**	**IV (Vertr.)**
Hilfsstoffe	795.000	Entn.schein	--	710.000	--	85.000
Betriebsstoffe	35.000	Entn.schein	--	30.000	3.000	2.000
Gehälter	500.000	Gehaltsliste	60.000	100.000	290.000	50.000
Arbeitg.Anteil/SV	600.000	Gehaltsliste	10.000	450.000	130.000	10.000
Abschreibung	660.000	Anlagekartei	40.000	510.000	70.000	40.000
Bürokosten	50.000	Rechnungen	--	20.000	30.000	--
freiwillige soz. Einrichtungen	205.000	Rechnungen	--	30.000	122.000	53.000
Betriebl. Steuern	180.000	Anlagewerte	20.000	40.000	90.000	30.000
Zinsen	88.000	Kontoauszüge	15.000	35.000	0	0
Summe	***3.075.000***		***145.000***	***1.925.000***	***735.000***	***270.000***

Zu ermitteln sind die handels- und steuerrechtlichen Unter- und Obergrenzen der Herstellungskosten.

HK Bestandteile	***HGB***	***Steuerrecht***
Materialeinzelkosten	2.940.000	2.940.000
Fertigungseinzelkosten	2.400.000	2.400.000
Sonderkosten der Fertigung	0	0
Materialgemeinkosten	90.000	90.000
Fertigungsgemeinkosten	1.350.000	1.350.000
Wertverzehr des Anlagevermögens, sofern durch die Fertigung veranlasst	510.000	510.000
	7.290.000 (Untergrenze)	***7.290.000 (Untergrenze)***
Aufwendungen für:		
Verwaltung	613.000	613.000
soziale Einrichtungen des Betriebs	152.000	152.000
freiwillige soziale Leistungen	0	0
betriebliche Altersversorgung	0	0
Zinsen für Fremdkapital	50.000	50.000
	8.105.000 (Obergrenze)	***8.105.000 (Obergrenze)***

Vertriebskosten sind nicht in die Herstellungskosten einzubeziehen. Die Kosten für die Verwaltung ergeben sich aus den Kostenstellenkosten 735.000 abzüglich der Kosten für soziale Einrichtungen, die eine eigene Position haben. Die Kosten für soziale Einrichtungen enthalten die Kostenstellen Material, Fertigung und Verwaltung, aber nicht die Kosten der Kostenstelle Vertrieb, denn Vertriebskosten gehören grundsätzlich nicht zu den Herstellungskosten.

Die Abschreibungen gehören nur insofern zu den Herstellungskosten, als sie durch die Fertigung veranlasst sind – daher gehen die Abschreibungen aus den Kostenstellen Material (I), Verwaltung (III) und Vertrieb (IV) direkt als Aufwand in die GuV.

Ausweislich der Angaben sind die *gesamten Kosten des Unternehmens* Einzelkosten von 5,34 Mio. Euro plus Gemeinkosten von 3,075 Mio. Euro = ***8,415 Mio. Euro***.

(1) Wenn die Muck KG die *Untergrenze* der Herstellungskosten ansetzt (7,29 Mio.), dann sind alle anderen Kosten 8,415 Mio. – 7,29 Mio. = *1,125 Mio. echter Periodenaufwand.*

(2) Wenn die Muck KG die *Obergrenze* der Herstellungskosten ansetzt (8,105 Mio.), dann sind alle anderen Kosten (nur) 8,415 Mio. – 8,105 Mio. = *310.000 Euro echter Periodenaufwand.*

Im Fall (1) wird der Gewinn niedriger, weil der Aufwand in der GuV höher ist.

Im Fall (2) ist der Gewinn höher, da der Aufwand in der GuV niedriger ist.

Wenn also die Herstellungskosten ***hoch*** angesetzt werden, ist der Gewinn ***höher***. Der Ansatz hoher Herstellungskosten bedeutet, daß der Bilanzwert der hergestellten Güter hoch angesetzt wird, so daß diese Kosten ***nicht*** als Aufwand in der Bilanz erscheinen, solange die Güter nicht verkauft sind.

→ Zum Verständnis! Höhere Herstellungskosten führen zu höherem Gewinn?

Das klingt natürlich nur vordergründig wie ein Paradoxon. Herstellungskosten sind der Bilanzwert der hergestellten Güter, die am Bilanzstichtag im Unternehmen vorhanden sind. Mit jedem hineingerechneten Kostenbestandteil in die Herstellungskosten wird der Wert dieser hergestellten Vermögensgegenstände *in der Bilanz* erhöht (!), sie sind damit aktivierte Geldausgaben und *kein Aufwand in der GuV.*

Nur diejenigen Bestandteile der Herstellungskosten, die das Unternehmen *nicht* mit hineinrechnet (nicht alle Bestandteile sind Pflicht!), landen sofort als Aufwand in der GuV und vermindern den Jahresgewinn.

Es handelt sich also um eine *Aktivierung von Kosten*. Für alle Kosten, die auf diese Art aktiviert werden, mag zwar Geld abgeflossen sein (die liquiden Mittel haben sich vermindert), aber sie werden *nicht* als Aufwand in die Gewinn- und Verlustrechnung einfließen. Also wird der Gewinn umso höher ausfallen, je höher die Herstellungskosten angesetzt werden.

3.1.3 Bewertungsvereinfachungsverfahren

Stehen die für bestimmte Bewertungsobjekte maßgeblichen Wertmaßstäbe fest, so stellt sich die Frage nach der *Vorgehensweise zur Ermittlung* der konkreten Werthöhe. In der Bilanz sind bekanntlich die Vermögensgegenstände grundsätzlich einzeln zu Anschaffungs- oder Herstellungskosten zu bewerten.

Abweichend vom Grundsatz der Einzelbewertung sind jedoch beim Vermögen unter bestimmten Voraussetzungen aus Wirtschaftlichkeitsgründen *Bewertungsvereinfachungsverfahren* zulässig. In der folgenden Übersicht sind wichtige Bewertungsmethoden zusammengestellt.

- Pauschalbewertung
- Periodendurchschnitt
- gleitender Durchschnitt
- Gruppenbewertung
- Verbrauchsfolgeverfahren
    - LIFO
    - FIFO
- Festbewertung
- retrograde Bewertung

Pauschalbewertung

Ein Vereinfachungsverfahren, das bei der Bewertung von Forderungen angewandt werden kann – und systematisch zur Folgebewertung gehört - , stellt die Pauschalbewertung dar. Bei großem Kundenstamm ist eine Einzelbewertung aller Forderungen zum Bilanzstichtag zu aufwendig. Daher kann in einem solchen Fall für das allgemeine Kreditrisiko eine pauschale Wertberichtigung vorgenommen werden.

Beispiel 3-5: Pauschalwertberichtigung

Die Muck Backwaren AG hat zum Stichtag offene Bruttoforderungen gegen diverse inländische Kunden (alle inklusive 19% Ust.) von 357.000 €. Aufgrund von Erfahrungswerten ist davon auszugehen, dass von diesen Forderungen ca. 3 Prozent ausfallen werden.

Es ist eine Pauschalwertberichtigung in Höhe von 3 % zu buchen, die sich wie folgt errechnet:

Gesamtforderungen brutto	357.000
Gesamtforderungen netto	300.000
3 % Pauschalwertberichtigung	9.000

Also sind außerplanmäßig 9.000 Euro als Aufwand in der GuV (als Pauschalwertberichtigung) zu buchen. Der Buchwert der Forderungen beträgt nach der Abschreibung noch 291.000 Euro.

→Zum Verständnis! Bestandsbewertung und Verbrauchsbewertung

Bei der Bewertung von Roh-, Hilfs- und Betriebsstoffe und Warenvorräten sind zwei Sachverhalte zu klären. Zum einen benötigt der Bilanzierende einen Wert für den *Endbestand* an diesen Vermögensgegenständen für die *Bilanz*. Zum anderen braucht er aber auch einen

Wert für den *Verbrauch* an diesen Gütern, denn der Verbrauch der Periode geht als *Aufwand in die GuV* ein und reduziert den Gewinn. Die Bestandsbewertung und die Verbrauchsbewertung sind also untrennbar miteinander verbunden

Und auch hier gilt wieder eine einfache Grundregel - es gibt keine wirkliche Objektivität bei dieser Bewertung, es hängt alles ab von der *Methodik*, die verwendet wird. Also je höher der Verbrauch (also der Aufwand) angesetzt wird, umso niedriger der Gewinn. Und je höher die Bewertung in der Bilanz angesetzt wird, umso höher wird das Eigenkapital ausgewiesen.

Durchschnittsbewertung	
Für die Durchschnittsbewertung sind alternativ zwei Methoden gängig: das Periodendurchschnittsverfahren und das gleitende Durchschnittsverfahren. Sie werden typischerweise angewendet für die Bewertung der Vorräte (Roh-, Hilfs- und Betriebsstoffe, Warenvorräte).	
Periodendurchschnitt	***Gleitender Durchschnitt***
Bei Anwendung des Periodendurchschnittsverfahrens wird der Durchschnittswert aus dem bewerteten Anfangsbestand und der Summe der bewerteten Zugänge eines Geschäftsjahres ermittelt. Mit diesem Durchschnittspreis werden die Abgänge und der Endbestand bewertet.	Bei Anwendung des gleitenden Durchschnittsverfahrens wird nach jedem Lagerzugang ein neuer Durchschnittspreis ermittelt, mit dem dann die nächsten Abgänge und der verbleibende Endbestand bewertet werden.

Gruppenbewertung

Für gleichartige Vermögensgegenstände des Vorratsvermögens sowie andere gleichartige oder annähernd gleichwertige bewegliche Vermögensgegenstände kann nach § 240 Abs. 4 HGB eine Gruppenbewertung durchgeführt werden. Die Vermögensgegenstände werden dabei mit dem gewogenen Durchschnittswert angesetzt.

Verbrauchsfolgeverfahren

Für gleichartige Vermögensgegenstände des Vorratsvermögens können nach § 256 HGB sog. Verbrauchsfolgeverfahren angewandt werden, sofern sie mit den Grundsätzen ordnungsmäßiger Buchführung vereinbar sind. Bewertungsprobleme können sich bei Vorräten insbesondere dann ergeben, wenn sie zu unterschiedlichen Anschaffungskosten gekauft bzw.- zu unterschiedlichen Herstellungskosten hergestellt wurden, aber trotzdem nicht getrennt gelagert werden. Dieses Problem wird durch das Unterstellen einer bestimmten Verbrauchsfolge gelöst, es handelt sich also um eine Verbrauchsfolgefiktion - es wird nicht unterstellt, daß das Unternehmen tatsächlich diese Verbrauchsfolge realisiert.

- Beim Lifo-Verfahren wird unterstellt, daß die zuletzt angeschafften oder hergestellten Güter (last in) zuerst verbraucht oder veräußert werden (first out). Der Endbestand setzt sich demgemäß aus dem Anfangsbestand sowie gegebenenfalls aus den Zugängen vom Beginn des Geschäftsjahres zusammen.
- Das Fifo-Verfahren geht von der umgekehrten Annahme aus, daß die zuerst angeschafften oder hergestellten Güter (first in) auch zuerst verbraucht oder veräußert werden (first out). Der Jahresendbestand umfasst folglich die zeitlich letzten Zugänge und wird dementsprechend mit aktuellen Preisen angesetzt.

Handelsrechtlich sind nach § 256 Satz 1 HGB die Lifo- und die Fifo-Methode zulässig.

Steuerrechtlich ist nach § 6 Abs. 1 Nr. 2a EStG und R 6.9 Abs. 1 EStR für Steuerpflichtige, die ihren Gewinn nach § 5 EStG ermitteln, nur die Lifo-Methode erlaubt. Dabei kann für den Wertansatz gleichartiger Wirtschaftsgüter des Vorratsvermögens unterstellt werden, dass die zuletzt angeschafften oder hergestellten Wirtschaftsgüter zuerst verbraucht oder veräußert worden sind. Eine Gruppenbewertung ist hierbei möglich. Die Lifo-Methode ist nicht anwendbar bei leicht verderblichen Waren, Saisonbetrieben ohne Vorräte aus dem Vorjahr oder bei Betrieben mit Vorräten mit hohen Anschaffungskosten (z.B. Pkw eines Kfz-Händlers).

Festbewertung

Zu den Bewertungsvereinfachungsverfahren gehört außer den bisher genannten Methoden auch die Festbewertung nach § 240 Abs. 3 HGB für das Sachanlagevermögen sowie für Roh-, Hilfs- und Betriebsstoffe. Festbewertung bedeutet den Ansatz einer gleichbleibenden Menge und eines gleichbleibenden Wertes. Der Bestand erscheint daraufhin in der Bilanz von Jahr zu Jahr mit dem gleichen Wert, dem sog. Festwert. Die Voraussetzungen für dieses Verfahren sind:

- regelmäßiger Ersatz,
- Gesamtwert von nachrangiger Bedeutung,
- geringe Veränderungen des Bestandes in Größe, Wert und Zusammensetzung sowie in der Regel alle drei Jahre Überprüfung des Festwertes durch Inventur.

Retrograde Bewertung

Für bestimmte Unternehmen, insbesondere für den Einzelhandel, ist es häufig schwierig, die tatsächlichen Anschaffungskosten am Jahresende zu ermitteln. Hier ist eine retrograde, d.h. vom Verkaufspreis ausgehende Ermittlung der Anschaffungskosten zulässig. Der voraussichtliche Verkaufspreis ist um den Rohgewinnaufschlag, also die Handelsspanne, zu kürzen. Die so ermittelten Anschaffungskosten verringern sich noch um erhaltene Preisnachlässe. Die retrograde Wertermittlung kommt nach dem Grundsatz der verlustfreien Bewertung auch in Industriebetrieben zur Verlustantizipation bei unfertigen und fertigen Erzeugnissen zur Anwendung.

Die Verbrauchsfolgeverfahren und auch die anderen Bewertungsvereinfachungsmethoden befreien nicht von der Anwendung des Niederstwertprinzips. Es ist also stets zu prüfen, ob aufgrund eines niedrigeren Stichtagswertes Abwertungen möglich oder erforderlich sind.

Beispiel 3-6: Bewertung Vorräte

Zum 31.12. ist bei der Muck GmbH ein Rohstoff zu bewerten. Es kann nicht mehr festgestellt werden, aus welcher Lieferung der Endbestand stammt. Für die am 15.10. eingetroffene Lieferung gewährte der Lieferant nachträglich einen Nachlass von 10 Prozent, der als sonstiger Ertrag gebucht wurde. Folgende Daten sind ermittelt worden:

	Datum	Menge (kg)	AK (netto)	AK pro kg
Anfangsbestand am	1.1.	100	1.000,-	10
Zugang	1.4.	200	2.400,-	12
Zugang	15.10.	100	900,- (- 10%)	8,10
Abgang	1.7.	100		
Abgang	1.12.	150		
Wert nach § 253 Abs. 4 Satz 1 HGB für 1 kg ohne MwSt.	31.12.			10,60

Im Folgenden wird der Verbrauch von 250 kg (für die Aufwandsbuchung in der GuV) und der Wertansatz des Endbestands des Rohstoffs (150 kg am 31.12.) für die Bilanz ermittelt nach Durchschnittsverfahren, gleitendem Durchschnitt, Lifo und Fifo.

Durchschnittsbewertung

Wert des Anfangsbestand plus dem Wert aller Zugänge: 1.000 + 2.400 + 810 = 4.210 Euro.

Menge des Anfangsbestands und aller Zugänge: 400 kg.

=> Durchschnittskosten 1 kg: 4.210€/400 kg = 10,53 €/kg.

Jedes kg Verbrauch und der Endbestand werden mit 10,53 Euro bewertet. Daraus folgt:

Materialaufwand: 250 kg · 10,53 Euro = ***2.632,50 Euro.***

Wert des Endbestands: 150 kg · 10,53 Euro = ***1.579,50 Euro***.

Gleitender Durchschnitt

Bei Anwendung des gleitenden Durchschnitts wird nach jedem Lagerzugang ein neuer Durchschnittspreis ermittelt, mit dem dann die nächsten Abgänge und der verbleibende Endbestand bewertet werden. So ergibt sich in chronologischer Reihenfolge:

	Datum	Menge (kg)	AK (netto)	AK pro kg
Anfangsbestand am	1.1.	100	1.000,-	10
Zugang	1.4.	200	2.400,-	12
Bestand	1.4.	100+200=300	(1000+2400)/300	11,33
Abgang	1.7.	100	1.133,33	11,33
Bestand		300-100=200		11,33
Zugang	15.10.	100	900,- (- 10%)	8,10
Bestand		200+100=300	200·11,33+810=3.076,67	10,26
Abgang	1.12.	150	150 · 10,26 =1.538,33	10,26
Endbestand		300-150=150	1.538,33	

Materialaufwand: 1.133,33 + 1.538,33 = ***2.671,66 Euro***.

Wert des Endbestands: 150 kg · 10,26 Euro = ***1.538,33 Euro.***

LIFO (Last in – first out)

Verbrauchsfolgefiktion: Der zuletzt angeschaffte Rohstoff wurde zuerst verbraucht, weswegen der Verbrauch mit den *jüngeren* Preisen bewertet wird. Daraus folgt auch, daß der Endbestand mit den *ältesten* Preisen bewertet werden muß.

Verbrauch vom 1.7. (100 kg)

gesamter Zugang 15.10. 100 kg => 810 Euro

Verbrauch vom 1.12. (150 kg)

<u>Teil des Zugangs vom 1.4. 150 kg => 1.800 Euro</u>

Summe Verbrauch/Materialaufwand ***2.610 Euro***

Bewertung Endbestand 150 kg mit den „ältesten" Preisen

100 kg aus dem Anfangsbestand	1.000 Euro
50 kg aus dem Zugang vom 1.4.	600 Euro.
Summe Endbestand	***1.600 Euro.***

Da der Marktpreis zum Bilanzstichtag aber 10,60 Euro beträgt, müssen die 150 kg Endbestand mit 1.590 Euro bewertet werden (=> 150 kg · 10,60 = 1.590,-), da für das Umlaufvermögen *das strenge Niederstwertprinzip* gilt. Der Endbestand der Vorräte kann in diesem Fall nicht mit dem aus dem LIFO-Verfahren ermittelten Wert von 1.600 Euro angesetzt werden.

FIFO (First in – first out)

Verbrauchsfolgefiktion: Der zuerst angeschaffte Rohstoff wurde zuerst verbraucht, weswegen der Verbrauch mit den *älteren* Preisen bewertet wird. Daraus folgt auch, daß der Endbestand mit den *jüngeren* Preisen bewertet werden muß.

Verbrauch vom 1.7. (100 kg)		
Anfangsbestand vom 1.1.	100 kg =>	1.000 Euro
Verbrauch vom 1.12. (150 kg)		
Teil des Zugangs vom 1.4.	150 kg =>	1.800 Euro
Summe Verbrauch/Materialaufwand		***2.800 Euro***

Bewertung Endbestand 150 kg mit den „jüngsten" Preisen

100 kg aus dem Zugang 15.10.	810 Euro
50 kg aus dem Zugang vom 1.4.	600 Euro.
Summe Endbestand	***1.410 Euro.***

3.2 Immaterielle Vermögensgegenstände

Weder Handelsrecht noch Steuerrecht enthalten eine Definition des immateriellen Vermögensgegenstands bzw. Wirtschaftsguts. Im Beschluss des Großen Senats des BFH vom 3. Februar 1969 (BStBI II 1969, 291) wurde festgestellt, daß beim immateriellen Wirtschaftsgut auszugehen ist von

- Rechten, Möglichkeiten, besondere Vorteile für den Betrieb;

- zu deren Erlangung Aufwendungen gemacht wurden;
- die dem Betrieb über den Bilanzstichtag hinaus zugutekommen;
- die einer besonderen Abgrenzung und Bewertung fähig sind, und
- für die der Erwerber des Betriebs ein besonderes Entgelt ansetzen würde.

Mit der Einführung des BilMoG 2009 wurde eine der ältesten deutschen Bilanzierungsregelungen abgeschafft, nämlich das Verbot der Aktivierung selbst geschaffener immaterieller Vermögensgegenstände des Anlagevermögens. Das bis 2009 in § 248 Abs. 2 HGB a. F. kodifizierte *Aktivierungsverbot* wurde dahingehend geändert, daß ein *Wahlrecht* zur Aktivierung *selbst geschaffener immaterieller Vermögensgegenstände des Anlagevermögens* eingeräumt wird. Lediglich für selbst geschaffene Marken, Drucktitel, Verlagsrechte, Kundenlisten oder vergleichbare immaterielle Vermögensgegenstände des Anlagevermögens wird ein Aktivierungsverbot aufrechterhalten.

3.2.1 Entwicklungskosten

Investitionen in die Entwicklung neuer Produkte verschlingen eine Menge Geld. Forschungs- und Entwicklungskosten bestehen im Wesentlichen aus Personalkosten, aber auch aus Materialkosten oder sonstigen Logistik- und Organisationskosten. Die bilanzielle Behandlung dieser Kosten ist vom Grundsatz eindeutig: es sind Aufwendungen, die in der GuV den Gewinn des Jahres vermindern.

Das Management befindet sich damit in einem Dilemma.

Einerseits weiß es, daß ohne diese gewinnmindernden Aufwendungen keine neuen Produkte entstehen. Andererseits muss ein Management hohe Entwicklungskosten genehmigen und in Kauf nehmen, für Produkte, die erst in einigen Jahren am Markt sein werden. Man belastet also die aktuelle Jahresrechnung möglicherweise erheblich. Schlimmer noch: da Vorstand oder Geschäftsführer oft nur für eine begrenzte Zeit im Amt sind, kommen erfolgreiche Investitionen den Nachfolgern zugute, statt ihnen selber.

Sowohl der Gesetzgeber als auch die internationalen Standardsetter sehen sehr wohl den Anreiz für das Management, daß in einem hochkompetitiven Umfeld möglicherweise werthaltige Investitionen in neue Produkte unterbleiben (Unterinvestitionsproblem).

Außerdem kann man nach dynamischer Bilanzauffassung durchaus argumentieren, daß die Forschungs- und Entwicklungsausgaben gar keine wirklichen Periodenaufwendungen darstellen - also Aufwendungen, die im Geschäftsjahr getätigt werden, um im Geschäftsjahr Erträge zu erzielen. Vielmehr handelt es sich bei Entwicklungsausgaben um Investitionen, deren Rückfluß erst in späteren Perioden erwartet wird. Da aber Forschungs- und Entwicklungskosten kein Kriterium der Aktivierungsfähigkeit erfüllen, hat der Gesetzgeber neue Regeln geschaffen, wonach bestimmte Entwicklungskosten als immaterieller Vermögensgegenstand fingiert werden, und insofern aktiviert werden können (Wahlrecht).

Das Handelsrecht unterscheidet nun in Forschungskosten einerseits und Entwicklungskosten andererseits mit dem neu eingefügten Satz 4 in Abs. 2 des § 255 HGB. Danach dürfen

Forschungskosten nicht in die Herstellungskosten einbezogen werden. Eine Definition der beiden Phasen wurde in den neu eingefügten § 255 Abs. 2a HGB aufgenommen:

- ***Forschung*** ist demzufolge als eigenständige und planmäßige Suche nach wissenschaftlichen oder technischen Erkenntnissen oder Erfahrungen allgemeiner Art definiert, über deren technische Verwertbarkeit und wirtschaftliche Erfolgsaussichten grundsätzlich keine Aussagen gemacht werden können.
- ***Entwicklung*** hingegen wird definiert als Anwendung von Forschungsergebnissen oder anderem Wissen für die Neuentwicklung von Gütern oder Verfahren oder die Weiterentwicklung von Gütern oder Verfahren mittels wesentlicher Änderungen.

Ist eine verlässliche Differenzierung der Aktivitäten Forschung und Entwicklung nicht möglich, scheidet die Aktivierung aus. Damit wird das Kriterium der Ermittelbarkeit und Zurechenbarkeit von Herstellungskosten für das Vorliegen eines Vermögensgegenstands als Voraussetzung angesehen.

Für die Aktivierung von selbstgeschaffenen immateriellen Vermögenswerten müssen in der Praxis geeignete Vorkehrungen getroffen werden, um die Forschungs- und Entwicklungskosten gesondert zu ermitteln. Darüber sind die handelsrechtlichen Vollkosten (Einzel- und Gemeinkosten nach § 255 Abs. 2 HGB) projektbezogen in der Kostenrechnung zu erfassen. Hierzu ist gegebenenfalls eine Kostenstelle *Forschung & Entwicklung* einzurichten. Diese Dokumentationspflichten ergeben sich bei Nutzung des Aktivierungswahlrechts und gelten für alle bilanzierenden Kaufleute. Die konkrete Ausgestaltung der Herstellungskostenermittlung ist dann abhängig von der Größe und Komplexität des Unternehmens.

Ausschüttungssperre für aktivierte Entwicklungskosten

Wird von dem Wahlrecht Gebrauch gemacht, gilt für den aktivierten Betrag - unter Berücksichtigung von latenten Steuern - eine *Ausschüttungssperre*. Diese Regel dient dem Gläubigerschutz, denn wenn Entwicklungskosten aktiviert werden, erhöht sich der Gewinn um diesen Betrag, der aber nicht an die Eigentümer ausgeschüttet werden darf.

Unterschiedliche Behandlung nach Handelsrecht und Steuerrecht

Es ist zu beachten, daß Handelsrecht und Steuerrecht die Aktivierung selbst geschaffener immaterieller Vermögensgegenstände (Steuerrecht: „Wirtschaftsgüter“) unterschiedlich regeln: Wahlrecht nach Handelsrecht, aber Ansatzverbot nach Steuerrecht.

- Nach § 248 Abs. 2 HGB *können* selbst geschaffene immaterielle Vermögensgegenstände des Anlagevermögens als Aktivposten in die Bilanz aufgenommen werden, soweit es sich nicht um Marken, Drucktitel, Verlagsrechte, Kundenlisten oder vergleichbare immaterielle Vermögensgegenstände des Anlagevermögens handelt.
- Nach nach § 5 Abs. 2 EStG bleibt es beim Ansatzverbot für selbst geschaffene immaterielle Wirtschaftsgüter des Anlagevermögens. Nur solche, die „entgeltlich erwor-

ben" wurden (z.B. direkt gekauft), müssen aktiviert werden. Das heißt auch, daß die Ausgaben für Forschung und Entwicklung grundsätzlich abzugsfähiger Betriebsaufwand darstellen und den steuerlichen Gewinn vermindern.

Gesetzestext: § 248 Abs. 2 HGB Satz 1 und 2

(2) Selbst geschaffene immaterielle Vermögensgegenstände des Anlagevermögens können als Aktivposten in die Bilanz aufgenommen werden. Nicht aufgenommen werden dürfen selbst geschaffene Marken, Drucktitel, Verlagsrechte, Kundenlisten oder vergleichbare immaterielle Vermögensgegenstände des Anlagevermögens.

Gesetzestext: § 5 Abs. 2 EStG

(2) Für immaterielle Wirtschaftsgüter des Anlagevermögens ist ein Aktivposten nur anzusetzen, wenn sie entgeltlich erworben wurden.

Das Aktivierungswahlrecht in der Handelsbilanz führt demnach nicht zu einem Aktivierungsgebot in der Steuerbilanz. In der steuerlichen Gewinnermittlung sind die Aufwendungen für Forschung und Entwicklung also in voller Höhe vom Gewinn abzuziehen – der steuerliche Gewinn fällt insofern niedriger aus als der handelsrechtliche Gewinn! Da sich die Abweichung im Laufe der Perioden ausgleicht (der handelsrechtlich angesetzte Vermögensgegenstand Entwicklungskosten wird in Folgeperioden abgeschrieben und führt dann erst zu Aufwand), sind bei Ansatz von Entwicklungskosten passive latente Steuern zu bilden.

Bewertung

Die aktivierungsfähigen Aufwendungen umfassen ausschließlich die während der Entwicklungsphase angefallenen Kosten, die in § 255 Abs. 2a Satz 2 HGB wie folgt definiert sind: *Entwicklung ist die Anwendung von Forschungsergebnissen oder von anderem Wissen für die Neuentwicklung von Gütern oder Verfahren oder die Weiterentwicklung von Gütern oder Verfahren mittels wesentlicher Änderungen.*

Für Forschungskosten besteht unverändert ein Aktivierungsverbot. Aus Vorsichtsgründen ist von einer Aktivierung abzusehen, sofern der Nachweis eines einzeln verwertbaren Vermögensgegenstandes, die Abgrenzung der Forschungs- zu den Entwicklungskosten oder die Zuordnung der auf die Entwicklungsphase entfallenden Herstellungskosten nicht zweifelsfrei möglich ist. In diesem Falle sind die Kosten wie bisher direkt als Aufwand zu erfassen. In Höhe der aktivierten Entwicklungskosten besteht eine Ausschüttungs- und Abführungssperre (§ 268 Abs. 8 Satz 1 HGB).

Ausweis

Nach § 266 Abs. 2 HGB sind aktivierte Entwicklungsaufwendungen als gesonderter Bilanzposten *Selbst geschaffene gewerbliche Schutzrechte und ähnliche Rechte und Werte* auszuweisen. Falls von dem Aktivierungswahlrecht Gebrauch gemacht wird, ist im Anhang der Gesamtbetrag der Forschungs- und Entwicklungskosten sowie der davon auf die selbst geschaffenen (aktivierten) immateriellen Vermögensgegenstände entfallende Betrag anzugeben (§ 285 Satz 1 Nr. 22 HGB n.F.).

Beispiel 3-7: Entwicklungskosten

Die Forschungs- und Entwicklungsabteilung der Muck Backwaren AG konnte ein Patent für ein neuwertiges Brotverpackungsverfahren anmelden. Die Entwicklungskosten beliefen sich auf 200.000 Euro, die Forschungskosten beliefen sich auf 100.000 Euro, der Verkehrswert des Patents beläuft sich auf 300.000 Euro.

Wenn die Muck Backwaren AG auf Basis ihrer Kostenrechnung 200.000 Euro Entwicklungskosten identifizieren kann, können diese 200.000 Euro gemäß §§ 248 Abs. 2 Satz 1, 255 Abs. 2a HGB als konkret aktivierbarer Vermögensgegenstand in der Bilanz unter *Position A. I. 1.* angesetzt werden (Wahlrecht!). Damit sind die 200.000 Euro kein Periodenaufwand und vermindern nicht den Gewinn des Jahres. Allerdings ist für den höheren Gewinn von 200.000 Euro die Ausschüttungssperre gemäß § 268 Abs. 8 zu beachten.[20]

Der möglicherweise vorhandene Verkehrswert ist irrelevant. Er ist nur dann als Ertrag anzusetzen, wenn das Patent im Wege des Verkaufs zu einem Umsatzerlös führt, denn nur dann gilt der Wert als realisiert.

Steuerlich besteht für die Entwicklungskosten ein Aktivierungsverbot (§ 5 Abs. 2 EStG, R 5.5 Abs. 2 EStR). Damit ist bei Nutzung des handelsrechtlichen Wahlrechts der handelsrechtliche Gewinn höher, und wegen des Abzugs der Entwicklungskosten als Betriebsausgabe der steuerliche Gewinn niedriger. Daraus ergeben sich latente Steuern, die zu passivieren sind.

3.2.2 Bilanzierung von Spielerwerten

„Der Bundesfinanzhof (BFH) hat mit Urteil vom 14. Dezember 2011 I R 108/10 seine Rechtsprechung aus dem Jahr 1992 bestätigt, nach der Vereine der Fußball-Bundesliga Ablösezahlungen an andere Vereine für den Wechsel von Spielern nicht sofort steuerwirksam als Betriebsausgaben absetzen können. Die Vereine müssen vielmehr in ihren Bilanzen für die exklusive Nutzungsmöglichkeit an dem jeweiligen Spieler ein immaterielles Wirtschaftsgut in Höhe der Ablösezahlungen zuzüglich etwaiger Provisionszahlungen an Spielervermittler ausweisen und können dieses entsprechend der Vertragslaufzeit abschreiben. Nach Auffassung des BFH ist das Steuerbilanzrecht gehalten, die tatsächlichen wirtschaftlichen Verhältnisse auf dem entstandenen Markt für den ‚Einkauf' und den ‚Verkauf' von Profispielern abzubilden. Vor dem Hintergrund dieses Marktes stellt die vom Deutschen Fußballbund verbandsrechtlich abgesicherte exklusive Einsatzmöglichkeit eines Spielers eine eigenständige vermögenswerte Position des verpflichtenden Vereins dar, die bei der Bilanzierung

---

[20] Küting, K. et.al. (2011): Die Ausschüttungssperre im neuen deutschen Bilanzrecht nach § 268 Abs. 8 HGB, in: GmbHRundschau 1/2011.

berücksichtigt werden muss. Solange die Verhältnisse auf dem Lizenzspielermarkt selbst nicht als rechts- oder sittenwidrig angesehen werden, kann eine daran anknüpfende Bilanzierung und Besteuerung nicht als Verfassungsverstoß gewertet werden." [21]

Daraus folgt, daß Ablösezahlungen, die von Vereinen der Fußball-Bundesliga im Zusammenhang mit dem Wechsel von Lizenzspielern an die abgebenden Vereine gezahlt werden, als Anschaffungskosten auf das immaterielle Wirtschaftsgut der exklusiven Nutzungsmöglichkeit "an dem Spieler" zu aktivieren und über die Vertragslaufzeit abzuschreiben sind

2. Werden zusätzlich Provisionen an Spielervermittler gezahlt, handelt es sich um aktivierungspflichtige Anschaffungskosten. Nicht zu aktivieren sind Provisionen, die im Zusammenhang mit der ablösefreien Verpflichtung eines Spielers gezahlt werden; das Gleiche gilt in Bezug auf die nach den Statuten des Deutschen Fußballbundes für die Verpflichtung bisheriger Amateure und Vertragsamateure an deren frühere Vereine zu leistenden Ausbildungs- und Förderungsentschädigungen.

Beispiel 3-8: Anschaffungskosten bei immateriellen Vermögensgegenständen

Der Fußballverein Eintracht Kniescheibe hatte seinerseits den argentinischen Weltklassefußballer Diego Mamara für drei Jahre verpflichtet. Mamara kickte bisher als Lizenzspieler beim Bundesligaverein Los & Drauf. Als Transferentschädigung zahlte Eintracht Kniescheibe € 20 Mio. an Los & Drauf.

Mit der Transferentschädigung liegt ein entgeltlich erworbenes Wirtschaftsgut (Vermögensgegenstand) vor. Der Begriff des Wirtschaftsguts enthält nach Auffassung der Rechtsprechung nicht nur Sachen und Rechte, sondern auch tatsächliche Zustände, konkrete Möglichkeiten, wirtschaftliche Vorteile deren Erlangung sich der Kaufmann etwas kosten lässt und die nach der Verkehrsauffassung einer besonderen Bewertung zugänglich sind und einzeln oder im Zusammenhang mit dem Betrieb übertragbar sind und einen längerfristigen greifbaren Nutzen bringen.

Das Wirtschaftsgut besteht in der vom DFB erteilten Spielerlaubnis, durch die gewährt wird, dass ein Fußballspieler als Lizenzspieler eingesetzt werden darf. Durch den Spielerwechsel ist das konzessionsähnliche Recht, den Spieler einsetzen zu dürfen, vom abgebenden Verein auf den aufnehmenden Verein entgeltlich übertragen worden. Die Ablöse ist als immaterieller Vermögensgegenstand („Spielerwerte") zu aktivieren.

3.2.3 Firmen- und Geschäftswert

Der Firmen- und Geschäftswert („goodwill") ist eine Position auf der Aktivseite der Bilanz. Diese Bilanzposition kann nur dann entstehen, wenn Unternehmen A ein anderes Unternehmen B kauft oder übernimmt. Die Bilanzposition Firmen- und Geschäftswert entsteht

[21] Pressemitteilung Nr. 9 des BFH vom 1. Februar 2012. (Bestätigung und Fortentwicklung des Senatsurteils vom 26. August 1992 I R 24/91, BFHE 169, 163, BStBl II 1992, 977).

also – wenn überhaupt – nur durch den Kauf eines anderen Unternehmens. Anders formuliert: wenn die Position in einer Bilanz zu sehen ist, bedeutet das zwangsläufig, daß das vorliegende Unternehmen ein oder mehrere Unternehmen gekauft hat.

Es gibt ein ***Aktivierungsgebot*** für den *derivativen Geschäfts- oder Firmenwert* (§ 246 Abs. 1 Satz 3 HGB), obwohl dieser seiner Natur nach kein abstrakt aktivierungsfähiger Vermögensgegenstand ist. Damit ist er aufgrund der gesetzlichen Bestimmung ein konkret aktivierungsfähiger Vermögensgegenstand, denn im Gesetz heißt es:

Gesetzestext: § 246 Abs. 1 HGB

Der Unterschiedsbetrag, um den die für die Übernahme eines Unternehmens bewirkte Gegenleistung den Wert der einzelnen Vermögensgegenstände des Unternehmens abzüglich der Schulden im Zeitpunkt der Übernahme übersteigt (entgeltlich erworbener Geschäfts- oder Firmenwert), gilt als zeitlich begrenzt nutzbarer Vermögensgegenstand.

Beispiel 3-9: Bestimmung des Firmen- und Geschäftswerts

Die Muck Backwaren AG (Käufer) sei eine große Kapitalgesellschaft im Sinne des § 267 HGB. Sie hat im Geschäftsjahr 2010 zur Vergrößerung ihrer Produktionskapazitäten die Maier Brotfabrik für 500.000 Euro gekauft.

Bilanz der Muck Backwaren AG (vor Übernahme)			
diverse Aktiva	20.000.000	Schulden	4.000.000
		Eigenkapital	16.000.000
Summe	20.000.000	Summe	20.000.000

Die Übernahmebilanz des erworbenen Unternehmens (Maier Brotfabrik), in der das vorhandene Vermögen zu Tageswerten angesetzt wurde, wies Vermögen in Höhe von 700.000 Euro und Schulden in Höhe von 250.000 Euro auf.

Bilanz der Maier Brotfabrik zum Zeitpunkt der Übernahme			
Aktiva	700.000	Schulden	250.000
		Eigenkapital	450.000
Summe	700.000	Summe	700.000

Etwas bilanztechnischer formuliert: die Muck Backwaren AG kauft für 500.000 Euro etwas, das zum Zeitpunkt der Übernahme *in bilanzieller Hinsicht* 450.000 Euro wert ist (die Brotfabrik hat Vermögen von 700.000 Euro, und Schulden von 250.000 Euro, also ist das Nettovermögen oder Eigenkapital der Brotfabrik 450.000). Der Käufer zahlt also 50.000 Euro *mehr* als er – in bilanziellen Werten – erhält.

Diese 50.000 Euro repräsentieren den Firmen- und Geschäftswert, denn sie stehen für *die* Werte, die der Käufer ebenfalls gekauft hat, aber die *nicht in der Bilanz stehen können*, weil sie im Sinne der Bilanzierung keine Vermögensgegenstände sind. *Welche* Werte der Käufer *tatsächlich* mit 50.000 Euro bewertet hat (und für die er bereit ist, diesen Betrag zu bezahlen) ist für Zwecke der Bilanzierung unerheblich.

Es ist plausibel anzunehmen, daß ein Unternehmenskäufer den Kundenstamm, die Mitarbeiterqualifikation, die allgemeine Organisation des Unternehmens oder den Marktanteil in seine Kaufpreisbereitschaft mit einbeziehen könnte. Alle diese Elemente können zweifelsohne einen Wert haben, sie stehen aber nicht in der Bilanz der Maier Brotfabrik. Erst in dem Moment, wo ein Käufer bereit ist, einen Kaufpreis zu leisten, der über die Bilanzwerte hinausgeht, werden die eigentlich nicht bewertbaren Sachverhalte *in der Bilanz des Käufers* angesetzt – denn nun sind sie bewertet durch *den gezahlten Preis*.

Für die Bestimmung des Firmenwerts gemäß § 246 sind die für die Übernahme bewirkte Gegenleistung und die Differenz zwischen dem Wert von Vermögensgegenständen und Schulden zu ermitteln.

- Die „für die Übernahme bewirkte Gegenleistung" ist der Kaufpreis: 500.000
- Der „Wert der einzelnen Vermögensgegenstände des Unternehmens abzüglich der Schulden im Zeitpunkt der Übernahme" ist das Eigenkapital zu Zeitwerten: 450.000
- Die Differenz aus den beiden Werten ist der Firmenwert: 50.000.

Der Käufer hat also 50.000 Euro mehr bezahlt, als er in Form bilanzierbarer Werte (Zeitwert des Eigenkapitals = Zeitwert des Vermögens abzüglich Zeitwert der Schulden) erhalten hat. Diese Differenz war dem Käufer die Prämie von 50.000 Euro wert, so daß in Ermangelung bilanzierungsfähiger Güter der konkret aktivierungsfähige Vermögensgegenstand *Firmen- und Geschäftswert* dafür angesetzt wird. Die Bilanz der Muck Backwaren AG (nach Übernahme) sieht – schematisch – wie folgt aus:

Bilanz der Muck Backwaren AG (nach Übernahme)			
Firmenwert	50.000	Schulden	4.000.000
diverse Aktiva	19.500.000	Schulden (Brotfabrik)	250.000
Aktiva Brotfabrik	700.000	Eigenkapital	16.000.000
Summe	20.250.000	Summe	20.250.000

Auf der Aktivseite der Muck Backwaren AG finden sich jetzt ihre eigenen Aktiva (20 Mio. minus 500.000 gezahlter Kaufpreis = 19,5 Mio.), die Aktiva der übernommenen Brotfabrik (700.000) sowie der Firmen- und Geschäftswert von 50.000. Auf der Passivseite erscheinen jetzt zusätzlich die von der Brotfabrik übernommenen Schulden. Das Eigenkapital der Muck Backwaren AG ist nach wie vor 16 Mio. Euro, denn durch den reinen Anschaffungsvorgang (Kauf der Brotfabrik) ist die Muck AG nicht reicher geworden.

3.3 Abgrenzung- und Zurechnungsprobleme bei Vermögensgegenständen

3.3.1 Abgrenzungsprobleme bei Vermögensgegenständen

Das Handelsrecht verursacht kaum ernsthafte Probleme bei der Abgrenzung von Vermögensgegenständen, und das hat einen ganz einfachen Grund. Wir wissen doch schon, daß es sich weitgehend über die Definition von Vermögensgegenständen ausschweigt. Im Steuerrecht ist das schon anders, denn für die Ermittlung des Gewinns ist es bedeutsam, ob eine Ausgabe als „abzugsfähige Betriebsausgabe" den Gewinn des Jahres vermindert, oder ob eine Ausgabe aktiviert werden muß, und damit den Gewinn eben nicht vermindert. Und einige steuerrechtliche Gewinnermittlungsregeln knüpfen daran an, wie ein Vermögensgegenstand einzuordnen ist.

Nun lassen sich Vermögensgegenstände (im Steuerrecht: Wirtschaftsgüter) nach ihrer bilanziellen Behandlung in Handels- und Steuerrecht nach mehreren Kriterien einteilen.

Die wichtigen Unterteilungen sind:

- materiell oder immateriell;
- beweglich oder unbeweglich;
- abnutzbar oder nicht abnutzbar.

Das EStG knüpft an bestimmte Vermögensgegenstände (im Steuerrecht: Wirtschaftsgüter) unterschiedliche Rechtsfolgen. Da die Unterteilungen nach den genannten Kriterien vor allem für das Steuerrecht bedeutsam sind, wird in diesem Abschnitt vor allem der Begriff des Wirtschaftsguts verwendet.

Materielle oder immaterielle Wirtschaftsgüter

Im Handelsrecht ist es unter bestimmten Voraussetzungen möglich, selbsterstellte immaterielle Vermögensgegenstände des Anlagevermögens zu aktivieren („Entwicklungskosten")[22], wogegen es im Steuerrecht bei einem Aktivierungsverbot bleibt.

---

[22] Siehe Seite 108.

Materielle Wirtschaftsgüter sind vor allem Sachen i.S.d. § 90 BGB (Grund und Boden, Gebäude, Maschinen, Rohstoffe, Waren), deren Anschaffung immer zu aktivieren ist. Anteile an Kapitalgesellschaften und an Personengesellschaften sowie Geldforderungen sind keine immateriellen Wirtschaftsgüter.

Steuerrechtlich relevant sind auch die sogenannten Betriebsvorrichtungen, Scheinbestandteile, Ladeneinbauten und Mietereinbauten. Betriebsvorrichtungen sind Maschinen und andere Vorrichtungen, die zu einer Betriebsanlage gehören. Sie könnten auch als wesentliche Bestandteile des Grundstücks oder des Gebäudes anzusehen sein, bleiben aber dennoch eigenständige Wirtschaftsgüter. Scheinbestandteile sind Sachen, die durch Baumaßnahme des Mieters zu einem vorübergehenden Zweck in in das Gebäude eingebaut werden, und deren Nutzungsdauer voraussichtlich länger ist als die zugrundeliegende Mietdauer. Insgesamt ist die Unterscheidung bedeutsam für die Abschreibungsdauern (AfA), für steuerliche Sonderabschreibungen und für staatlich gewährte Investitionszulagen, die nur auf eigens definierte Wirtschaftsgüter zutreffen.

Bewegliche oder unbewegliche Wirtschaftsgüter

Unbewegliche Wirtschaftsgüter sind vor allem Grund und Boden, immaterielle Vermögensgegenstände, Gebäude und gebäudeähnliche Anlagen (Außenanlage, Hofbefestigungen, Umzäunungen, Ladeneinbauten etc.).

Die Unterscheidung ist bedeutsam bei der Definition eines geringwertigen Wirtschaftsguts nach § 6 Abs. 2 EStG, dessen Anschaffungskosten im Jahr der Anschaffung als Betriebsausgabe abzugsfähig sind. Das Wirtschaftsgut muß beweglich und einer selbständigen Nutzung fähig sein.

Die steuerlichen Regelungen zur linearen bzw. degressiven Abschreibung von Wirtschaftsgütern beziehen sich ebenfalls auf deren Eigenschaft, beweglich zu sein (siehe § 7 Abs. 2 EStG). Die Unterscheidung ist ebenfalls bedeutsam für steuerliche Sonderabschreibungen, Investitionsabzugsbeträge (§ 7g EStG) und für staatlich gewährte Investitionszulagen, die nur auf eigens definierte Wirtschaftsgüter zutreffen.

Abnutzbare und nicht abnutzbare Wirtschaftsgüter

Abnutzbare Wirtschaftsgüter sind Gebäude (oder Teile davon), andere unbewegliche Wirtschaftsgüter (aber nicht Grund und Boden), bestimmte immaterielle Wirtschaftsgüter wie der Geschäfts- oder Firmenwert[23], der Praxiswert und entgeltlich erworbene Rechte (Spielerwerte[24], Marken). Nicht abnutzbare Wirtschaftsgüter sind beispielsweise Grund und Boden oder Finanzanlagen (Anteile an Unternehmen, Geldforderungen, Wertpapiere).

---

[23] Siehe Seite 113.

[24] Siehe Seite 111.

Die Bedeutung der Unterscheidung zwischen abnutzbar/nicht abnutzbar ergibt sich aus der Abschreibung. Die Anschaffungskosten *abnutzbarer* Wirtschaftsgüter (Vermögensgegenstände) des Anlagevermögens werden über die Perioden als Aufwand verteilt („Abschreibung"), für nicht abnutzbare Wirtschaftsgüter entfällt die planmäßige Abschreibung. Nicht abnutzbare Wirtschaftsgüter können nur außerplanmäßig abgeschrieben werden.

3.3.2 Zurechnung von Vermögensgegenständen

Entscheidend für Aktivierung der Vermögensgegenstände und Passivierung der Verbindlichkeiten ist ***nicht***, daß diese im *rechtlichen Eigentum des Bilanzierenden stehen*, sondern vielmehr daß diese dem Kaufmann *wirtschaftlich zuzurechnen* sind.

So kann es beispielsweise unter bestimmten Voraussetzungen dazu kommen, daß ein Leasinggegenstand beim Leasingnehmer aktiviert wird, ohne daß dieser das rechtliche Eigentum daran besitzt. Der wirtschaftliche Eigentümer muss dabei andere vom wirtschaftlichen Nutzen eines Vermögensgegenstandes ausschließen können (Exklusionsprinzip), bzw. muss die wirtschaftliche Last einer Schuld tatsächlich tragen. Das Prinzip der wirtschaftlichen Zugehörigkeit folgt unmittelbar aus der wirtschaftlichen Betrachtungsweise bei der Auslegung handelsrechtlicher Einzelvorschriften.

Aus Bilanzsicht kommt es beim Leasing darauf an zu entscheiden, wer das Leasinggut zu bilanzieren hat, der Leasingnehmer (LN) oder der Leasinggeber (LG). Damit sind zwei grundsätzliche Varianten möglich, nämlich das sogenannte Finanzierungsleasing oder das Operate Leasing.

3.3.2.1 Operate Leasing vs. Finanzierungsleasing

Im Hinblick auf die Bilanzierung verstehen wir unter Leasing die Vermietung oder Verpachtung von (meist) abnutzbaren Vermögensgegenständen des Anlagevermögens. Aus Finanzsicht ist Leasing eine Form der Fremdfinanzierung von Investitionen – unabhängig davon, welcher Vertragstyp zugrunde liegt. Darüber hinaus können Leasingverträge vielerlei Dienstleistungselemente enthalten, die hier nicht weiter diskutiert werden können.

- Typisch für einen Leasing-Vertrag „Operate Leasing" ist die relativ kurze Mietdauer, für solche standardisierte Vermögensgegenstände, die der Leasing-Geber (LG) erneut vermieten oder verpachten kann. Aus Vertragssicht handelt es sich um einen Miet- oder Pachtvertrag, der bilanziell aus der Sicht des LNs keine wirklichen Probleme aufwirft. Die Leasingraten sind Aufwand, der LG muß das Leasinggut bilanzieren.
- Beim Finanzierungs-Leasing ist die Mietdauer lang (im Verhältnis zur betriebsgewöhnlichen Nutzungsdauer *bgND*). Der LN verbraucht i.d.R. praktisch den gesamten Nutzenvorrat des Leasing-Guts und finanziert es über die Leasingraten, mit denen die Anschaffungskosten, Finanzierungskosten und die Gewinne des LG abgedeckt werden. Insofern ist das Finanzierungs-Leasing eine spezielle Form der Kreditfinan-

zierung. Wenn das Leasinggut nur auf die Bedürfnisse des LN angepaßt ist und damit eine Weitervermietung faktisch ausgeschlossen ist, sprechen wir von *Spezialleasing*.

→ Lernkette 3: Leasing

	LN bilanziert Leasinggut ***(Finanzierungsleasing)***	***LG bilanziert Leasinggut*** ***(Operate Leasing)***
1	LN ist qualifiziert als wirtschaftlicher Eigentümer, obwohl er kein rechtlicher Eigentümer ist. Der Leasing-Vertrag wird interpretiert als eine Form der Kreditfinanzierung.	LN ist kein wirtschaftlicher Eigentümer. Der Leasing-Vertrag ist ein reiner Mietvertrag, evtl. ergänzt um Service-Elemente.
2	LN nutzt das Leasinggut, und er muß die Anschaffungskosten in seiner Bilanz ansetzen, so als ob ein kreditfinanzierter Kauf vorliegt. Gleichzeitig wird der Barwert des Finanzierungsvolumens als Verbindlichkeit in der Bilanz ausgewiesen.	LN *nutzt* das Leasinggut, aber es erscheint *nicht* beim Anlagevermögen in der Bilanz.
3	Die Leasingraten werden zerlegt in einen Zinsteil und einen Tilgungsteil. Die Zinsen sind Aufwand in der GuV, der Tilgungsteil reduziert die Verbindlichkeit. Es entsteht Abschreibungsaufwand für den Vermögensgegenstand.	Die Leasingraten sind *Aufwand*, die den handelsrechtlichen Gewinn vermindern.
4	Auch steuerlich sind die Zinsen- und Kostenteile der Leasingraten abzugsfähige Betriebsausgaben. Dazu kommt der Abschreibungsaufwand nach AfA.	Sofern die Leasingraten steuerlich anerkannt werden, vermindern sie als Betriebsausgaben auch den steuerlichen Gewinn.

3.3.2.2 Bilanzierung bei Finanzierungsleasing

Im Handelsgesetzbuch gibt es *keine* Regelung, die sich mit dem Leasing befaßt. Immerhin sagt § 246 Abs. 1 Satz 2, daß der Kaufmann diejenigen Vermögensgegenstände, die ihm wirtschaftlich zuzurechnen sind, auch in seiner Bilanz auszuweisen hat. Die Beurteilung indes, ob ein Vermögensgegenstand dem Kaufmann wirtschaftlich zuzurechnen ist, ergibt sich aus der *steuerrechtlichen Betrachtung*. Der BFH hat schon 1970 entschieden, daß der wirtschaftliche Kern eines Sachverhalts (für die Besteuerung) maßgeblich ist, und nicht die spezielle rechtstechnische Einkleidung.

Nach den Leasingerlassen vom 19. April 1971 (Mobilien-Leasing-Erlass) und vom 21. März 1972 (Immobilien-Leasing-Erlass) gibt es für ein Vollamortisationsleasing folgende zwei Kriterien:

- Der Leasingvertrag muss über eine bestimmte Zeit abgeschlossen sein und kann während dieser Zeit bei ordnungsgemäßer Vertragserfüllung beider Seiten nicht gekündigt werden (kein Kündigungsrecht). Das ist die sogenannte Grundmietzeit.
- Während dieser Grundmietzeit müssen die Leasingraten des Leasingnehmers mindestens die Anschaffungs-/Herstellungskosten sowie Nebenkosten einschließlich der Finanzierungskosten des Leasinggebers decken (Vollamortisation).

Die drei in den BMF-Schreiben behandelten Szenarien werden im Folgenden kurz skizziert[25] (bgND = betriebsgewöhnliche Nutzungsdauer, GMZ = Grundmietzeit):

(1) GMZ > 90% der bgND: Wenn schon die GMZ den größten Teil (nämlich mehr als 90%) der Nutzungsdauer abdeckt, dann kommt der Nutzenvorrat praktisch vollständig dem LN zugute. Außerdem hat der LN bei Vollamortisation über die Leasingraten das Leasingobjekt komplett oder nahezu komplett finanziert. Weiterhin ist der rechtliche Eigentümer – der LG – während der GMZ von der Nutzung des Leasingguts ausgeschlossen. Also ist das Leasinggut dem LN zuzurechnen, und er muß es bilanzieren.

(2) GMZ < 40% der bgND: Hier nutzt der LN nicht den gesamten Nutzenvorrat aus dem Leasinggut, was für die Finanzverwaltung unplausibel ist, wenn gleichzeitig die Leasingraten vollamortisierend sind. Das würde ja bedeuten, daß der LN zwar das Leasinggut komplett finanziert, er aber weniger als die Hälfte des Nutzenvorrats ausnutzt. Also werden bei einer solchen Konstruktion irgendwelche Nebenabreden vermutet, so daß das Recht auf Weiternutzung nach der GMZ gesichert ist. Auch in diesem Fall muß der LN das Leasinggut bei sich bilanzieren.

(3) 40% der bgND ≦ GMZ ≦ 90% der bgND: Bei Verträgen ohne Kaufoption wird das Leasinggut bilanziell dem LG zugerechnet. Verträge mit Kaufoption werden danach beurteilt, wie wahrscheinlich die Optionsausübung (zum Kauf oder zur sonstigen Weiternutzung durch den LN) ist. Je nachdem wird das Leasinggut dem LN zugerechnet.

[25] Details regeln die Leasingerlasse: (1) BMF-Schreiben vom 19. April 1971 zur ertragsteuerlichen Behandlung von Leasing-Verträgen über bewegliche Wirtschaftsgüter (Mobilien-Leasing-Erlass, IV b/2 – S 2170 – 31/71); (2) BMF-Schreiben vom 21. März 1972 zur ertragsteuerlichen Behandlung von Finanzierungs-Leasing-Verträgen über unbewegliche Wirtschaftsgüter (Immobilien-Leasing-Erlass, F/ IV B 2 – S 2170 – 11/72); (3) BMF-Schreiben vom 22. Dezember 1975 zur steuerrechtlichen Zurechnung des Leasing-Gegenstandes beim Leasinggeber (Teilamortisations-Erlass, IV B 2 – S 2170 – 161/75); (4) BMF-Schreiben vom 23. Dezember 1991 zur ertragsteuerlichen Behandlung von Teilamortisations-Leasing-Verträgen über unbewegliche Wirtschaftsgüter (IV B 2 – S 2170 – 115/91).

Wird das Leasinggut dem LN zugerechnet, so muß dieser die Anschaffungskosten aktivieren (seltener die Herstellungskosten, da die Leasinggüter i.d.R. angeschafft werden). Die Anschaffungskosten sind aus dem Leasingvertrag abzuleiten – entweder direkt (weil sie dort angegeben sind), oder aus dem Barwert der zukünftigen Leasingraten unter Einbeziehung etwaiger erwarteter Zahlungen aufgrund von Kauf- oder Mietoptionen und unter Abzug von Anteilen für Serviceleistungen. Zu den Anschaffungskosten gehören auch die Nebenkosten der Anschaffung (z.B. für Transport und Montage). Der LN kann dann Abschreibungen (gemäß AfA-Tabellen) geltend machen. Die Anschaffungskosten sind grundsätzlich als Verbindlichkeiten gegenüber dem Leasinggeber zu passivieren, aber nur in der Höhe, in der sie auch in den Leasingraten berücksichtigt wurden. Die Anschaffungskosten, die den Leasingraten nicht zugrunde liegen, müssen also nicht als solche Verbindlichkeiten passiviert werden. Die Leasingraten sind aufzuteilen in einen Zins- und Kostenanteil, der eine sofort abzugsfähige Betriebsausgabe darstellt, und in einen Tilgungsteil, der erfolgsneutral ist.

Bei der Aufteilung ist zu berücksichtigen, dass der Zinsanteil wegen der laufenden Tilgung mit der Zeit immer geringer wird und sich der Tilgungsanteil entsprechend erhöht.

3.4 Darstellung der Vermögensentwicklung im Anlagenspiegel

Ein Anlagenspiegel (auch Anlagengitter) ist gemäß § 268 Abs. 2 HGB Pflichtbestandteil des Jahresabschlusses von Kapitalgesellschaften und bestimmten Personenhandelsgesellschaften. Gemäß § 284 Abs. 3 handelt sich dabei um eine Übersicht über die Entwicklung der einzelnen Posten des Anlagevermögens.

Gesetzestext: § 253 Abs. 3

(3) Im Anhang ist die Entwicklung der einzelnen Posten des Anlagevermögens in einer gesonderten Aufgliederung darzustellen. Dabei sind, ausgehend von den gesamten Anschaffungs- und Herstellungskosten, die Zugänge, Abgänge, Umbuchungen und Zuschreibungen des Geschäftsjahrs sowie die Abschreibungen gesondert aufzuführen. Zu den Abschreibungen sind gesondert folgende Angaben zu machen:

1. die Abschreibungen in ihrer gesamten Höhe zu Beginn und Ende des Geschäftsjahrs,

2. die im Laufe des Geschäftsjahrs vorgenommenen Abschreibungen und

3. Änderungen in den Abschreibungen in ihrer gesamten Höhe im Zusammenhang mit Zu- und Abgängen sowie Umbuchungen im Laufe des Geschäftsjahrs.

Sind in die Herstellungskosten Zinsen für Fremdkapital einbezogen worden, ist für jeden Posten des Anlagevermögens anzugeben, welcher Betrag an Zinsen im Geschäftsjahr aktiviert worden ist.

Es enthält meist die folgenden Daten:

	(1)	(2)	(3)	(4)	(5)	(6)	(7)	(8)	(9)
Bilanzposten	AHK Stand An-fang Gj.	Zugän-ge des Gj.	Abgän-ge des Gj.	Um-buch-ungen des Gj.	Zuschrei-bungen des Gj.	kum. Ab-schrei-bun-gen	Buch-wert Ende Gj.	Buch-wert Vor-jahr	Ab-schrei bun-gen des Gj.
Imm. Vgg.									
SAV - GG - TA - gel. Anz.									
FAV									

In *Tabelle 10: Erläuterungen zum Anlagespiegel* werden die einzelnen Positionen im Anlagenspiegel erklärt.

Tabelle 10: Erläuterungen zum Anlagespiegel

(1) AHK Stand Anfang Gj.	Hier stehen die (historischen) Anschaffungs- und Herstellungskosten für die Vermögensgegenstände des Unternehmens zum Bilanzstichtag. Dieser Wert zeigt also – grob formuliert – was das Unternehmen ***insgesamt*** jemals für die Gegenstände bezahlt hat, die es zu diesem Stichtag besitzt. Beachte: die AHK sind nicht die aktuellen Buchwerte!
(2) Zugänge des Gj.	Das sind die AHK von den im Geschäftsjahr angeschafften oder hergestellten Vermögensgegenständen. Dieser Wert ist interpretierbar als Bruttoinvestition des Gj. des Unternehmens in die einzelnen Vermögenspositionen.
(3) Abgänge des Gj.	AHK der aus dem Unternehmen im Gj ausgeschiedenen Vermögensgegenstände, z.B. durch Verkauf, Entsorgung oder Verschrottung. Beachte: die AHK des Abgangs entsprechen dem, was das Unternehmen jemals bei Beschaffung für diese Vermögensgegenstände ausgelegt hat – das sind nicht die Restbuchwerte!
(4) Umbuchungen des Gj.	Umgliederungen im Anlagevermögen von einer in eine andere Position. Typisch: bei Fertigstellung oder Lieferung eines angezahlten Vermögensgegenstands vermindert sich die Position „Anzahlungen“, und es erhöht sich die relevante Vermögensposition.

(5) Zuschreibungen des Gj.	Hier werden die Wertaufholungen des Gj. ausgewiesen. Da es sich um rückgängig gemachte außerplanmäßige Abschreibungen (=Aufwand) handelt, werden die Zuschreibungen in der GuV als Ertrag gebucht.
(6) kumulierte Abschreibungen	Sämtliche bis zum Gj. aufgelaufenen Abschreibungen auf die Vermögensgegenstände, die sich zum Ende des Gj. im Unternehmen befinden. Das bedeutet, daß die Abschreibungen auf die im Gj. abgegangenen Gegenstände (siehe Spalte 3)
(7) Zugang Abschreibungen	Abschreibungen des Geschäftsjahres
(8) Abgang Abschreibungen	Betrag der Abschreibungen, die auf die AHK der Abgänge entfallen.
(9) Buchwert Ende Gj.	Restbuchwert zum Bilanzstichtag des Gj. Ergibt sich rechnerisch aus den Spalten (1) + (2) – (3) + (5) +/– (4) – (6): Historische AHK plus Zugänge und Zuschreibungen, minus alle Abschreibungen und Abgänge, und korrigiert um die Umbuchungen.
(10) Buchwert Vorjahr	Restbuchwert zum Bilanzstichtag des Vj. Wie (7), nur bezogen auf das Vorjahr.
(11) Abschreibungen des Gj.	Hier werden nur die Abschreibungen des Gj. erfaßt.

Beispiel 3-10: Beurteilung der Investitionspolitik

Aus dem Anlagenspiegel im Jahresabschluß der Muck GmbH liegen die Zahlen für die Technischen Anlagen vor. Zu ermitteln sind die Brutto- und die Nettoinvestitionen des Unternehmens für das Geschäftsjahr.

	AHK in Mio.€				***Abschreibungen in Mio. €***				***Bilanzwerte (Mio €)***	
Bilanzposten	AHK Anfang Gj. (1)	Zugänge des Gj. (2)	Abgänge des Gj. (3)	AHK Ende Gj.	Wert Anfang Gj.	Zugänge des Gj. (9)	Abgänge des Gj.	Wert Ende Gj.	Anfang Gj.	Ende Gj.
SAV Technische Anlagen	4590	386	92	4884	1144	338	25	1457	3346	3427

Die Investitionen des Unternehmen betrugen im Gj insgesamt brutto 386 Mio. € („AHK - Zugänge des Gj“).

Bezogen auf den Buchwert zum Anfang des Geschäftsjahres hat das Unternehmen eine Bruttoinvestitionsquote von 386/3446 = 11,2%.

Allerdings hat das Unternehmen im Gj Sachanlagen aus dem Unternehmen entfernt („Abgänge“: verschrottet, verkauft, stillgelegt), die irgendwann mit 92 Mio. € beschafft wurden („AHK - Abgänge des Gj.“).

Damit weiß man aber noch nicht, mit welchem Buchwert diejenigen Vermögenswerte in der Bilanz waren, die im Gj. aus dem Unternehmen entfernt wurden. Dazu muß man rechnen: AHK der Abgänge minus Abschreibungen der Abgänge, also 92 – 25 = 67. Die 67 sind die Buchwerte der Abgänge.

Jetzt kann man die Nettoinvestitionen berechnen: 386 – 67 = 319. Die Nettoinvestitionsquote relativiert sich damit auf 319/3446 = 9,3%.

3.5 Folgebewertung des Vermögens

Die Erstbewertung von Vermögensgegenständen erfolgt zu Anschaffungs- oder Herstellungskosten. In den Folgejahren bilden diese Werte auch weiterhin die *Wertobergrenze*.

Nach § 253 HGB werden die Abschreibungen in planmäßige und außerplanmäßige Abschreibungen eingeteilt. Aufgabe der planmäßigen Abschreibungen ist es, die Anschaffungs- bzw. Herstellungskosten eines Vermögensgegenstandes auf die geplante Nutzungsdauer zu verteilen. Der um planmäßige Abschreibungen verminderte Wertansatz wird als *fortgeführte Anschaffungs- oder Herstellungskosten* bezeichnet. Die Notwendigkeit planmäßiger Abschreibungen folgt aus dem Realisations- bzw. dem Periodisierungsprinzip. Sie werden beim abnutzbaren Anlagevermögen vorgenommen. Erfolgt die Anschaffung oder Herstellung im Laufe eines Jahres, sind die Abschreibungen grundsätzlich *zeitanteilig* zu berechnen.

Aufgabe der *außerplanmäßigen* Abschreibungen ist es vor allem, Verluste, die aufgrund von Wertminderungen gehaltener Vermögensgegenstände eingetreten sind oder erwartet werden, erfolgswirksam zu antizipieren. Sie werden beim nicht abnutzbaren Anlagevermögen sowie beim Umlaufvermögen vorgenommen.

Alle Abschreibungen sind grundsätzlich Aufwand in der Gewinn- und Verlustrechnung. Nur solche Abschreibungen, die in die Herstellungskosten eingehen, werden zunächst kein Aufwand, da sie in den hergestellten Gütern aktiviert sind.

3.5.1 Methoden planmäßiger Abschreibungen

3.5.1.1 Lineare Abschreibung

Bei der linearen Abschreibung werden die Anschaffungs- oder Herstellungskosten (AHK) gleichmäßig über die Jahre der Nutzung (n) verteilt, ggf. wird ein geplanter Restwert RW (zum letzten Jahr der Nutzung) eingerechnet. Der jährliche Abschreibungsbetrag a_t ergibt sich also aus

$$a_t = \frac{AHK - RW}{n}$$

Beispiel 3-11: Lineare Abschreibung

Die Muck GmbH hat zu Beginn des Jahres 01 eine Maschine für 10.000 € angeschafft, die sie über vier Jahre nutzen will. Für das Ende der Nutzungsdauer geht das Unternehmen davon aus, dass es die Maschine für einen Restwert von 2.000 € am Markt absetzen kann.

Der jährliche Abschreibungsbetrag a_t errechnet sich dann wie folgt:

$$a_t = \frac{10.000 - 2.000}{4} = 2.000$$

3.5.1.2 *Degressive Abschreibung*

Sie unterstellt eine im Zeitablauf abnehmende Minderung des Nutzungspotentials; die Abschreibungsbeträge werden also von Periode zu Periode kleiner.

Arithmetisch-degressive (digitale) Abschreibung

Bei der digitalen Abschreibung vermindern sich die Abschreibungsbeträge (!) jährlich um den gleichen Betrag, den Degressionsbetrag. Der Degressionsbetrag bleibt also konstant. Zur Berechnung des Degressionsbetrags benötigt man die Summe der Jahresziffern t der Nutzungsdauer n (arithmetische Reihe). Der Degressionsbetrag D ergibt sich dann aus folgender Formel:

$$D = \frac{AHK}{\sum_{t=1}^{n} t}$$

Der Abschreibungsbetrag im Jahr i ergibt sich dann aus folgender Formel:

$$a_t = D \cdot [n - (t - 1)]$$

Beispiel 3-12: Digitale Abschreibung

Die Anschaffungskosten einer Maschine betragen 20.000 Euro. Die geplante Nutzungsdauer ist n=4 Jahre. Es soll auf einen Restwert von Null (digital) abgeschrieben werden.

Der Degressionsbetrag ist:

$$D = \frac{20.000}{1 + 2 + 3 + 4} = \frac{20.000}{10} = 2.000$$

Der Abschreibungsplan ist dann:

Ende von Jahr t	Abschreibungsbetrag am Ende von Jahr t		fortgeführte Anschaffungskosten am Ende von Jahr t
	Berechnung	Betrag	
1	2.000 · [(4 – (1 – 1)]	8.000	12.000
2	2.000 · [(4 – (2 – 1)]	6.000	6.000
3	2.000 · [(4 – (3 – 1)]	4.000	2.000
4	2.000 · [(4 – (4 – 1)]	2.000	0
		Summe: 20.000	

Fazit: Die Abschreibungsbeträge sinken jedes Jahr um den gleichen Wert (hier: 2.000). Im ersten Jahr ist der Abschreibungsbetrag noch relativ hoch (8.000), und im letzten Jahr werden nur noch 2.000 abgeschrieben.

Geometrisch-degressive Abschreibung

Bei der geometrischen Abschreibung wird der jährliche Abschreibungsbetrag durch einen festen Prozentsatz r vom Buchwert des jeweiligen Vorjahrs berechnet, so dass auf den gewünschten Restwert RW abgeschrieben werden kann.

Ist die Nutzungsdauer n vorgegeben, errechnet sich der Abschreibungssatz r wie folgt:

$$AHK(1-r)^n = RW$$

nach r auflösen ergibt: $r = 1 - \left[\frac{RW}{AHK}\right]^{\frac{1}{n}}$

Beispiel 3-13: Geometrisch-degressive Abschreibung

Die Muck GmbH hat zu Beginn des Jahres 01 eine Maschine für 10.000 € angeschafft, die sie über sechs Jahre nutzen will. Für das Ende der Nutzungsdauer geht das Unternehmen davon aus, dass es die Maschine für einen Restwert von 2.000 € am Markt absetzen kann. Wie hoch ist der Prozentsatz, wenn das Unternehmen geometrisch degressiv abschreiben will?

$$r = 1 - \left[\frac{2.000}{10.000}\right]^{\frac{1}{6}} = 0{,}2353 \; = \; 23{,}53\ \%$$

Probe: $10.000 \cdot (1 - 0{,}2353)^6 = 2.000$

Wenn das Unternehmen – ausgehend von Anschaffungskosten von 10.000 – jedes Jahr 23,53 % des jeweiligen Restbuchwerts abschreibt, beträgt der Restbuchwert am Ende des sechsten Jahres 2.000 €. Der Abschreibungsplan sieht dann wie folgt aus (Werte gerundet):

Ende von Jahr *t*	Abschreibungsbetrag am Ende von Jahr *t*		(fortgeführte) Anschaffungskosten am Ende von Jahr *t*
	Berechnung	Betrag	
0	-	-	10.000
1	0,2353 · 10.000	2.353	7.647
2	0,2353 · 7.647	1.799	5.848
3	0,2353 · 5.848	1.376	4.472
4	0,2353 · 4.472	1.052	3.420
5	0,2353 · 3.420	805	2.615
6	0,2353 · 2.615	615	2.000
		Summe: 8.000	

3.5.1.3 Leistungsabschreibung

Die leistungsbezogene Abschreibung eignet sich als Abschreibungsverfahren vor allem dann, wenn der gebrauchsbedingte Verschleiß als Verzehrursache dominiert. Zur Berechnung des Abschreibungsbetrags muß zunächst die gesamte voraussichtlich in Anspruch genommene Leistungsmenge X des Vermögensgegenstands geschätzt werden. Die Abschreibung wird dann in Höhe der *pro Periode t* in Anspruch genommenen Leistungsmengen x_t berechnet.

Der Abschreibungsbetrag a_t am Ende der Periode t ergibt sich nach folgender Formel:

$$a_t = \frac{AHK - RW}{X} \cdot x_t$$

Der Ausdruck $\frac{AHK}{X}$ steht für die Anschaffungskosten pro Leistungseinheit, wenn auf einen Restwert von Null abgeschrieben werden soll.

Beispiel 3-14: Leistungsabschreibung

Die Muck Industriewäscherei GmbH hat zum Jahresanfang 2013 in eine neue Waschmaschine investiert. Die Maschine hat Anschaffungskosten von 4.800 Euro. Der Hersteller wirbt mit 30.000 zu erwartenden Waschzyklen über die gesamte Lebensdauer. Wie hoch ist die Abschreibung im ersten Jahr, wenn Muck tatsächlich 2.850 Waschzyklen nachweisen kann?

Wie hoch sind die fortgeführten Anschaffungskosten der Waschmaschine mit dem Jahresabschluß im zweiten Jahr, wenn Muck im zweiten Jahr 3.414 Waschzyklen nachweisen kann?

Die Anschaffungskosten pro Waschzyklus betragen:

$$\frac{4.800}{30.000} = 0{,}16€/Waschzyklus$$

Abschreibungsbetrag des 1. Jahrs: 2.850 x 0,16 = 456 €.

Abschreibungsbetrag des 2. Jahrs: 3.414 x 0,16 = 546,24 €.

Buchwert nach dem 2. Jahr: 4.800 – 456 – 546,24 = 3.797,76 €.

3.5.2 Außerplanmäßige Abschreibungen

Zusätzlich zu den planmäßigen Abschreibungen beim abnutzbaren Anlagevermögen können außerplanmäßige Abschreibungen notwendig sein. Bei Anlagegegenständen, deren Nutzung zeitlich begrenzt ist, erfassen sie unerwartete Wertminderungen.

Bei Anlagegegenständen mit zeitlich unbegrenzter Nutzung (Grundstücke, Finanzvermögen) gibt es *keine* planmäßigen Abschreibungen, sondern *nur* außerplanmäßige Abschreibungen.

Abbildung 4 gibt einen Überblick über die Fälle außerplanmäßiger Abschreibungen und Zuschreibungen beim Anlagevermögen:

Abbildung 4: Außerplanmäßige Abschreibungen

Außerplanmäßige Abschreibungen beim Anlagevermögen (für alle Kaufleute) auf den „beizulegenden Wert" nach HGB		
	bei vorübergehender Wertminderung	*bei dauernder Wertminderung*
Sachanlagevermögen, immaterielles Vermögen	Verbot	Gebot
Finanzanlagevermögen	Wahlrecht	Gebot
im Steuerrecht	§ 6 Abs. 1 Nr. 1 und 2 EStG: Absetzung nur bei *dauerhafter* Wertminderung	
Wertaufholung (§ 253 Abs. 5)	Zuschreibungsgebot (nicht für Firmen- und Geschäftswert)	

Beispiel 3-15: Außerplanmäßige Abschreibung Wertpapiere des Anlagevermögens

Die Muck Backwaren AG hält Aktien (24 Prozent des Grundkapitals) an der börsennotierten Hasenhirn AG, die für 4.500.000 Euro angeschafft wurden. Am Abschlußstichtag liegt der Börsenkurs für das Paket bei 4,2 Mio. Euro. Das Aktienpaket ist ausgewiesen unter *A. III. 3. Beteiligungen*.

- Wenn die Muck Backwaren AG davon ausgeht, daß die Wertminderung *vorübergehend* ist, hat die Muck AG das Wahlrecht, eine Wertberichtigung (außerplanmäßige Abschreibung) durchzuführen oder nicht.
- Wenn die Muck Backwaren AG davon ausgeht, daß die Wertminderung *nicht vorübergehend* ist, dann *muß* sie auf den niedrigeren Börsenkurs von 4,2 Mio. Euro abschreiben. 300.000 Euro sind damit Aufwand der Periode und vermindern den Jahresgewinn.

3.5.3 Zuschreibungen

Sowohl für das Anlagevermögen als auch für das Umlaufvermögen stellt sich die Frage, ob ein niedrigerer Wertansatz aufgrund außerplanmäßiger Abschreibungen auch dann beibehalten werden darf, wenn später die Gründe für die Wertminderung entfallen.

Der Begriff Zuschreibung kann bei Anfängern leicht Missverständnisse auslösen. Es geht nicht darum, willkürlich einen Vermögensgegenstand wieder höher zu bewerten. Eine Zuschreibung kann nur stattfinden, um eine vorherige, grundlos gewordene *außerplanmäßige* Abschreibung rückgängig zu machen.

Diese Situation mag eintreten, wenn eine Maschine wegen technischer Probleme ganz oder teilweise außerplanmäßig abgeschrieben wurde, diese aber in einer Folgeperiode entgegen der ursprünglichen Einschätzung doch wieder instandgesetzt werden konnte. Nach § 253 Abs. 5 HGB gilt eine Zuschreibungs- oder Wertaufholungspflicht für alle Kaufleute. Absolute Obergrenze für die Zuschreibung sind die Anschaffungs- oder Herstellungskosten.

Beim abnutzbaren Anlagevermögen ist die Zuschreibung begrenzt auf die nach Maßgabe der planmäßigen Abschreibung ermittelten fortgeführten Anschaffungs- oder Herstellungskosten. Das bedeutet, daß eine Höherbewertung des Anlagevermögens nur bis zu dem Wert in Frage kommt, der sich ergeben hätte, wenn nur die planmäßige Abschreibung angefallen wäre. Ein niedrigerer Wertansatz nach § 253 Abs. 3 Satz 3 (voraussichtlich dauernde Wertminderung von Anlagegegenständen) oder § 253 Abs. 3 Satz 4 HGB (vorübergehende Wertminderung bei Finanzanlagen) darf nicht beibehalten werden, wenn die Gründe dafür nicht mehr bestehen (Wertaufholungsgebot in § 253 Abs. 5). Ausgenommen hiervon ist der entgeltlich erworbene Geschäfts- oder Firmenwert, dessen niedrigerer Wertansatz beizubehalten ist.

Gesetzestext: § 253 Abs. 3

(3) Bei Vermögensgegenständen des Anlagevermögens, deren Nutzung zeitlich begrenzt ist, sind die Anschaffungs- oder die Herstellungskosten um planmäßige Abschreibungen zu vermindern. Der Plan muss die Anschaffungs- oder Herstellungskosten auf die Geschäftsjahre verteilen, in denen der Vermögensgegenstand voraussichtlich genutzt werden kann. Ohne Rücksicht darauf, ob ihre Nutzung zeitlich begrenzt ist, sind bei Vermögensgegenständen des Anlagevermögens bei voraussichtlich dauernder Wertminderung außerplanmäßige Abschreibungen vorzunehmen, um diese mit dem niedrigeren Wert anzusetzen, der ihnen am Abschlussstichtag beizulegen ist. Bei Finanzanlagen können außerplanmäßige Abschreibungen auch bei voraussichtlich nicht dauernder Wertminderung vorgenommen werden.

→Zum Verständnis! Zweck des Wertaufholungsgebots

Die Verpflichtung, eine vorherige außerplanmäßige Abschreibung rückgängig zu machen, wenn der Grund für diese Abschreibung weggefallen ist, war in der Zeit vor BilMoG (2009) Ausdruck des *Gesellschafterschutzes.*

Während ansonsten das Handelsgesetzbuch geprägt ist vom Gläubigerschutzgedanken, hatte der Gesetzgeber hier eines der spärlichen Elemente des Eigentümerschutzes implementiert. Im HGB a.F. war dieses Gebot auf die *Kapitalgesellschaften* beschränkt. Der Hintergrund für dieses Gebot war folgende Überlegung: die außerplanmäßige Abschreibung vermindert - wie jeder andere Aufwand auch - in dem betreffenden Jahr den *Gewinnanspruch der Gesellschafter.* Würde eine solche Abschreibung bestehen bleiben, auch wenn der Grund dafür entfallen ist, hätte das Management einen Anreiz, diese Abschreibung als willkommene Finanzierungsmaßnahme zu interpretieren – möglicherweise sogar die Notwendigkeit außerplanmäßiger Abschreibungen sehr großzügig auszulegen.

Da die Gesellschafter einen um die Abschreibung verminderten Gewinnanspruch haben, kommt es jedenfalls in der Höhe der außerplanmäßigen Abschreibung zu keinem Liquiditätsabfluss für Gewinnausschüttungen. Das Geld verbleibt im Unternehmen, und steht dem Unternehmen – dem Management – zur Finanzierung allfälliger Aufgaben zur Verfügung.

Dieser Reichtumsverschiebung zu Lasten der Gesellschafter ist mit dem Wertaufholungsgebot ein Riegel vorgeschoben. Im HGB a.F. gab es dieses Wertaufholungsgebot *nicht* für Einzelunternehmer und Personengesellschaften, da hier der Konflikt zwischen Management und Eigentümern systematisch nicht entsteht. Da die Eigentümer gleichzeitig auch die Geschäfte leiten, führt eine nicht rückgängig gemachte außerplanmäßige Abschreibung allenfalls zu stillen Reserven – aber geschädigt wird keiner, da die Eigentümer über ihr eigenes Vermögen entscheiden. Aus Gründen der Vereinfachung und der Vereinheitlichung hat der Gesetzgeber aber dieses Wertaufholungsgebot *auf alle Kaufleute erweitert.*

Beispiel 3-16: Wertaufholung Wertpapiere des Anlagevermögens

Es gelten die Daten aus Beispiel 3-15 .

Im Geschäftsjahr hatte die Muck AG eine außerplanmäßige Abschreibung vorgenommen, da sie davon ausging, daß die Wertminderung *dauerhaft* sein würde.

Entgegen der Erwartung ist zum Bilanzstichtag des Folgejahrs der Börsenkurs auf 4,8 Mio. Euro angestiegen. Zum Bilanzstichtag des Folgejahrs ist daher eine Wertaufholung geboten bis zur Höhe der Anschaffungskosten. Der neue Wertansatz des Aktienpakets ist damit wieder 4,5 Mio. Euro. 300.000 Euro werden als Zuschreibung (Ertrag in der GuV) den Jahresgewinn erhöhen.

Die Werterhöhung über die Anschaffungskosten hinaus ist zwar erfreulich, aber bilanziell unerheblich. Die Anschaffungskosten sind der Höchstwert, mit dem Vermögensgegenstände angesetzt werden können.

3.5.4 Abschreibungen beim Vorratsvermögen

Grundsätzlich ist das Umlaufvermögen mit den Anschaffungs- oder Herstellungskosten zu bewerten, die zugleich die Wertobergrenzen darstellen.

Planmäßige Abschreibungen können beim Umlaufvermögen nicht anfallen, da ihre Anschaffungs- oder Herstellungskosten nicht über mehrere Perioden verteilt werden können oder müssten. Ihr Nutzenvorrat für das Unternehmen endet mit dem Gebrauch (bei Roh-, Hilfs- und Betriebsstoffen, unfertige Erzeugnisse) oder dem Verkauf (bei Fertigerzeugnissen, Warenvorräten).

Der Grund, weshalb für das Umlaufvermögen im Gegensatz zum Anlagevermögen auch bei voraussichtlich nur vorübergehender Wertminderung das strenge Niederstwertprinzip gilt, besteht darin, daß das Umlaufvermögen dazu bestimmt ist, bereits nach kurzer Verweildauer veräußert bzw. verwertet zu werden. Daher müssen auch kurzfristig zu erwartende Verluste durch eine außerplanmäßige Abschreibung berücksichtigt werden.

3.5.5 Beizulegender Wert

Im Rahmen der Folgebewertung ergibt sich aus § 253 Abs. 3 und 4 HGB die Pflicht zu außerplanmäßigen Abschreibung. Für Umlaufvermögen gilt, daß auf den sogenannten ***beizulegenden Wert*** abzuschreiben ist, wenn ein Börsen- oder Marktpreis nicht festgestellt werden kann.

Der ***beizulegende Wert*** im Handelsrecht ist also die Wertkonzeption der letzten Zuflucht, ähnlich wie der sogenannte ***Teilwert*** im Steuerrecht. Auch auf ihn muss sich der Bilanzierende zurückziehen, wenn alle anderen Wertkonzepte nicht in Betracht kommen. Wie wird dieser Wert ermittelt, der den Vermögensgegenständen „beizulegen“ ist?

Roh-, Hilfs- und Betriebsstoffe werden bei der Produktion von Gütern eingesetzt und orientieren sich in ihrem Wert regelmäßig an der *Beschaffungsseite* – man fragt sich also, was es kosten würde, diese Güter jetzt nochmal zu beschaffen. Nur dann, wenn diese Vermögensgegenstände nicht in die Produktion eingehen, sondern veräußert werden sollen (z. B. weil ein ganzer Produktionszweig aufgegeben werden soll), ist die Orientierung an der Verkaufsseite von Bedeutung – man fragt also, was für diese Güter voraussichtlich augenblicklich am Markt erzielbar wäre. Für Handelswaren kommt sowohl die Beschaffungs- als auch die Veräußerungsseite für die Ermittlung des beizulegenden Wertes zur Anwendung.

Unfertige und fertige Erzeugnisse sind vorwiegend von der *Veräußerungsseite* zu bewerten. Nach dem Grundsatz der verlustfreien Bewertung sind diese Vermögensgegenstände so anzusetzen, dass aus dem Verkauf kein Verlust mehr entsteht. Das heißt, daß der Verlust vorweggenommen (antizipiert) wird.

Für die *verlustfreie Bewertung unfertiger und fertiger Erzeugnisse und Waren* kann man folgendes ***Schema*** anwenden:

Voraussichtlicher Veräußerungserlös (unter Beachtung des Vorsichtsprinzips geschätzt)

– Weitere Fertigstellungskosten (bei unfertigen Erzeugnissen)

– Erlösschmälerungen (Skonti, Boni und Rabatte)

– Verpackungskosten, Frachten

– Vertriebskosten (z. B. Provisionen)

– Künftige Verwaltungskosten

– Zinsaufwendungen bis zum Verkauf

= ***Beizulegender Wert***

Ein Abschreibungsgebot liegt nach § 253 Abs. 4 Satz 1 und 2 HGB vor, wenn der aus dem Börsen- oder Marktpreis am Abschlußstichtag abgeleitete Wert unter den Anschaffungs- oder Herstellungskosten liegt.

3.5.6 Beizulegender Zeitwert

§ 255 Abs. 4 definiert den beizulegenden Zeitwert.

Gesetzestext: § 255 Abs. 4 HGB

Der beizulegende Zeitwert entspricht dem Marktpreis. Soweit kein aktiver Markt besteht, anhand dessen sich der Marktpreis ermitteln lässt, ist der beizulegende Zeitwert mit Hilfe allgemein anerkannter Bewertungsmethoden zu bestimmen. Lässt sich der beizulegende Zeitwert weder nach Satz 1 noch nach Satz 2 ermitteln, sind die Anschaffungs- oder Herstellungskosten gemäß § 253 Abs. 4 fortzuführen. Der zuletzt nach Satz 1 oder 2 ermittelte beizulegende Zeitwert gilt als Anschaffungs- oder Herstellungskosten im Sinn des Satzes 3.

Dieses Wertkonzept wird verwendet für Vermögensgegenstände, die dem Zugriff aller übrigen Gläubiger entzogen sind und ausschließlich der Erfüllung von Schulden aus Altersversorgungsverpflichtungen oder vergleichbaren langfristig fälligen Verpflichtungen dienen (Deckungsvermögen; Planvermögen). Die so bewerteten Vermögensgegenstände sind mit diesen Schulden zu verrechnen. Diese handelsrechtliche Vorschrift ist eine Ausnahme vom Bruttoprinzip des § 246 Abs. 2 Satz 1 HGB, wonach Positionen der Aktivseite nicht mit Positionen der Passivseite verrechnet werden dürfen (siehe Abschnitt 2.3.3, Seite 49). Damit gilt ein handelsrechtliches Verrechnungsgebot bzw. Saldierungsgebot, das in § 246 Abs. 2 Satz 2 HGB kodifiziert ist.

Der beizulegende Zeitwert wird also verwendet für Deckungsvermögen für Altersversorgungsverpflichtungen. Dazu werfen wir einen Blick in § 246 HGB, denn dort heißt es in Absatz 2:

Gesetzestext: § 246 Abs. 2 HGB

(2) Posten der Aktivseite dürfen nicht mit Posten der Passivseite, Aufwendungen nicht mit Erträgen, Grundstücksrechte nicht mit Grundstückslasten verrechnet werden. Vermögensgegenstän-

de, die dem Zugriff aller übrigen Gläubiger entzogen sind und ausschließlich der Erfüllung von Schulden aus Altersversorgungsverpflichtungen oder vergleichbaren langfristig fälligen Verpflichtungen dienen, sind mit diesen Schulden zu verrechnen; entsprechend ist mit den zugehörigen Aufwendungen und Erträgen aus der Abzinsung und aus dem zu verrechnenden Vermögen zu verfahren. Übersteigt der beizulegende Zeitwert der Vermögensgegenstände den Betrag der Schulden, ist der übersteigende Betrag unter einem gesonderten Posten zu aktivieren.

Eigentlich dürfen Posten der Aktivseite nicht mit Posten der Passivseite verrechnet werden. Das Unternehmen kann also nicht sagen: „Wir schulden der Geier-Bank zum Bilanzstichtag aus einem langfristigen Darlehen 10.000 Euro, haben aber auf unserem Girokonto noch 7.000 Euro Guthaben. Also bilanzieren wir nur netto 3.000 bei den Verbindlichkeiten gegenüber Kreditinstituten." Dieses Verrechnen ist grundsätzlich nicht möglich.

Allerdings gibt es eine Ausnahme. Hat ein Unternehmen nämlich Pensionszusagen gegenüber seinen Mitarbeiter gemacht, dann wird es diese Pensionsverpflichtungen als Pensionsrückstellungen bilanzieren müssen. Wenn es gleichzeitig Sondervermögen gebildet hat, das aufgrund der rechtlichen Gestaltung dem „Zugriff aller übrigen Gläubiger entzogen" ist, und nur der Sicherung dieser Altersversorgungsverpflichtungen dient, dann muß sogar eine Verrechnung erfolgen. Das ist insofern plausibel, als aus der Aktivseite der Bilanz das relevante Haftungsvermögen erkennbar sein muß, sofern es den Gläubigern insgesamt zur Verfügung steht.

Derartige nach § 246 Abs. 2 Satz 2 HGB zu verrechnende Vermögensgegenstände sind also mit ihrem beizulegenden Zeitwert zu bewerten (§ 253 Abs. 1 Satz 4 HGB). Für den Betrag, um den der beizulegende Zeitwert die Anschaffungskosten dieser Wertpapiere übersteigt, gilt eine Ausschüttungssperre (§ 268 Abs. 8 Satz 3 HGB).

Der beizulegende Zeitwert wird also grundsätzlich aus dem Marktpreis abgeleitet. Wenn sich ein Marktpreis nicht ermitteln lässt, ist der beizulegende Zeitwert durch anerkannte Bewertungsmethoden zu bestimmen. Die anerkannten Bewertungsmethoden müssen zu einem beizulegenden Zeitwert führen, der an den Marktpreis angenähert ist. Ist die Ermittlung des beizulegenden Zeitwerts durch eine anerkannte Bewertungsmethode nicht möglich, sind die AHK gemäß § 253 Abs. 4 HGB fortzuführen, wobei der zuletzt ermittelte beizulegende Zeitwert als AHK gilt.

Steuerrechtlich gilt weiterhin das Verrechnungsverbot (Saldierungsverbot; § 5 Abs. 1 Satz 1 1. Halbs., Abs. 1a Satz 1 EStG). Die Konsequenzen sind, daß Vermögensgegenstände, die dem Zugriff aller übrigen Gläubiger entzogen sind, weiterhin mit den Anschaffungskosten oder – bei voraussichtlich dauernder Wertminderung – mit dem niedrigen Teilwert anzusetzen sind (§ 6 Abs. 1 Nr. 1 Satz 2 und Nr. 2 Satz 2 EStG).

3.5.7 Börsenpreis und Marktpreis

Börsenpreis ist der an einer Börse festgestellte Preis des dort gehandelten Vermögensgegenstands (Waren, Rohstoffe, Wertpapiere). Aufgrund seiner größeren Transparenz und Objektivität wird dieser Wert bevorzugt verwendet. Der *Marktpreis* ist der zu einem bestimmten

Zeitpunkt an einem bestimmten Ort für bestimmte Waren üblicherweise geforderte Betrag. Der Marktpreis ist naturgemäß weniger objektiviert als ein Börsenpreis.

Es ist zu berücksichtigen, daß ein Marktpreis aus der Sicht eines Käufers (als Wiederbeschaffungspreis) oder aus der Sicht eines Verkäufers (als Veräußerungspreis) ermittelt werden kann. Vermögensgegenstände, die vom Unternehmen grundsätzlich benötigt werden, sind mit einem Wiederbeschaffungspreis anzusetzen. Dagegen sind Vermögensgegenstände, die voraussichtlich nicht mehr benötigt werden, mit einem Veräußerungspreis anzusetzen.

Beispiel 3-17: Wertaufholung Wertpapiere des Umlaufvermögens - Börsenpreis

Die Muck AG besitzt Aktien der Maschinenbau AG, die seinerzeit für 400.000 Euro angeschafft wurden. Da diese Aktien im Folgejahr verkauft werden sollen, sind sie im Umlaufvermögen in Position *B. III. 2. Wertpapiere* ausgewiesen. Zum Bilanzstichtag liegt der Börsenkurs der Aktien bei 380.000 Euro.

Für Umlaufvermögen gilt das strenge Niederstwertprinzip – d.h. selbst wenn die Wertminderung als nur vorübergehend eingeschätzt werden kann, muß die Muck AG eine außerplanmäßige Abschreibung von 20.000 Euro vornehmen.

Beispiel 3-18: Marktpreis von der Absatzseite

Die Muck Backwaren GmbH hat zum Bilanzstichtag 2013 noch 200.000 tiefgefrorene Mini-Kirschkuchen im Tiefkühl-Lager. Die Anschaffungskosten waren seinerzeit 0,90 Euro pro Stück. Die als Verkaufspreis geplanten 1,90 Euro pro Stück sind am Markt in den üblichen Verkaufskanälen nicht erzielbar, da entgegen der ursprünglichen Annahme die Verbraucher offenbar diese Kirschkuchen nicht mögen. Daher ist beabsichtigt, dieses Produkt auszulisten und nicht weiter zu vertreiben.

Zum Bilanzstichtag sind die Kirschkuchen zu bewerten. Ein Rundruf bei marktbekannten Food-Brokern hat ergeben, daß diese Menge an Kirschkuchen nur als Dessert-Zugabe bei Großabnehmern (Mensa, Krankenhäuser, Altenheime) absetzbar wäre, aber nur, wenn der Einstandspreis bei 0,35 Euro pro Stück (incl. Lieferung) liegt. Die Broker verlangen für ihre Vermittlung 20 Prozent Provision. Damit ist der Marktpreis (als Veräußerungspreis) $0{,}35 \cdot 0{,}8 = 0{,}28$ Euro. Die Kirschkuchen sind auf $0{,}28 \cdot 200.000 = 56.000$ Euro abzuschreiben.

Beispiel 3-19: Verlustfreie Bewertung unfertiger Erzeugnisse

Die Muck Maschinenbau GmbH hat zum Bilanzstichtag noch *unfertige Erzeugnisse*. Aus der Buchhaltung sind die im Geschäftsjahr aufgelaufenen Kosten bekannt. Aus der Kostenrechnung liegen Daten vor, mit welchen weiteren Kosten nach dem Bilanzstichtag noch zu rechnen ist, um die Erzeugnisse fertigzustellen (siehe Tabelle).

Grundsätzlich gelten Vertriebs- und Marketingkosten nicht als Herstellungskosten.

(1) Szenario 1: Die Muck GmbH geht davon aus, daß die fertigzustellenden Erzeugnisse im Folgejahr im normalen Geschäftsgang erfolgreich am Markt verkauft werden können. Es sind die handels- und steuerlich relevanten Herstellungskosten festzustellen.

(2) Szenario 2: Die Vertriebsleitung geht davon aus, daß die Fertigprodukte im Folgejahr mit Mühe und unter erheblichen Rabatten (nur) für 855 Euro abgesetzt werden können.

Kostenarten (€ pro Stück)	***Kosten des Geschäftsjahrs***	***erwartete Kosten für Fertigstellung und Verkauf***
Materialeinzelkosten	80	20
Fertigungseinzelkosten	25	32
Sonderkosten der Fertigung	18	0
Materialgemeinkosten	70	45
Fertigungsgemeinkosten	190	233
Wertverzehr des Anlagevermögens, sofern durch die Fertigung veranlasst	65	40
Verwaltung	40	40
soziale Einrichtungen des Betriebs	0	0
Verpackung und Fracht		30
Vertriebsgemeinkosten		20

Szenario 1: Herstellungskosten zum Bilanzstichtag nach Handels- und Steuerrecht

HK Bestandteile	***HGB***	***Steuerrecht***
Materialeinzelkosten	80	
Fertigungseinzelkosten	25	
Sonderkosten der Fertigung	18	

Materialgemeinkosten	70	
Fertigungsgemeinkosten	190	
Wertverzehr des Anlagevermögens, sofern durch die Fertigung veranlasst	65	
	448 (Untergrenze)	
Aufwendungen für:		
Verwaltung	40 (W)	40 (P)
		488 (Untergrenze)
	488 (Obergrenze)	***488 (Obergrenze)***

Szenario 2: Beizulegender Wert durch verlustfreie Bewertung

Der erwartete Verkaufspreis liegt bei 855 Euro. Alle weiteren Kosten, um die Erzeugnisse in einen verkaufsbereiten Zustand zu versetzen sind 410 Euro. Die Vertriebskosten, die notwendig sind, um den Umsatzakt zu bewerkstelligen, liegen bei insgesamt 50 (30 € Fracht + 20 € Vertriebsgemeinkosten) – macht zusammen 460 Euro. Damit ist der beizulegende Wert der noch nicht verkauften, noch nicht fertiggestellten Erzeugnisse am Bilanzstichtag 855 – 460 = 395 Euro.[26]

Der beizulegende Wert von 395 ist niedriger als die handelsrechtliche Wertuntergrenze von 448. Damit sind die unfertigen Erzeugnisse zum beizulegenden Wert anzusetzen.

3.5.8 Der steuerrechtliche Teilwert und der gemeine Wert

Teilwert ist ein Begriff des Steuerrechts. Er ist – so ähnlich wie der beizulegende Zeitwert im Handelsrecht – eine Hilfskonstruktion, wenn andere Wertkonzepte nicht anwendbar sind. Der Ansatz des niedrigeren Teilwerts setzt eine voraussichtlich dauernde Wertminderung des Wirtschaftsguts voraus (§ 6 Abs. 1 Nr. 1 Satz 2 und Nr. 2 Satz 2 EStG); bei der Bewertung von Waren besteht steuerrechtlich folgende Besonderheit: bei der Ermittlung des Teilwerts ist - anders als bei der Ermittlung des Zeitwerts - auch der durchschnittliche Unternehmergewinn zu berücksichtigen (Abschn. 6.8 Abs. 2 Satz 3 und 4 EStR 2008);

[26] Die retrograde Ermittlung des beizulegenden Werts ist sehr ähnlich der Methodik des „net realizable value“ der IFRS/IAS nach IAS 2. Auch dort wird für die Bewertung der Vorräte der im normalen Geschäftsgang erzielbare Nettoveräußerungserlös abzüglich der Veräußerungskosten angesetzt.

Ermittlung des Teilwerts:

Voraussichtlicher Veräußerungserlös

./. noch anfallende Aufwendungen (Vollkostenansatz)

./. durchschnittlicher Unternehmergewinn

= Teilwert

Es besteht ein eigenständiges steuerrechtliches Bewertungswahlrecht unabhängig von der handelsrechtlichen Rechnungslegung (§ 5 Abs. 1 Satz 1 2. Halbs. EStG) und es gilt keine umgekehrte Maßgeblichkeit (§ 5 Abs. 1 Satz 2 EStG a.F.)

Nach § 6 Abs. 1 Nr. 1 S. 3 EStG ist der Teilwert eines Wirtschaftsgutes *der Betrag, den ein (fiktiver) Erwerber der ganzen Unternehmung im Rahmen des Gesamtkaufpreises für den einzelnen Vermögensgegenstand ansetzen würde.* Dabei wird davon ausgegangen, daß er den Betrieb fortführt.

Er ist damit ein Maßstab für den Gebrauchswert, der allerdings nach oben durch den Wiederbeschaffungswert begrenzt ist. Löst man das Wirtschaftsgut aus dem Verband mit anderen Wirtschaftsgütern, etwa zum Zwecke der Veräußerung, so hat es nur noch den *gemeinen Wert* (Marktpreis).

Der Begriff des Zeitwerts ist nicht mit dem des Teilwerts identisch; der Teilwert kann höher, aber auch niedriger als der Zeitwert sein; Unterschiede zwischen Teilwert und Zeitwert ergeben sich insbesondere bei der Bewertung von Waren; der Begriff des Teilwerts ist – anders als derjenige des Zeitwerts – am Beschaffungsmarkt orientiert (fiktiver Erwerber).

Beispiel 3-20: Teilwert und gemeiner Wert

Ein Lastwagenanhänger mit Spezialaufbau zum Transport von Mehl mag für eine Mühle trotz seiner Abnutzung einen relativ hohen Teilwert haben, da die Beschaffung eines anderen Anhängers sehr teuer wäre. Dagegen entspricht sein gemeiner Wert möglicherweise nur noch dem Schrottpreis.

Bei Anwendung der gesetzlichen Definition ergeben sich einige Probleme. So zum Beispiel müßte der Gesamtkaufpreis des Unternehmens irgendwie ermittelt werden – für den fiktiven Käufer. Aber der Käufer ist ja fiktiv – woher soll man wissen, was ein Käufer, den es gar nicht gibt, möglicherweise denken würde?

In der Rechtsprechung hatte sich bereits der Reichsfinanzhof mit Kriterien für eine Schätzung der Teilwerte auseinandersetzen müssen.

- Die zuerst gefundene *Differenzmethode*, wonach der Teilwert für ein Wirtschaftsgut der Wert sei, um wie viel der Betrieb weniger wert wäre, wenn das Wirtschaftsgut fehlen würde, versagte, da gezeigt werden konnte, daß es Wirtschaftsgüter gibt, deren Fehlen den Betrieb stilllegen würde und somit der Gesamtwert des Betriebes auch den Teilwert dieses Wirtschaftsgutes darstellen müsste.

- Auch die *Zurechnungsmethode* scheitert. Die Rechtsprechung argumentiert hierbei, daß vom Gesamtwert des Betriebes der Geschäftswert abzuziehen sei, der dann verbleibende Betrag sei auf die einzelnen bilanzierungsfähigen Wirtschaftsgüter aufzuteilen. Zwar lässt sich der Gesamtwert einer Unternehmung nach Verfahren der Unternehmensbewertung ermitteln und formal auf die beiden Summanden Teilwert der Wirtschaftsgüter und Geschäfts- und Firmenwert aufteilen, dennoch bleibt es bei einer Gleichung mit zwei Unbekannten, für die keine zweite unabhängige Bestimmungsgleichung existiert.

Daher hat sich die Rechtsprechung im weiteren Verlauf an sogenannten *Teilwertvermutungen* orientiert:

(1) Im Zeitpunkt des Erwerbs bzw. Fertigstellung decken sich die Anschaffungs- bzw. Herstellungskosten mit dem Teilwert, sofern nicht eine Fehlmaßnahme[27] vorliegt (BFH BStBl. II 1977, 540).

(2) Bei nicht abnutzbaren Wirtschaftsgütern des Anlagevermögens entspricht der Teilwert sowohl im Zeitpunkt der Anschaffung oder Herstellung auch in den folgenden Bilanzstichtagen den Anschaffungs- bzw. Herstellungskosten (BFH BStBl. II 1982, 758).

(3) Der Teilwert abnutzbarer Wirtschaftsgüter des Anlagevermögens entspricht an den nachfolgenden Bilanzstichtagen den um die AfA verminderten Anschaffungs- oder Herstellungskosten; sind jedoch die Wiederbeschaffungskosten gesunken, sind diese als Teilwerte anzusetzen (BFH BStBl. II 1978, 335). Dabei ist grundsätzlich von der linearen AfA auszugehen (degressive nur bei besonderen Gründen). Sonderabschreibungen, erhöhte Absetzungen sowie die nach R 35 EStR oder nach § 6b EStG übertragene stille Reserven sind nicht zu berücksichtigen. Auch bei Zuschüssen für Wirtschaftsgüter geht die Teilwertvermutung von den ungekürzten Anschaffungs- oder Herstellungskosten aus (BFH BStBl. II 1990, 206). Bei hergestellten Wirtschaftsgütern sind die Wiederherstellungskosten (Reproduktionskosten) vom Bewertungsstichtag maßgebend. Ggfls. ist die (lineare AfA) bis zum Bilanzstichtag zu berücksichtigen, wenn von neuwertigen Wirtschaftsgütern auszugehen ist.

(4) Bei Wirtschaftsgütern des Umlaufvermögens (Roh-, Hilfs- und Betriebsstoffe, fertige und unfertige Erzeugnisse, Waren) wird vermutet, dass der Teilwert den Wiederbeschaffungskosten (Wiederherstellungskosten) am Bilanzstichtag entspricht, sofern nicht für Erzeugnisse und Waren mit so niedrigen Verkaufserlösen zu rechnen ist,

---

[27] Fehlmaßnahme ist ein Begriff des Steuerrechts. Salopp formuliert, meint man damit eine Fehlinvestition. Siehe z.B. BFH-Urteil vom 13. März 1991, I R 83/89: „Als Fehlmaßnahme ist die Anschaffung eines Wirtschaftsgutes des Anlagevermögens zu werten, wenn ihr wirtschaftlicher Nutzen bei objektiver Betrachtung deutlich hinter dem für den Erwerb getätigten Aufwand zurückbleibt und demgemäß dieser Aufwand so unwirtschaftlich war, daß er von einem gedachten Erwerber des gesamten Betriebs im Kaufpreis nicht honoriert würde."

dass daraus nicht mehr die Vollkosten einschließlich eines durchschnittlichen Unternehmergewinns gedeckt werden können. Sind Wiederbeschaffungskosten nicht ermittelbar, weil entsprechende Wirtschaftsgüter nicht auf den Markt gehandelt werden, ist es gerechtfertigt, den Teilwert durch einen Abschlag von den Anschaffungskosten zu ermitteln (BFH BStBl. III 1964, 426, 428). Die Feststellungslast für die Berechtigung des Ansatzes eines niedrigeren Teilwerts trägt der Steuerpflichtige.

3.5.9 Wertberichtigung von Forderungen

Von besonderer Bedeutung beim Umlaufvermögen ist die Bewertung der Forderungen. Hierbei kommt dem Grundsatz des § 252 Abs. 1 Nr. 4 HGB, der eine vorsichtige Bewertung unter Berücksichtigung aller vorhersehbaren Risiken und Verlusten verlangt, besondere Bedeutung zu. Dementsprechend sind außerplanmäßige Abschreibungen auf Forderungen wegen zu befürchtendem oder sicherem Zahlungsausfall vorzunehmen.

Obwohl bilanztechnisch der gleiche Vorgang, nennt man die außerplanmäßigen Abschreibungen bei den Forderungen ***Wertberichtigungen***. Die Forderungen werden also nicht abgeschrieben, sondern wertberichtigt – faktisch ist es aber dasselbe, denn sowohl Wertberichtigungen als auch Abschreibungen sind Aufwand in der GuV.

Verfahren der Forderungsabschreibung sind die ***Einzelabschreibung*** für spezielle Kreditrisiken bei Vorliegen konkreter Anhaltspunkte, daß die Rückzahlung einer bestimmten Forderung gefährdet ist, sowie die ***Pauschalwertberichtigung*** für das allgemeine Kreditrisiko, ohne daß konkrete Anhaltspunkte vorhanden sind.

Bei der Pauschalwertberichtigung berechnet man auf den gesamten Forderungsbestand abzüglich einzelwertberichtigter Forderungen einen prozentualen Abschlag, der sich aus Erfahrungswerten der Vergangenheit ergibt und die branchentypischen Besonderheiten sowie die unternehmensspezifischen Gegebenheiten berücksichtigt.

Beispiel 3-21: Einzelwertberichtigung und Wertaufhellung

Die Muck Backwaren AG hat gegenüber einem Kunden eine Forderung aus Lieferung und Leistung vom 20.12.2010 in Höhe von 10.000 € in ihren Büchern ausgewiesen. Die Forderung ist innerhalb der folgenden vier Wochen ohne Skontoabzug fällig. Bis zum Zeitpunkt der Bilanzaufstellung (15.03.2011) konnte kein Zahlungseingang festgestellt werden. Am 10.03.2011 wurde bekannt, daß der Kunde am 29.12.2010 einen Insolvenzantrag wegen Zahlungsunfähigkeit gestellt hat.

Die Forderung kann zum 31.12.2010 nicht mehr in der Bilanz angesetzt werden. Eine Wertberichtigung ist notwendig, da sie zum Bilanzstichtag objektiv nicht mehr werthaltig war. Der Kunde hatte bereits am 29.12.2010 Insolvenz beantragt. Es handelt sich um eine werterhellende Tatsache, die noch vor Bilanzerstellung bekannt wurde.

3.6 Rechnungsabgrenzungen auf Aktiv- und Passivseite

3.6.1 Aktive Rechnungsabgrenzung

Das *Disagio* (Abschlag) stellt den Unterschiedsbetrag zwischen dem Rückzahlungsbetrag und dem niedrigeren Auszahlungsbetrag einer Verbindlichkeit dar, z.B. bei der Emission von Schuldverschreibungen oder bei der Vergabe von Krediten. Eine Anleihe wird nicht immer zu 100% emittiert, sondern abhängig vom Marktzinsniveau auch schon mal unter 100% (unter-pari Emission). In diesem Fall muss das Unternehmen dem Anleihebesitzer 100% - also den vollen Nominalbetrag - bei Fälligkeit zurückzahlen. Auch bei einer unter-pari Emission kann das Disagio (der Abschlag) interpretiert werden als vom Anleiheemittenten zusätzlich bezahlte Zinsen.

Bank und Kreditnehmer können also vereinbaren, daß ein Kredit z.B. nur zu 97 Prozent des nominalen Kreditbetrags an den Kreditnehmer ausgezahlt wird, wobei allerdings 100 Prozent des Nominalbetrags zurückzuzahlen sind. Die 3 Prozent behält die Bank sozusagen schon ein.

Dabei kommt es nicht darauf an, ***wie*** dieser Abschlag von der Bank im Einzelfall benannt wird, also beispielsweise als *Kreditbereitstellungsprovision*, *Bearbeitungsgebühren* oder welche phantasiereichen Begriffe sich die Bankmarketingleute ausdenken. Faktisch ist das Disagio aus Sicht der Bank bereits *vereinnahmter Zinsertrag*[28].

Beispiel 3-22: Disagio

Die Muck Backwaren AG hat zur Finanzierung einer neuen Backstraße ein Bankdarlehen von 1 Mio. € aufgenommen. Das Bankdarlehen wurde nur zu 96% ausgezahlt, und ist mit 7 % jährlich zu verzinsen. Es hat eine Laufzeit von acht Jahren. Es stellt sich die Frage, wie das Darlehen zum Bilanzstichtag auf Aktiv- und Passivseite zu behandeln ist. Für das Disagio besteht nach § 250 Abs. 3 ein Ansatzwahlrecht.

Nehmen wir an, vor Aufnahme des Darlehens sieht die Bilanz der Muck AG wie folgt aus:

[28] Die direkte Verbuchung des Disagios als Zinsertrag macht diesen Abschlag für die Bank so interessant. Die Kreditvergabe ist aus Sicht der Bank zunächst nur ein Aktivtausch (es entsteht eine Forderung, und es erfolgt ein Mittelabfluß), oder ggf. eine Bilanzverlängerung, wenn die Bank sich selber verschulden muß. Sie hat aber im Jahr der Kreditvergabe an diesem Kredit noch nichts verdient – also noch keine Zinsen kassiert. Wenn sie aber einen Abschlag vom Nominalkreditbetrag vereinbaren kann, hat sie bereits im aktuellen Geschäftsjahr einen schönen Zinsertrag in ihrer Gewinn- und Verlustrechnung.

Bilanz der Muck Backwaren AG			
diverse Aktiva	9.000.000	Schulden	4.000.000
		Eigenkapital	5.000.000
Summe	9.000.000	Summe	9.000.000

Bilanz bei Nutzung des Wahlrechts (Aktivierung Disagio)

Hier werden 40.000 (4 % von 1 Mio.) als Rechnungsabgrenzungsposten ausgewiesen. 960.000 Euro werden der Muck AG ausgezahlt und dem Bankkonto gutgeschrieben. Die Verbindlichkeit wird zum Erfüllungsbetrag 1 Mio. ausgewiesen. In den Folgejahren der Laufzeit des Kredits wird das Disagio abgeschrieben, und als Zinsaufwand in der GuV ausgewiesen. Auf diese Weise werden die bereits gezahlten Zinsen (40.000) aufwandswirksam über die Laufzeit des Darlehens verteilt, und vermindern periodengerecht den Gewinn.

Bilanz der Muck Backwaren AG			
diverse Aktiva	9.000.000	Schulden (alt)	4.000.000
Liquide Mittel	960.000	Bankkredit (neu)	1.000.000
RAP (Disagio)	40.000	Eigenkapital	5.000.000
Summe	10.000.000	Summe	10.000.000

Bilanz bei sofortiger Aufwandsbuchung (Wahlrecht wird nicht genutzt)

Wird das Wahlrecht nicht genutzt, werden die 40.000 Euro des Abschlag sofort als Zinsaufwand verbucht, die den Gewinn vermindern (und damit das Eigenkapital):

Bilanz der Muck Backwaren AG			
diverse Aktiva	9.000.000	Schulden (alt)	4.000.000
Liquide Mittel	960.000	Bankkredit (neu)	1.000.000
		Eigenkapital	4.960.000
Summe	9.960.000	Summe	9.960.000

3.6.2 Passive Rechnungsabgrenzung

Ein Passivierungsgebot besteht für passive Rechnungsabgrenzungsposten gemäß § 250 Abs. 2 HGB. Es handelt sich um Einnahmen vor dem Abschlussstichtag, soweit sie Ertrag für eine bestimmte Zeit nach diesem Tag darstellen. Die Bildung von Rechnungsabgrenzungsposten dient dem Zweck der zeitlichen Abgrenzung und damit der periodengerechten Erfolgsermittlung.

Beispiel 3-23: Rechnungsabgrenzung

Unternehmer Muck hat einen Lagerraum vermietet und erhält die Miete für die Monate Dezember 2011 bis Februar 2012 am 01.12.11 mit 3.000 Euro im Voraus. Mit dieser Einzahlung erhöhen sich die liquiden Mittel auf der Aktivseite der Bilanz um eben diese 3.000 Euro.

Was passiert aber auf der Passivseite der Bilanz?

Im Eigenkapital ist als Ertrag des Jahres 2011 nur die Dezembermiete in Höhe von 1.000 Euro zu verbuchen - nur diese gilt als im Geschäftsjahr verdient oder realisiert. Die Januar- und Februarmieten sind im Geschäftsjahr 2011 noch gar nicht verdient - diese Leistung muss von Muck erst noch im Jahr 2012 erbracht werden.

Daher wird auf der Passivseite ein Abgrenzungsposten in Höhe von 2.000 Euro gebildet, der die Bilanzverlängerung um insgesamt 3.000 Euro darzustellen hilft. Ökonomisch gesehen repräsentieren die passiven Rechnungsabgrenzungen Leistungsverpflichtungen, die das Unternehmen noch zu erbringen hat.

3.6.3 Begriff und Zweck latenter Steuern

Latente Steuern (bei Kapitalgesellschaften) sind Bilanzpositionen, die auf beiden Seiten der Bilanz (gleichzeitig) gebildet werden können. Sie werden dann als Bilanzposition angesetzt, wenn es Unterschiede gibt zwischen Handelsbilanz und Steuerbilanz – und es erwartet werden kann, daß sich diese Unterschiede voraussichtlich über die Zeit umkehren bzw. abbauen werden.

Diese Differenzen beziehen sich auf Unterschiede beim Gewinn bzw. Unterschiede bei der Bewertung von Vermögens- oder Schuldenpositionen. Sie resultieren gemäß § 274 Abs. 1 Satz 1 HGB aus Unterschieden in den Wertansätzen von Vermögensgegenständen, Schulden und Rechnungsabgrenzungsposten in der Handelsbilanz und in der Steuerbilanz, die sich in späteren Geschäftsjahren voraussichtlich abbauen (sog. Temporary-Konzept).

Also halten wir schon mal fest: der Gewinn nach Steuerrecht und der Gewinn nach Handelsrecht sind nicht identisch. Gleiches gilt für den Ausweis von Vermögen und Schulden in Handels- und Steuerbilanz – der Wertansatz ist bei manchen Positionen oft nicht identisch.

In Beispiel 3-24 und Beispiel 3-25 werfen wir einen Blick auf typische Unterschiede und wie sie überhaupt zustande kommen.

Beispiel 3-24 Unterschiedliche Wertansätze nach Handels- und Steuerrecht 1

Ein Vermögensgegenstand des Anlagevermögens wurde von der Muck AG Anfang 2012 für 1.200€ angeschafft, und die folgende Betrachtung bezieht sich nur auf die Effekte, die sich aus der Anschaffung und Abschreibung genau dieses Vermögensgegenstands ergeben. Der Vermögensgegenstand ist steuerrechtlich nach AfA-Tabelle über drei Jahre abzuschreiben (=> periodische AfA 1.200/3=400), die Geschäftsleitung will aber den Vermögensgegenstand handelsrechtlich über die wirtschaftliche Nutzungsdauer von 6 Jahren abschreiben (=> planmäßige Abschreibung 1.200/6=200). Bei linearer Abschreibung ergeben sich zum Bilanzstichtag Ende 2012 folgende in Steuer- und Handelsbilanz unterschiedliche Wertansätze:

	nach Handelsrecht	***nach Steuerrecht***
Bilanzansatz	1.000, Wertansatz in der HB ist höher	800, Wertansatz in der StB ist niedriger
Wirkung auf den Gewinn	Abschreibungsaufwand 200 (=> HB-Gewinn höher)	AfA 400 (=> StB-Gewinn niedriger)

Die unterschiedlichen Abschreibungsdauern führen dazu, daß der Aufwand in StB und HB unterschiedlich über die Jahre verteilt werden. Gleiches gilt für den Vermögensausweis: in der Steuerbilanz verliert der Vermögensgegenstand schneller an Buchwert und ist bereits nach fünf Jahren abgeschrieben, während er in der HB langsamer an Buchwert verliert, und noch Abschreibungsvolumen aufweist. Abschreibung ist – wie wir wissen – die Verteilung der Anschaffungskosten über die Zeit, und insgesamt können nur 100 Prozent der Anschaffungskosten verteilt werden. In der Steuerbilanz ist in diesem Beispiel schneller abgeschrieben, in der HB langsamer – aber in beiden werden 100 Prozent der Anschaffungskosten abgeschrieben. Dies ist ein typisches Beispiel für sogenannte „temporäre Differenzen", d.h. solche Unterschiede, die sich automatisch über die Zeit abbauen werden.

Wirkung auf die Steuerlast in den Perioden 1 bis 3	StB-Gewinn < HB-Gewinn => die Steuer ist niedriger als sie wäre, wenn der HB-Gewinn zur Besteuerung herangezogen worden wäre.
Wirkung auf die Steuerlast in den Perioden 4 bis 6	Nach 5 Perioden ist der Vermögensgegenstand in der Steuerbilanz abgeschrieben, verursacht also keine AfA mehr. Aus diesem Sachverhalt wird also ab Periode 6 der Steuergewinn nicht mehr vermindert – die Steuerlast wird Handelsrechtlich wird aber noch 5 Jahre jeweils 100 abgeschrieben, also wird der HB-Gewinn fünf weitere Jahre niedriger sein als der StB-Gewinn.

Untersuchen wir zunächst die isolierte Wirkung der Folgebewertung nur für die Handelsbilanz zum Ende 2012 an. Für die Analyse nehmen wir einen Steuersatz von 30 Prozent an, und daß der Gewinn ohne AfA oder Abschreibung 10.000 war. Der Steuergewinn wäre dann 10.000 – AfA 400 = 9.600€. Bei einem Steuersatz von 30 Prozent ist die Steuerlast 9.600 × 0,3 = 2.880, die tatsächlich zu zahlen sind. Wäre der HB-Gewinn versteuert worden, ergäbe sich eine Steuerlast von auf Basis eines Gewinns von 9.800 × 0,3 = 2.940. Die Differenz ist 60, und in Höhe dieser 60 ist eine passive latente Steuer für dieses Geschäftsjahr zu bilden.

Beispiel 3-25 Unterschiedliche Wertansätze nach Handels- und Steuerrecht 2

Ein Unternehmen bildet im Jahr 2012 in der Handelsbilanz eine Rückstellung für drohende Verluste aus schwebenden Geschäften in Höhe von 10.000€. Die Bildung einer Rückstellung wird erfolgswirksam vorgenommen, das heißt: im Jahr der Bildung der Rückstellung wird ein Aufwand gebucht, der den zukünftigen Verlust antizipiert und dem aktuellen Jahr zuordnet wird. Gleichzeitig entsteht in der HB eine Rückstellungsposition (also eine Schuldenposition). Das Einkommensteuerrecht erkennt aber Drohverlustrückstellungen nicht an, d.h. der in der GuV gebuchte Aufwand vermindert zwar den HB-Gewinn, nicht aber den StB-Gewinn. In dem Jahr, in dem der erwartete Verlust eintritt, vermindert sich der StB-Gewinn, aber nicht mehr der HB-Gewinn, denn die Verlustwirkung war ja bereits antizipiert.

Trotz des in Deutschland bestehenden Maßgeblichkeitsprinzips der Handelsbilanz für die Steuerbilanz bestehen also *Differenzen* zwischen den steuerlichen Wertansätzen und denen in der handelsrechtlichen Rechnungslegung (siehe Abschnitt 2.2 ab Seite 39).

Wir halten weiterhin fest: durch diese Differenzen entspricht die aus der Steuerbilanz abgeleitete tatsächliche Steuerbelastung nicht der Steuerbelastung, die sich ergeben hätte, wenn das handelsrechtliche Ergebnis der Besteuerung zu Grunde legen würde (fiktive Steuerbelastung) – aber genau das soll die Handelsbilanz eigentlich zeigen. Machen Sie sich diesen Gedanken klar: die Handelsbilanz soll die Steuerbelastung so zeigen, als ob der handelsrechtliche Gewinn (bzw. Vermögen und Schulden) ursächlich für die Besteuerung gewesen wäre.

Latente Steuern lassen sich in aktive und passive latente Steuern unterteilen, es gibt sie also auf der Aktiv- wie auf der Passivseite der Bilanz.

- *Aktive latente Steuern* stellen erwartete spätere *Steuerminderbelastungen* dar. In solchen Fällen ist die effektive Steuerbelastung höher als die fiktive, d.h. es werden effektiv mehr Steuern gezahlt als nach dem Ergebnis der Handelsbilanz zu zahlen gewesen wären. Aktive latente Steuern müssen nicht angesetzt werden – für aktive latente Steuern gilt ein Wahlrecht.
- *Passive latente Steuern* sind als zukünftige *Steuermehrbelastung* zu verstehen. Die effektive Steuerbelastung ist niedriger als die fiktive und damit sind im Vergleich zur

Handelsbilanz effektiv zu wenig Steuern gezahlt worden. Für passive latente Steuern gilt eine Ansatzpflicht.

→ Zum Verständnis! Latente Steuern

Wo liegt der eigentliche Sinn der Bildung latenter Steuern? Dem Bilanzleser soll diejenige Steuerbelastung gezeigt werden bzw. die Vermögenswerte und Schulden, die sich ergeben hätte, wenn der Handelsbilanzgewinn bzw. Gewinn aus der IFRS-Bilanz der Steuerermittlung zugrunde gelegen hätte. Daher handelt es sich bei den aktiven latenten Steuern auch um keinen abstrakt aktivierungsfähigen Vermögensgegenstand, sondern um eine eigene Position nach § 266 Abs. 2 Posten D HGB auf der Aktivseite der Bilanz bzw. als konkret passivierungsfähiger Posten

Insgesamt ist die Bilanzierung latenter Steuern ein durchaus komplizierter Sachverhalt, der über die Inhalte einer Einführungsliteratur hinausgeht. Ein Beispiel für die Ermittlung aktiver latenter Steuern ist im Zusammenhang mit der Abschreibung auf den Firmen- und Geschäftswert im folgenden Beispiel gegeben. Ansonsten wird auf weiterführende Literatur verwiesen.[29]

3.6.4 Aktive latente Steuern

Das Entstehen aktiver latenter Steuern soll an einem Beispiel verdeutlicht werden.

Beispiel 3-26: Lineare Abschreibung beim Firmen- und Geschäftswert

Beispiel 3-9 auf Seite 106 haben wir bereits den Firmen- und Geschäftswert in Höhe von 50.000 Euro ermittelt, den die Muck Backwaren AG aus der Übernahme der Brotfabrik in ihrer Bilanz ansetzen muß. Die Bilanz 2010 der Muck Backwaren AG nach der Übernahme sah wie folgt aus:

Bilanz der Muck Backwaren AG (nach Übernahme)			
Firmenwert	50.000	Schulden	4.000.000
diverse Aktiva	19.500.000	Schulden (Brotfabrik)	250.000
Aktiva Brotfabrik	700.000	Eigenkapital	16.000.000
Summe	20.250.000	Summe	20.250.000

[29] Wendholt, W./Wesemann, M. (2009): Zur Umsetzung der HGB-Modernisierung durch das BilMoG: Bilanzierung von latenten Steuern im Einzel- und Konzernabschluß, in: Der Betrieb, Ausgabe vom 05.06.2009, Heft 23, Beil. 5, Seite 64-76.

Für die der Übernahme folgenden Geschäftsjahre stellt sich die Frage nach der Folgebewertung.

Aus § 253 folgt, daß Vermögensgegenstände des Anlagevermögens, deren Nutzung zeitlich begrenzt ist, planmäßig abgeschrieben werden müssen. In § 285 Nr. 13 steht, daß eine Kapitalgesellschaft im Anhang begründen muß, wenn sie für die Abschreibung des Firmenwerts mehr als fünf Jahre ansetzen will.

Zur Vereinfachung nehmen wir also an, daß die Muck Backwaren AG den Firmenwert handelsrechtlich linear über fünf Jahre (also in den Jahren 2011 – 2015) abschreiben wird. Der jährliche Abschreibungsbetrag ist dann 50.000/5 = 10.000 Euro (siehe Spalte (1) in Tabelle 11 auf Seite 141).

Steuerrechtlich ist der Firmenwert über 15 Jahre abzuschreiben (§ 7 Abs. 1 Satz 3 EStG). Bei linearer Abschreibung ist der steuerliche Absetzungsbetrag 50.000/15 = 3.333 Euro (siehe Spalte (2) in Tabelle 11 auf Seite 141).

Als große Kapitalgesellschaft gilt für die Muck Backwaren AG § 274 HGB (Latente Steuern), nur kleine Kapitalgesellschaften brauchen nach § 274a die latenten Steuern nicht auszuweisen. Für aktive latente Steuern gilt ein Ansatzwahlrecht.

Die unterschiedlich hohen Abschreibungssätze führen zu unterschiedlichen Wertansätzen für den Firmenwert in Handels- und Steuerbilanz.

- Einerseits ist der Wertansatz in der Handelsbilanz niedriger als in der Steuerbilanz – da in der HB schneller abgeschrieben wird.
- Andererseits ist der steuerliche Gewinn im Vergleich zum handelsrechtlichen Gewinn zunächst höher, da steuerlich nur 3.333 abgeschrieben werden dürfen, aber handelsrechtlich 10.000 (siehe Spalte (4) in Tabelle 11 auf Seite 141).

Bei einem Steuersatz von 30% sieht die Entwicklung der Werte wie folgt aus:

Tabelle 11: Firmenwert - Abschreibung und Latente Steuern

Jahre	*Abschreibung Handelsbilanz (1)*	*AfA Steuer-bilanz (2)*	*Differenz (3) = (1) – (2)*	*Latente Steuern (3) · 0,3*	*Gewinn höher in*
2011	10.000	3.333	6.667	2.000	StB
2012	10.000	3.333	6.667	2.000	StB
2013	10.000	3.333	6.667	2.000	StB
2014	10.000	3.333	6.667	2.000	StB
2015	10.000	3.333	6.667	2.000	StB
2016	0	3.333	-3.333	-1.000	HB
2017	0	3.333	-3.333	-1.000	HB
2018	0	3.333	-3.333	-1.000	HB
2019	0	3.333	-3.333	-1.000	HB
2020	0	3.333	-3.333	-1.000	HB
2021	0	3.333	-3.333	-1.000	HB
2022	0	3.333	-3.333	-1.000	HB
2023	0	3.333	-3.333	-1.000	HB
2024	0	3.333	-3.333	-1.000	HB
2025	0	3.333	-3.333	-1.000	HB

Dadurch ist die Steuerbelastung, die sich aufgrund der Steuerbilanz ergibt, im Vergleich zum handelsrechtlichen Ansatz zu hoch, sodass in der Handelsbilanz – bei Nutzung des Wahlrechts – aktive latente Steuern auszuweisen sind. Bei Personenunternehmen ist nur die Gewerbesteuerbelastung einzubeziehen, bei einer GmbH sind Körperschaft- und Gewerbesteuer einzubeziehen, sodass von einer Steuerbelastung von rd. 30% ausgegangen werden kann.

3.6.5 Passive latente Steuern

Eine Passivierungspflicht für passive latente Steuern ergibt sich aus § 274 HGB Abs. 1 Satz 1.

Gesetzestext: § 274 Abs. 1 Satz 1 HGB

Bestehen zwischen den handelsrechtlichen Wertansätzen von Vermögensgegenständen, Schulden und Rechnungsabgrenzungsposten und ihren steuerlichen Wertansätzen Differenzen, die sich in späteren Geschäftsjahren voraussichtlich abbauen, so ist eine sich daraus insgesamt ergebende Steuerbelastung als passive latente Steuern (§ 266 Abs. 3 E.) in der Bilanz anzusetzen.

Kleine Kapitalgesellschaften sind vom Ausweis latenter Steuern gemäß § 274a HGB befreit.

Beispiel 3-27: Passive latente Steuer

Die Muck Software GmbH hat für das Geschäftsjahr 2012 in ihrer Handelsbilanz gemäß § 248 Abs. 2 HGB selbst erstellte immaterielle Vermögensgegenstände (Entwicklungskosten) aktiviert in Höhe von TEUR 100. Die Folge ist, daß Aufwendungen von TEUR 100 daher in der GuV nicht erscheinen, und der handelsbilanzielle Gewinn um TEUR höher ausfällt. Zur Vereinfachung sei angenommen, daß der Steuersatz der Muck Software GmbH bei 30% liegt. Steuerlich ist die Aktivierung von Entwicklungskosten gemäß § 5 Abs. 2 EStG nicht zulässig.

Damit werden die TEUR 100 Entwicklungskosten in voller Höhe vom steuerlichen Gewinn abgezogen – die Steuerlast wird insofern niedriger, als sie wäre, wenn der handelsbilanzielle Gewinn die Bemessungsgrundlage der Besteuerung wäre.

Da die aktivierten Entwicklungskosten in späteren Perioden abgeschrieben werden müssen, reduzieren sie in diesen späteren Perioden den handelsbilanziellen Gewinn, aber nicht mehr den steuerlichen Gewinn, denn steuerlich ist der Aufwand ja bereits vollständig geltend gemacht. In den Folgeperioden wird also der Steuergewinn höher sein, die steuerliche Belastung damit höher ausfallen. Damit sind aus diesem Sachverhalt in den zukünftigen Perioden höhere Steuerbelastungen zu erwarten.

Die passive latente Steuer bemisst sich mit dem Steuersatz der Muck GmbH von 30% auf die TEUR 100, also 30.000 Euro. Diese werden als passive latente Steuer abgegrenzt und repräsentieren die zukünftig zu erwartende höhere Steuerbelastung der Muck GmbH.

4 Ansatz und Bewertung der Passiva

4.1 Bewertung der Schulden

Die Schulden umfassen die Verbindlichkeiten und die Rückstellungen.

Grundlage für die Bewertung der Verbindlichkeiten ist § 253 Abs. 1 Satz 2 HGB.

Gesetzestext: § 253 Abs. 1 Satz 2

(1) ...Verbindlichkeiten sind zu ihrem Erfüllungsbetrag und Rückstellungen in Höhe des nach vernünftiger kaufmännischer Beurteilung notwendigen Erfüllungsbetrages anzusetzen.

Danach sind Verbindlichkeiten grundsätzlich mit dem Erfüllungsbetrag zu bewerten. Das ist der Betrag, der zur Tilgung der Verpflichtung aufgebracht werden muss.

Rentenverpflichtungen, die z.B. durch den Ratenkauf einer Maschine entstehen, sind zum Barwert zu passivieren. Wie bei den Vermögensgegenständen kann es auch bei den Verbindlichkeiten zu einer Art Folgebewertung kommen, und zwar dann, wenn der Rückzahlungsbetrag Wertschwankungen unterliegt. Dies ist insbesondere bei Verbindlichkeiten in fremder Währung, den sogenannten Valutaverbindlichkeiten, gegeben. Am Bilanzstichtag sind der Briefkurs des Entstehungszeitpunkts der Verbindlichkeit und der Briefkurs am Bilanzstichtag miteinander zu vergleichen. Falls der Devisen-Briefkurs am Bilanzstichtag höher ist als der Buchwert, muss nach dem für die Passiva geltenden Höchstwertprinzip eine Höherbewertung vorgenommen werden. Damit entsteht in der GuV ein zusätzlicher Aufwand.

Den Bewertungsmaßstab für Rückstellungen bildet nach § 253 Abs. 1 Satz 2 HGB der nach vernünftiger kaufmännischer Beurteilung notwendige Erfüllungsbetrag. Danach ist unter Berücksichtigung des Vorsichtsprinzips ein Wert zu schätzen, der nicht auf extremen Prämissen, sondern auf für vernünftig, d.h. für wahrscheinlich gehaltene Prämissen basiert.

Dieser Wert ist für jede Rückstellungsart gesondert zu ermitteln, um die Rückstellungen insgesamt realitätsnäher zu bewerten (§ 253 Abs. 1 und 2 HGB). Verbindlichkeitsrückstellungen sind unter Berücksichtigung erwarteter Preis- und Kostenentwicklungen, d.h. zum nach vernünftiger kaufmännischer Beurteilung notwendigen Erfüllungsbetrag, anzusetzen. Rückstellungen mit einer Laufzeit von über einem Jahr sind darüber hinaus abzuzinsen. Damit sind künftig beispielsweise auch Sachleistungsverpflichtungen abzuzinsen. Als Zinssatz ist der durchschnittliche Marktzinssatz der vergangenen sieben Geschäftsjahre zu verwenden (analog der künftigen Behandlung von Pensionsrückstellungen); dieser wird monatlich von der Deutschen Bundesbank bekannt gegeben.

Gesetzestext: § 253 Abs. 1 und 2

Soweit sich die Höhe von Altersversorgungsverpflichtungen ausschließlich nach dem beizulegenden Zeitwert von Wertpapieren im Sinn des § 266 Abs. 2 A. III. 5 bestimmt, sind Rückstellungen hierfür zum beizulegenden Zeitwert dieser Wertpapiere anzusetzen, soweit er einen garantierten Mindestbetrag übersteigt. Nach § 246 Abs. 2 Satz 2 zu verrechnende Vermögensgegenstände sind mit ihrem beizulegenden Zeitwert zu bewerten. Kleinstkapitalgesellschaften (§ 267a) dürfen eine Bewertung zum beizulegenden Zeitwert nur vornehmen, wenn sie von keiner der in § 264 Absatz 1 Satz 5, § 266 Absatz 1 Satz 4, § 275 Absatz 5 und § 326 Absatz 2 vorgesehenen Erleichterungen Gebrauch machen. In diesem Fall erfolgt die Bewertung der Vermögensgegenstände nach Satz 1, auch soweit eine Verrechnung nach § 246 Absatz 2 Satz 2 vorgesehen ist.

(2) Rückstellungen mit einer Restlaufzeit von mehr als einem Jahr sind mit dem ihrer Restlaufzeit entsprechenden durchschnittlichen Marktzinssatz der vergangenen sieben Geschäftsjahre abzuzinsen. Abweichend von Satz 1 dürfen Rückstellungen für Altersversorgungsverpflichtungen oder vergleichbare langfristig fällige Verpflichtungen pauschal mit dem durchschnittlichen Marktzinssatz abgezinst werden, der sich bei einer angenommenen Restlaufzeit von 15 Jahren ergibt. Die Sätze 1 und 2 gelten entsprechend für auf Rentenverpflichtungen beruhende Verbindlichkeiten, für die eine Gegenleistung nicht mehr zu erwarten ist. Der nach den Sätzen 1 und 2 anzuwendende Abzinsungszinssatz wird von der Deutschen Bundesbank nach Maßgabe einer Rechtsverordnung ermittelt und monatlich bekannt gegeben. In der Rechtsverordnung nach Satz 4, die nicht der Zustimmung des Bundesrates bedarf, bestimmt das Bundesministerium der Justiz im Benehmen mit der Deutschen Bundesbank das Nähere zur Ermittlung der Abzinsungszinssätze, insbesondere die Ermittlungsmethodik und deren Grundlagen, sowie die Form der Bekanntgabe.

Die Anwendung des Zinssatzes nach HGB entspricht nicht den steuerlichen Vorschriften. Gemäß § 6 Abs. 1 Nr. 3 EStG sind Verbindlichkeiten mit einer Restlaufzeit von mehr als einem Jahr mit 5,5 % abzuzinsen.

Des Weiteren ist die Berücksichtigung von Preis- und Kostenentwicklungen bei der Rückstellungsbemessung steuerbilanziell nicht zulässig. Hieraus können sich folglich Unterschiede zwischen Handels- und Steuerbilanz ergeben, die bei der Ermittlung der latenten Steuern zu berücksichtigen sind.

Beispiel 4-1: Prozessrückstellung im Geschäftsjahr

Im Geschäftsjahr gerät die Muck GmbH in einen Rechtstreit mit Kunden wegen eines von ihr gelieferten angeblich fehlerhaften Produkts. Der Prozess zieht sich hin, so dass mit dem Urteil erst im Folgejahr zu rechnen ist. Der Ausgang des Rechtsstreits ist ungewiss. Die Rechtsberater der Muck GmbH gehen allerdings davon aus, dass die Muck GmbH voraussichtlich zu einem Schadenersatz in Höhe von rund 50.000 Euro verurteilt werden wird.

Die finanzielle Belastung in Höhe von 50.000 Euro im Folgejahr ist keineswegs sicher, sie wird aber vom Unternehmen als wahrscheinlich eingeschätzt (d.h. Wahrscheinlichkeit > 50%).

Die Belastung ist verursacht durch den Verkauf von Produkten im Geschäftsjahr. Also muss das Unternehmen in seiner Bilanz die zukünftige, für wahrscheinlich gehaltene Belastung ausweisen als Verpflichtung Dritten gegenüber. Gleichzeitig muss die Buchung widergeben, dass die 50.000 Euro ein ***Aufwand des Geschäftsjahres*** sind – der Gewinn des Geschäftsjahrs muss gemindert werden, nicht der Gewinn des Folgejahrs. Warum? Weil die ***Verursachung*** für die Gewinnminderung im Geschäftsjahr liegt, nicht im Folgejahr. Also wird ein Aufwand gebucht – allerdings findet noch keine Auszahlung statt. Die Auszahlung findet nur wahrscheinlich statt – und auch erst im Folgejahr. Daher wird wird mit der Aufwands-Buchung der Gewinn des Geschäftsjahrs gemindert, gleichzeitig durch die Buchung von Rückstellungen eine Passivposition geschaffen oder erhöht.

Beispiel 4-2: Prozessrückstellung im Folgejahr

Beispiel 4-1 wird fortgeführt.

Rückstellungen müssen aufgelöst werden, wenn der Grund für die Rückstellung nicht mehr besteht. Was geschieht also bilanziell, wenn beispielsweise im Folgejahr tatsächlich ein Urteil ergeht? Schauen wir uns zwei Fälle an. In Fall 1 schließen die Parteien einen Vergleich über 40.000 Euro. In Fall 2 ergeht ein Urteil. Der Schadenersatz, den die Muck GmbH leisten muss, beträgt 70.000 Euro.

Fall 1: Die Belastung für die Muck GmbH ist niedriger als erwartet

Die Rückstellung wird aufgelöst mit dem allgemeinen Buchungssatz

Rückstellungen an Aufwand (Prozesskosten) 50.000

Die tatsächliche Belastung wird – allgemein – gebucht:

Aufwand (Prozesskosten) an Bank 40.000

Man beachte, dass diese beiden Buchungen im Folgejahr stattfinden, die Aufwandsbuchungen also in die *Gewinnrechnung des Folgejahres* eingehen. Die erste Buchung reduziert den Aufwand des Folgejahres um 50.000 (was einem Ertrag gleichkommt!). Der tatsächliche

Aufwand beträgt ja nur 40.000. Das bedeutet, dass das Unternehmen im Folgejahr aus der Auflösung der Rückstellung netto einen Gewinn von 10.000 € macht!

Über beide Jahre gerechnet – das Geschäftsjahr und das Folgejahr – stimmt die Gesamthöhe der Aufwendungen (40.000) mit der Gesamthöhe der Auszahlungen überein (40.000). Im Geschäftsjahr war der Aufwand um 10.000 zu hoch (weil die Muck GmbH von 50.000 ausging), und daher wurde im Folgejahr netto ein Ertrag von 10.000 zum Ausgleich gebucht (durch die Auflösung der Rückstellung und die gleichzeitige Buchung der tatsächlichen Belastung).

Fall 2: Die Belastung für die Muck GmbH ist höher als erwartet

Die Rückstellung wird aufgelöst mit dem (allgemeinen) Buchungssatz

Rückstellungen an Aufwand (Prozesskosten) 50.000

Die tatsächliche Belastung wird – allgemein – gebucht:

Aufwand (Prozesskosten) an Bank 70.000

Wie man sieht, wird der Gewinn des Folgejahrs in der Summe um 20.000 gemindert. Die Schätzung für das Geschäftsjahr (Belastung 50.000) war zu niedrig. Also werden die zusätzlichen 20.000 im Folgejahr als Aufwand belastet (sozusagen im Lichte der besseren Erkenntnis).

Beispiel 4-3: Steuerrückstellung im Geschäftsjahr und Folgejahr

Die Muck GmbH schaut am Jahresende auf ein erfolgreiches Geschäftsjahr zurück. Zum Bilanzstichtag rechnet sie mit einer Körperschaftsteuerbelastung von rund 220.000 € plus 5,5% Solidaritätszuschlag auf die Körperschaftsteuer. Ein Bescheid ist noch nicht ergangen. Der Einfachheit halber werden etwaige Steuervorauszahlungen in diesem Beispiel ignoriert. In der Bilanz müssen Rückstellungen eingesetzt werden, denn die Körperschaftsteuerbelastung ist verursacht durch den Erfolg des Geschäftsjahres. Damit muss im Geschäftsjahr die Körperschaftsteuer als Aufwand gebucht werden, auch wenn die Zahlung erst im Folgejahr erfolgt. Es ist (allgemein) zu buchen:

Steueraufwand an Steuerrückstellungen 232.100 €

Fall 1: Die Belastung für die Muck GmbH ist niedriger als erwartet

Im Folgejahr kommt der Steuerbescheid. Die Steuerbelastung beträgt 180.000 € plus Soli, was die Muck GmbH sofort an das Finanzamt überweist. Die Buchungen dazu lauten:

Die Rückstellung wird aufgelöst:

Steuerrückstellungen 232.100 an Aufwand Körperschaftsteuer 222.000
Aufwand Solidaritätszuschlag 12.100

Die tatsächliche Steuerlast und -zahlung wird gebucht:

Aufwand Körperschaftsteuer 180.000 an Bank 189.900
Aufwand Solidaritätszuschlag 9.900

Fall 2: Die Belastung für die Muck GmbH ist höher als erwartet

Im Folgejahr kommt der Steuerbescheid. Die Körperschaftsteuer beträgt 260.000 € plus Soli, was die Muck GmbH sofort an das Finanzamt überweist. Die Buchungen dazu lauten:

Die Rückstellung wird aufgelöst:

Steuerrückstellungen 232.100 an Aufwand Körperschaftsteuer 222.000
Aufwand Solidaritätszuschlag 12.100

Die tatsächliche Steuerlast und -zahlung wird gebucht:

Aufwand Körperschaftsteuer 260.000 an Bank 274.300
Aufwand Solidaritätszuschlag 14.300

In beiden Fällen werden die Rückstellungen aufgelöst (Schritt 1), und die tatsächlichen Belastungen werden gebucht (jeweils Schritt 2). In Fall 1 entsteht ein Nettogewinn aus der Auflösung der Rückstellung, in Fall 2 ein zusätzlicher Aufwand (im Folgejahr!).

Beispiel 4-4: Rückstellungen, Abzinsung, Erfüllungsbetrag[30]

Die Muck GmbH produziert in gepachteten Räumlichkeiten. Bei Produktionsbeginn mit Start des Pachtvertrags am 2.1.2011 hat die Gesellschaft umfangreiche Einbauten in den gepachteten Räumlichkeiten vorgenommen. Zum Ende des Pachtvertrags (31.12.2018) ist die Muck GmbH insoweit zum Rückbau verpflichtet. Die Gesellschaft schätzt die Kosten für den Rückbau am 31.12.2012 auf 40.000 Euro. Der durchschnittliche Marktzinssatz der vergangenen sieben Jahre sei in der durch die Deutsche Bundesbank für Zwecke der Rückstellungsbewertung ermittelten Zinsstrukturkurve für (Rest-)Laufzeiten von sechs Jahren mit 5,2% vorgegeben. Die jährliche Inflationsrate für die benötigten Rückbauleistungen schätzt die Muck GmbH auf 3,0% p.a.

Der für den 31.12.2012 geschätzte Erfüllungsbetrag zum 31.12.2018 (noch 6 Jahre) ergibt sich aus den mit der Inflationsrate aufgezinsten Kosten von 40.000 Euro.

$$40.000 \cdot 1{,}03^6 = 47.762{,}09 \text{ Euro.}$$

Der für 2018 geschätzte Erfüllungsbetrag muß nunmehr abgezinst werden mit dem langfristigen Jahreszinssatz der Bundesbank:

$$47.762{,}09 / 1{,}052^6 = 35.236{,}19 \text{ Euro.}$$

Der Barwert der zukünftigen Belastung zum Bilanzstichtag beträgt also 35.236,19 Euro. Zum Bilanzstichtag befindet sich die Muck GmbH am Ende des zweiten Jahres von insgesamt acht Jahren. Also sind auch erst 2/8 der zukünftigen Verpflichtung rückzustellen. Die insgesamt angesetzte Rückstellung zum 31.12.2012 beträgt also

$$2/8 \cdot 35.236{,}19 = 8.809{,}05 \text{ Euro}$$

Man beachte, daß in jedem einzelnen Jahr der acht Jahre zwischen 2011 bis 2018 die Rückstellung um 1/8 des Barwerts des Erfüllungsbetrags erhöht wird. Da die jeweils gebildete Rückstellung im Jahr der Zuführung eine Aufwandsbuchung in der GuV nach sich zieht, werden die erwarteten Kosten des Rückbaus auf die 8 Jahre verteilt. Jedes Jahr ist die Rückstellung wegen der Zinswirkung und ggf. anzupassender Inflationserwartungen neu zu berechnen.

[30] Beispiel verändert übernommen aus Philipps, Holger (2010): Rechnungslegung nach BilMoG, Kurzkommentar zum Jahresabschluss und Lagebericht nach neuem Bilanzrecht, Wiesbaden 2010, S. 104f.

4.2 Rückstellungen

4.2.1 Die Verbindlichkeitsrückstellung

§ 249 Abs. 1 HGB verlangt die Passivierung von Rückstellungen für ungewisse Verbindlichkeiten. Analog der allgemeinen Schuldendefinition kann es sich bei der Rückstellung für ungewisse Verbindlichkeiten nur um solche Verbindlichkeiten handeln, denen eine künftige wirtschaftliche Belastung zugrunde liegt, die aber hinsichtlich ihrer Höhe und/oder ihres Bestehens ungewiss ist. Dass auch solche ungewissen Verbindlichkeiten passiviert werden müssen, entspricht dem Vorsichtsgedanken des Handelsrechts.

Der BFH verlangt für die Bildung von Verbindlichkeitsrückstellungen, daß eine *Außenverpflichtung* vorliegt. Es darf sich also nicht um künftige Aufwendungen handeln, die der Kaufmann gegen sich selbst hat (z.B. Aufwendungen für unterlassene Instandhaltung einer Maschine, o.ä.).

Für betriebliche Pensionsverpflichtungen, die nach dem 1.1.1987 zugesagt wurden, besteht eine Passivierungspflicht. Für solche Zusagen die bis zum 31.12.1986 erfolgten regelt Art. 28 des EGHGB (Einführungsgesetz zum Handelsgesetzbuch) ein Passivierungswahlrecht. Für die Bildung von Verbindlichkeitsrückstellungen ist das Realisationsprinzip ausschlaggebend, wonach zukünftige Ausgaben, die Erträge der abgelaufenen Periode alimentieren, diesen zugeordnet werden.

4.2.2 Die Drohverlustrückstellung

Das Realisationsprinzip verbietet die Bilanzierung schwebender Geschäfte. Das unmittelbar aus dem Vorsichtsprinzip abgeleitete Imparitätsprinzip gebietet aber eine Durchbrechung dieses Grundsatzes. Sie sind auch Ausdruck des Verlustantizipationsprinzips, da Verluste, die zwar nicht realisiert, aber absehbar sind, antizipiert werden. Nach § 249 Abs.1 S. 1 HGB müssen Rückstellungen für drohende Verluste aus schwebenden Geschäften gebildet werden. In der Literatur wird die Auffassung vertreten, daß es sich trotz der expliziten gesetzlichen Regelung um einen Unterfall der Verbindlichkeitsrückstellung handelt, da die Rückstellungen in der Höhe gebildet werden um die die Verbindlichkeit aus einem schwebenden Geschäft die Forderung aus demselben Geschäft übersteigt. Diese Drohverlustrückstellungen ergeben sich zum Beispiel dann, wenn bei einem Absatzgeschäft zu festen Konditionen die Preise für Roh- und Hilfsstoffe über die kalkulierten Werte hinaus steigen, oder bei einem Beschaffungsvertrag der Weiterveräußerungswert unter den festgelegten Einkaufspreis sinkt.

4.2.3 Die Gewährleistungsrückstellung

In § 249 Abs. 1 Satz 2 Nr. 2 wird die Bildung von Rückstellungen für Gewährleistungen geregelt, die ohne rechtliche Verpflichtung erbracht werden. Diese Passivierungspflicht folgt aus der wirtschaftlichen Betrachtungsweise, nach der es nicht auf das Vorhandensein formalrechtlicher Schulden ankommt. Das Prinzip des faktischen Leistungszwangs führt dazu, daß auch rechtlich nicht einklagbare Verpflichtungen, denen sich der Kaufmann aber aus ökonomischen Interessen nicht entziehen kann, passiviert werden müssen. In der Literatur wird zum Teil die Auffassung vertreten, daß diese explizite gesetzliche Regelung überflüssig sei, da eben aufgrund der wirtschaftlichen Betrachtungsweise ungewisse faktische Verbindlichkeiten bereits im Rahmen der Verbindlichkeitsrückstellungen nach § 249 Abs. 1 Satz 1 berücksichtigt werden.

4.2.4 Die Rückstellung für unterlassene Aufwendungen

Zu den bereits erwähnten Aufwandsrückstellungen zählen die Rückstellungen für unterlassene Abraumbeseitigung, falls die Nachholung im folgenden Geschäftsjahr erfolgt. In diesem Fall besteht eine Passivierungspflicht nach § 249 Absatz 1 Satz 2 Nr. 1. Ein Beispiel hierfür sind Ausgaben für die Beseitigung von Erd- und Gesteinsmassen, die beim Abbau von Bodenschätzen im Tagebau angefallen sind sowie Rekultivierungskosten. Ebenfalls zu den Aufwandsrückstellungen gehören die Rückstellungen für unterlassene Instandhaltung. Wenn die Nachholung innerhalb von 3 Monaten nach dem Abschlußstichtag erfolgt, besteht eine Passivierungspflicht, ansonsten darf eine Rückstellung nicht erfolgen. Die Bildung von Aufwandsrückstellungen entspricht dem Realisationsprinzip im Sinne einer periodengerechten Erfolgsermittlung durch umsatzgebundene Aufwandsrealisierung.

4.3 Bilanzielles Eigenkapital

Ähnlich wie auf der Aktivseite wird auf der Passivseite der Bilanz die Passivierung bestimmter Posten erlaubt bzw. gefordert, die nicht den Kriterien der abstrakten Passivierungsfähigkeit genügen. Es handelt sich hierbei um das Eigenkapital, die passiven Rechnungsabgrenzungsposten und die latenten Steuern. Das bilanzielle Eigenkapital lässt sich als Differenz von Vermögen und Fremdkapital definieren. Die folgende Abbildung gibt einen Überblick über die rechtsformspezifischen Formen des Eigenkapitalausweises:

Eigenkapital			
Einzelunternehmen und Personengesellschaften	Kapitalgesellschaften		
Variable Eigenkapitalkonten des Einzelunternehmers bzw. der Gesellschafter	Gezeichnetes Kapital	Rücklagen	Jahresergebnis

Einzelunternehmen und Personengesellschaften haben nach § 274 Abs. 1 HGB das Eigenkapital gesondert auszuweisen und hinreichend aufzugliedern. Der Ausweis erfolgt mittels variabler Eigenkapitalkonten der Einzelunternehmer bzw. der Gesellschafter. Bei Kapitalgesellschaften umfasst das bilanzielle Eigenkapital nach § 266 Abs. 3 das gezeichnete Kapital, also das Stammkapital von Gesellschaften mit beschränkter Haftung und das Grundkapital von Aktiengesellschaften, außerdem die Rücklagen und das Ergebnis der Unternehmung.

4.4 Kapitalkonto bei Einzelunternehmen

Bei einem Einzelunternehmen betreibt ein einzelner Kaufmann den Betrieb ohne weitere Gesellschafter (allenfalls noch mit einem stillen Gesellschafter, der aber nach außen nicht auftritt). Er haftet für die Verbindlichkeiten des Unternehmens allein und unbeschränkt, d.h. auch mit seinem Privatvermögen. In der Bilanz stehen allerdings nur die betrieblichen Vermögensgegenstände und die betrieblichen Schulden. Der Gewinn steht dem Einzelunternehmer alleine zu, und so treffen ihn auch allfällige Verluste alleine. Insofern benötigt der Einzelunternehmer nur ein Eigenkapitalkonto (ggf. mit Unterkonten) in der Kontenführung und der Bilanz, in dem Entnahmen, Einlagen sowie Gewinne und Verluste verbucht werden.

4.5 Kapitalkonten bei Personengesellschaften

Bei Personengesellschaften (OHG, KG) gibt es für jeden vollhaftenden Gesellschafter ein Kapitalkonto, das den Kapitalanteil des Gesellschafters am bilanziell ausgewiesenen Kapital ausweist. Im praktischen Fall wird dieses Konto oft als festes Kapitalkonto oder als Kapitalkonto I bezeichnet. Damit wird ebenfalls das Beteiligungsverhältnis der Gesellschafter quotenmäßig festgelegt. Dieses bildet die Grundlage für die Gewinnverteilung und regelmäßig auch die Vermögensverteilung im Abfindungs- und Liquidationsfall. Oft gilt das festgelegte Beteiligungsverhältnis als Maßstab für die Mitgliedschaftsrechte (Stimmrecht).

Daneben wird ein Kapitalkonto II geführt. Dieses erfasst die Gewinne, Verluste, Entnahmen und ggf. weitere Einlagen des Gesellschafters.

Weiterhin ist es möglich, daß die Gesellschafter ein sogenanntes Rücklagen-Konto bilden, in dem sie einen Teil des Gewinns der Gesellschaft (unverzinslich) im Gesamthandsvermögen belassen. Die Bezeichnung des Kontos ist nicht erheblich, allerdings gibt es übliche Bezeichnungen. Im Zweifel ergibt sich die Rechtsnatur der Konten aus der Auslegung des Gesellschaftsvertrags.

Für Personengesellschaften ohne eine natürliche Person als Vollhafter (z.B. GmbH & Co. KG[31]) schreibt § 264c Abs. 2 die Gliederung des Eigenkapitals in Kapitalanteile, Rücklagen, Gewinnvortrag/Verlustvortrag und Jahresüberschuss/Jahresfehlbetrag vor.

---

[31] Gesellschafter einer KG (Kommanditgesellschaft) können sein vollhaftende Komplementäre bzw. Kommanditisten, die nur mit ihrer Einlage haften. Eine GmbH & Co. KG ist eine KG, bei der der vollhaftende Komplementär eine beschränkt haftende GmbH ist. Da sich in dieser Rechtsform Elemente einer Personengesellschaft und einer Kapitalgesellschaft vermengen, werden in bilanzieller Hinsicht eher die Maßstäbe für Kapitalgesellschaften angelegt.

→ Begriffe! Gesamthandsgemeinschaft und Gesamthandsvermögen

Schließen sich mehrere Personen zur Erreichung eines bestimmten Zwecks zusammen, stellt sich die Frage, wer welche Eigentumsrechte an dem Vermögen hat, daß die Gesellschaft besitzt. Der Gesetzgeber hat für alle Personengesellschaften (BGB-Gesellschaft, OHG, KG) bestimmt, daß das Vermögen des Unternehmens allen Gesellschaftern „zur gesamten Hand" gehört. Niemand kann also über die einzelnen Vermögensgegenstände der GbR, OHG oder KG verfügen, noch kann er über einen Anteil am Gesellschaftsvermögens verfügen, noch kann er Teilung verlangen (§ 719 BGB). Allerdings kann die Übertragbarkeit des Anteils am Gesamtvermögen (zusammen mit der Mitgliedschaft) bei allen Personengesellschaften im Gesellschaftsvertrag vereinbart werden. Jeder in der Gesamthandsgemeinschaft ist Eigentümer der ganzen Sache. Es besteht kein rechtlich abgrenzbarer Anteil, der beispielsweise übertragen oder verpfändet werden könnte. Schulden der Gesamthandsgemeinschaft müssen von allen Beteiligten getilgt werden. Dazu haften alle mit ihrem Gesamthandsvermögen, und im Falle einer Personengesellschaft mit ihrem Privatvermögen (Ausnahme: Kommanditisten in der KG, die nur mit ihrer Einlage haften).

4.6 Eigenkapitalausweis bei Kapitalgesellschaften

Eigenkapital ist das Kapital, das der Kapitalgesellschaft von den Gesellschaftern in dieser Eigenschaft zur Verfügung gestellt wird[32]. Es kann sich um Einlagen handeln, oder um im Unternehmen verbliebene Gewinne. Die bilanzielle Gliederung des Eigenkapitals ergibt sich aus § 266 Abs. 3 A HGB, wobei kleine Kapitalgesellschaften die in § 266 Abs. 3 A III HGB vorgesehene Gliederung der Gewinnrücklagen nicht vorzunehmen brauchen.

Das *gezeichnete Kapital* ist der im Gesellschaftsvertrag bzw. in der Satzung bestimmte *Nennbetrag*, den die Gesellschafter gegenüber der Kapitalgesellschaft aufbringen müssen. Es ist bei der GmbH das *Stammkapital* (§§ 5, 42 Abs. 1 GmbHG), bei der AG das *Grundkapital* (§§ 6, 7, 152 Abs. 1 AktG). Der Anteil am Nennbetrag des gezeichneten Kapitals ist der Maßstab für das Beteiligungsverhältnis.

4.6.1 Gezeichnetes und eingefordertes Kapital

Das gezeichnete Kapital muß nicht vollständig eingezahlt sein – deshalb heißt es ja auch „gezeichnet". Das bedeutet, daß sich der Gesellschafter bei Gründung der Gesellschaft zwar verpflichtet hat, diesen Betrag auf Anforderung der Geschäftsführung bzw. des Vorstands einzuzahlen. Erst auf *Anforderung* der Geschäftsführung bzw. des Vorstands müssen die Gesellschafter weitere Kapitalbeträge einzahlen, bis das gezeichnete Kapital voll eingezahlt ist. Der Gesetzgeber hat damit die Möglichkeit geschaffen, daß eine Gesellschaft selber ent-

[32] Der Sonderfall des Gesellschafterdarlehens wird hier nicht weiter behandelt.

scheiden kann, zu welchem Zeitpunkt die Gesellschafter die dem Unternehmen grundsätzlich zugesagten Kapitalbeträge tatsächlich einzahlen müssen.

Gesetzestext: § 272 Abs. 1 HGB

(1) Gezeichnetes Kapital ist das Kapital, auf das die Haftung der Gesellschafter für die Verbindlichkeiten der Kapitalgesellschaft gegenüber den Gläubigern beschränkt ist. Es ist mit dem Nennbetrag anzusetzen. Die nicht eingeforderten ausstehenden Einlagen auf das gezeichnete Kapital sind von dem Posten „Gezeichnetes Kapital" offen abzusetzen; der verbleibende Betrag ist als Posten „Eingefordertes Kapital" in der Hauptspalte der Passivseite auszuweisen; der eingeforderte, aber noch nicht eingezahlte Betrag ist unter den Forderungen gesondert auszuweisen und entsprechend zu bezeichnen.

Beispiel 4-5: Eingeforderte und nicht eingeforderte Einlagen

A, B und C gründen gemeinsam die ABC-AG und beschließen ein gezeichnetes Kapital von 600.000 Euro. Jeder soll ein Drittel des Grundkapitals übernehmen. Vorstand der Gesellschaft und oberster Manager wird der branchenerfahrene C.

C teilt seinen Mit-Gesellschaftern mit, daß die Gesellschaft für die Erreichung der Unternehmensziele im ersten Schritt nicht das volle Kapital benötigt, sondern nur 180.000 Euro.

Also fordert C schriftlich sich und seine Mitgesellschafter auf, je 60.000 Euro des Grundkapitals als Bareinlage auf das Konto der Gesellschaft einzuzahlen. Irgendwann später wird der Vorstand (also C) nach eigenem Ermessen das verbleibende, noch nicht eingezahlte Kapital einfordern.

Bei Gründung ist der Ausweis des Eigenkapitals der AG wie folgt:

Aktiva		***Gründungsbilanz der ABC-AG***		***Passiva***
Liquide Mittel	180.000	Grundkapital	600.000	
		./. nicht eingeforderte Einlagen	420.000	
			Eingefordertes Kapital	180.000
Bilanzsumme	180.000	Bilanzsumme		180.000

Anhand der Bilanz kann man sehen, daß die Gesellschaft über ein Grundkapital von 600.000 Euro verfügt, aber nur 180.000 Euro eingezahlt sind.

Fordert der Vorstand weitere 200.000 Euro ein, die aber zum Bilanzstichtag noch nicht eingezahlt sind, sieht die Bilanz c.p. wie folgt aus:

Aktiva		***Bilanz der ABC-AG***	***Passiva***
		Grundkapital 600.000	
Forderungen gegen Gesellschafter	200.000	./. nicht eingeforderte Einlagen 220.000	
Liquide Mittel	180.000	Eingefordertes Kapital	380.000
Bilanzsumme	380.000	Bilanzsumme	380.000

Sobald der Vorstand die Einzahlung weiterer Einlagen anfordert, hat die Gesellschaft eine Forderung gegen ihre Gesellschafter, die ein Vermögensgegenstand darstellt im Umlaufvermögen auf der Aktivseite der Bilanz. In der Bilanz sieht man weiterhin, daß die verbleibenden 220.000 Euro des Eigenkapitals noch nicht eingefordert wurden, und somit dem Unternehmen als Eigenkapital (noch) nicht zur Verfügung stehen. Daher sollen sie in der Bilanz auf der Vermögensseite nicht ausgewiesen werden.

4.6.2 Eigene Anteile

Kapitalgesellschaften dürfen unter bestimmten Bedingungen Aktien (im Falle der AG) oder Stammanteile (im Falle der GmbH) von den Gesellschaftern zurückkaufen.[33] Die Motive für den Rückkauf eigener Anteile können sehr unterschiedlich sein und spielen für die bilanzielle Behandlung keine Rolle. Wichtig ist, daß der Gesellschaft aus dem Besitz eigener Anteile keine Rechte zustehen – man könnte sagen, daß die Gesellschaft sich nicht selber gehören kann. So kann eine AG zwar im gesetzlichen Rahmen Aktien von sich selbst besitzen, sie hat aber z.B. keine Gewinn- oder Stimmrechte.[34]

Eigene Anteile werden gemäß § 272 Abs. 1a,b HGB offen vom gezeichneten Kapital abgesetzt unter Verrechnung mit frei verfügbaren Rücklagen.

Gesetzestext: § 272 Abs. 1a, 1b HGB

(1a) Der Nennbetrag oder, falls ein solcher nicht vorhanden ist, der rechnerische Wert von erworbenen eigenen Anteilen ist in der Vorspalte offen von dem Posten „Gezeichnetes Kapital" abzusetzen. Der Unterschiedsbetrag zwischen dem Nennbetrag oder dem rechnerischen Wert und den Anschaffungskosten der eigenen Anteile ist mit den frei verfügbaren Rücklagen zu verrechnen. Aufwendungen, die Anschaffungsnebenkosten sind, sind Aufwand des Geschäftsjahrs.

---

[33] Diese Bedingungen ergeben sich vor allem aus § 33 GmbHG und § 71 Aktiengesetz.

[34] Vgl. § 71b Aktiengesetz: "Aus eigenen Aktien stehen der Gesellschaft keine Rechte zu."

(1b) Nach der Veräußerung der eigenen Anteile entfällt der Ausweis nach Absatz 1a Satz 1. Ein den Nennbetrag oder den rechnerischen Wert übersteigender Differenzbetrag aus dem Veräußerungserlös ist bis zur Höhe des mit den frei verfügbaren Rücklagen verrechneten Betrages in die jeweiligen Rücklagen einzustellen. Ein darüber hinausgehender Differenzbetrag ist in die Kapitalrücklage gemäß Absatz 2 Nr. 1 einzustellen. Die Nebenkosten der Veräußerung sind Aufwand des Geschäftsjahrs.

Beispiel 4-6: Rückkauf eigener Anteile

Die (aus didaktischen Gründen vereinfachte) Bilanz der Muck AG für 2012 war wie folgt:

Aktiva		***Bilanz der Muck AG 2012***	***Passiva***
Liquide Mittel	4.000.000	Grundkapital	1.000.000
		Kapitalrücklagen	2.000.000
		Gewinnrücklagen	1.000.000
Bilanzsumme	4.000.000	Bilanzsumme	4.000.000

Die Muck AG verfügt über ein Grundkapital, das auf 1 Mio. Aktien zum Nennwert von je 1 Euro aufgeteilt ist. Im Einklang mit der Satzung der AG sowie § 71 AktG erwirbt die Muck AG im März 2013 drei Prozent ihres Grundkapitals. Sie kauft insgesamt 30.000 Aktien (Nennwert 1 €) zum Preis von 15 € von bisherigen Aktionären zurück. Für die Vermittlung des Rückkaufs fallen außerdem Makler- und Vermittlerprovisionen von insgesamt 2.800 Euro an.

Die Anschaffungskosten der eigenen Anteile sind: 30.000 Aktien · 15 € = 450.000 Euro.

Vom gezeichneten Kapital abzusetzen sind: 30.000 Aktien · 1 € = 30.000 Euro.

Mit frei verfügbaren Rücklagen zu verrechnen sind: 30.000 Aktien · 14 € = 420.000 Euro.

Anschaffungsnebenkosten: 2.800 Euro.

Die Anschaffungsnebenkosten in Höhe von 2.800 Euro sind nach § 272 Abs. 1a *Aufwand des Geschäftsjahrs* und vermindern den Jahresüberschuss.

In der folgenden bilanziellen Darstellung wird (aus didaktischen Gründen ziemlich realitätsfern) *kein weiterer Geschäftsvorfall angenommen*, so daß es im Geschäftsjahr nur zu einem Fehlbetrag in Höhe der Anschaffungsnebenkosten von 2.800 Euro kommt. Diese sollen ebenfalls mit den frei verfügbaren Rücklagen (den Gewinnrücklagen) verrechnet werden.

Die Wirkung dieses Geschäftsvorfalls auf die Bilanz ist gemäß § 272 Abs. 1a wie folgt:

Aktiva	***Bilanz der Muck AG 2013***			***Passiva***
Liquide Mittel	3.547.200	Gezeichnetes Kapital	1.000.000	
		./. eigene Anteile	30.000	
			Gezeichnetes Kapital	970.000
			Kapitalrücklagen	2.000.000
			Gewinnrücklagen	577.200
Bilanzsumme	3.547.200	Bilanzsumme		3.547.200

Der Gesetzgeber billigt der Gesellschaft keine Rechte aus den eigenen Anteilen zu. Folgerichtig tauchen sie auch nicht als Vermögen der Gesellschaft auf – dennoch sind sie sichtbar, nämlich über die Absetzung der eigenen Anteile beim gezeichneten Kapital. Diese Form des Ausweises heißt *Nettoausweis*, da die eigenen Anteile mit ihren vollen Anschaffungskosten vom Eigenkapital subtrahiert werden, und auch auf der Vermögensseite nicht mehr auftauchen.[35]

Die Verrechnung des Unterschiedsbetrags (im Beispiel 420.000 Euro) mit den freien Rücklagen bewirkt, daß die 420.000 Euro, die den verkaufsbereiten Aktionären mit dem Rückkauf bezahlt wurden, nicht mehr als Gewinn an die verbleibenden Aktionäre ausgeschüttet werden können.

Beispiel 4-7: Veräußerung eigener Anteile

Beispiel 4-6 wird fortgeführt. Die Muck AG ändert ihre Absichten bezüglich der Verwendung der eigenen Anteile. Sie verkauft die Anteile im Folgejahr (im Einklang mit der Satzung der AG) an neue und alte Aktionäre zum Preis von 21 Euro pro Aktie. Es fallen Makler- und Vermittlerprovisionen in Höhe von 3.150 Euro an.

Der Veräußerungserlös ist:	30.000 Aktien · 21 € = 630.000 Euro.
Dem gezeichneten Kapital ist wieder zuzurechnen:	30.000 Aktien · 1 € = 30.000 Euro.
Den freien Rücklagen zuzurechnen:	30.000 Aktien · 14 € = 420.000 Euro.
Differenzbetrag (in die Kapitalrücklage einzustellen):	30.000 Aktien · 6 € = 180.000 Euro.
Nebenkosten der Veräußerung:	3.150 Euro.

[35] Beim vor 2009 noch möglichen Bruttoausweis blieben die eigenen Anteile auf der Aktivseite als Vermögensgegenstand sichtbar, und im Eigenkapital gab es eine eigene Position "Rücklage für eigene Anteile." Seit 2009 ist nur noch der Nettoausweis möglich.

In der folgenden bilanziellen Darstellung wird wiederum (aus didaktischen Gründen ziemlich realitätsfern) für das Geschäftsjahr *kein weiterer Geschäftsvorfall angenommen*, so daß es im Geschäftsjahr nur zu einem Fehlbetrag in Höhe der Veräußerungsnebenkosten von 3.150 Euro kommt. Diese sollen ebenfalls mit den frei verfügbaren Rücklagen (den Gewinnrücklagen) verrechnet werden.

Aktiva	***Bilanz der Muck AG 2013***		***Passiva***
Liquide Mittel	4.174.050	Gezeichnetes Kapital	1.000.000
		Kapitalrücklagen	2.180.000
		Gewinnrücklagen	994.050
Bilanzsumme	4.174.050	Bilanzsumme	4.174.050

Die Muck AG hat mit dem Verkauf der Aktien zunächst wieder ein ungemindertes Grundkapital. Darüber hinaus mußten die Gewinnrücklagen wieder „aufgefüllt" werden – um auszugleichen, was nach dem Rückkauf der Anteile aus den Gewinnrücklagen subtrahiert wurde. Allerdings hat die mit dem Verkauf der Anteile pro Aktie 6 Euro mehr erlöst als sie vorher bezahlen mußte. Diese 6 Euro pro Aktie sind aber kein Gewinn der Gesellschaft, den sie erwirtschaftet hat, sondern sie werden gewertet als eine „zusätzliche Einzahlung" der Aktionäre, die die Aktien für 21 Euro gekauft haben. Daher wird der Betrag von 30.000 Aktien · 6 Euro = 180.000 Euro in die Kapitalrücklage eingestellt.

4.6.3 Kapitalrücklage

Um Verständnis für das Wesen der *Kapitalrücklage* zu entwickeln, schauen wir uns zuvor das gezeichnete Kapital im Falle der *Aktiengesellschaft* an. Für das gezeichnete Kapital einer Aktiengesellschaft gilt rechnerisch folgende Gleichung:

Anzahl der Aktien · Nennwert pro Aktie = Gezeichnetes Kapital.

Aus der Höhe des gezeichneten Kapitals und der Kenntnis der Anzahl der Aktien läßt sich unmittelbar der Nennwert einer Aktie herleiten. Selbst wenn die Aktien gar keinen Nennwert haben, so kann man – bei Kenntnis der Anzahl der Aktien – auf einen rechnerischen Nennwert schließen.[36]

[36] Siehe §§ 6-13 Aktiengesetz.

Da grundsätzlich jede Aktie eine Stimme und ein Gewinnrecht repräsentiert[37], läßt sich ebenfalls der quotale Anspruch eines jeden Aktionärs bestimmen.

Beispiel 4-8: Gezeichnetes Kapital

A und B gründen gemeinsam die AB AG mit einem Grundkapital von 100.000 Euro. Jeder Gesellschafter zeichnet 50.000 Aktien im Nennwert von 1 Euro pro Aktie. Nach dem jeder Gesellschafter seine Einlage eingezahlt hat, ergibt sich folgende Gründungsbilanz:

Aktiva	***Bilanz der AB AG***		***Passiva***
Liquide Mittel	100.000	Grundkapital	100.000
Bilanzsumme	100.000	Bilanzsumme	100.000

A und B halten jeder 50.000 Aktien. Also gehört jedem der beiden 50 Prozent des neuen Unternehmens. Jedem der beiden Gesellschafter steht die Hälfte des Gewinns zu, und beide haben die gleiche Anzahl von Stimmrechten.

Die ***Kapitalrücklage*** zeigt nun *diejenigen* Einlagen und Zuzahlungen von Gesellschaftern, die diese *über das gezeichnete Kapital hinaus* geleistet haben, für die sie aber *keine Gesellschaftsrechte erhalten*. Dieser Fall tritt typischerweise bei Kapitalerhöhungen auf.

Beispiel 4-9: Kapitalrücklage

Beispiel 4-8 wird fortgeführt. A und B beschließen, zur Finanzierung einer geplanten Investition in Höhe von 5 Mio. Euro einen dritten Gesellschafter aufzunehmen, und zwar die auf Risikokapital spezialisierte Ventures AG. Nach einigen Verhandlungsrunden kommen die Parteien überein, daß die Ventures AG im Wege einer ordentlichen Kapitalerhöhung für eine Kapitaleinlage von 5 Mio. Euro insgesamt 20 Prozent der Anteile der AB AG erhalten soll.

Wie viele neue Aktien müssen also ausgegeben werden, so daß der Ventures AG *nach* der Kapitalerhöhung 20 Prozent des Unternehmens gehören?

Mit einem Dreisatz läßt sich das leicht errechnen:

---

[37] Für den Gewinnanspruch gilt § 60 Abs. 1 AktG ("Die Anteile der Aktionäre am Gewinn bestimmen sich nach ihren Anteilen am Grundkapital.") zusammen mit § 8 Abs. 4 AktG („Der Anteil am Grundkapital bestimmt sich bei Nennbetragsaktien nach dem Verhältnis ihres Nennbetrags zum Grundkapital, bei Stückaktien nach der Zahl der Aktien"). Nach § 12 AktG gewährt jede Aktie das Stimmrecht. Allerdings können sogenannte Vorzugsaktien ohne Stimmrecht ausgegeben werden. Vorzugsaktien haben regelmäßig kein Stimmrecht, aber ein (vor den Stammaktien bevorzugtes) Gewinnrecht.

Wenn die Ventures AG *nach Kapitalerhöhung* 20 Prozent aller Aktien besitzen soll, werden die Alt-Gesellschafter A und B mit ihren 100.000 Aktien genau 80 Prozent der Aktien halten. Also müssen nach der Kapitalerhöhung insgesamt 100.000/0,8 = 125.000 Aktien emittiert sein. Die Anzahl *neuer* Aktien, die die Neu-Gesellschafter übernehmen, ist 25.000 Stück:

Anzahl „alte Aktien“: 100.000 ≙ 80 Prozent der Anteile (gehalten von A und B).

Anzahl „neue Aktien“: 25.000 ≙ 20 Prozent der Anteile (erworben von Ventures AG).

Anzahl aller Aktien: 125.000 ≙ 100 Prozent der Anteile.

Die Ventures AG erhält also 25.000 (neu geschaffene) Aktien, und zahlt dafür 5 Mio. Euro als Bareinlage. Damit zahlt die Ventures AG für jede neue Aktie 5 Mio./25.000 = 200 Euro in die Gesellschaft ein. 1 Euro für jede Aktie entspricht dem Nennwert, 199 Euro sind über den Nennwert hinaus eingezahlt worden – und diese werden in der Kapitalrücklage ausgewiesen. Die Bilanz nach erfolgter Kapitalerhöhung sieht wie folgt aus:

Aktiva	***Bilanz der AB AG***		***Passiva***
Liquide Mittel	5.100.000	Grundkapital	125.000
		Kapitalrücklage	4.975.000
Bilanzsumme	5.100.000	Bilanzsumme	5.100.000

Die Trennung von gezeichnetem Kapital und Kapitalrücklage ermöglicht es, den auf den Kapitalanteil entfallenden Betrag und die tatsächliche Einzahlung voneinander zu trennen. Im Beispiel mußte die neue Gesellschafterin 1 Euro für das Stimmrecht bezahlen (Nennwert für 1 Aktie), aber 199 Euro mußte sie nur dafür zahlen, bei dem Projekt dabei sein zu können – denn für die 199 Euro erhält sie kein Stimm- oder Gewinnrecht. Ihr gehören letztlich nur 20 Prozent vom Unternehmen.

A und B können sich sogar nach der Kapitalerhöhung ziemlich reich fühlen. Auch wenn sie privat keinen Pfennig zusätzlich besitzen – jedenfalls nicht aus der Kapitalerhöhung – sind ihre Anteile nach Marktwerten 100.000 Stück · 200 Euro = 20 Mio. Euro wert (Post-Money-Bewertung). Die gesamte Unternehmung ist von der Ventures AG (post-money) mit 25 Mio. Euro bewertet worden, wovon sie sich für 5 Mio. Euro genau 20 Prozent gekauft hat.

4.6.4 Jahresergebnis und Ergebnisverwendung

Die Gewinn- und Verlustrechnung (siehe dazu Kapitel 5 Erfolgsrechnung) zeigt *als Jahresergebnis den Gewinn oder Verlust des Geschäftsjahres.* Dieser Jahresüberschuss oder Jahresfehlbetrag erscheint *als letzter Punkt im Schema der Eigenkapitalgliederung nach § 266 Abs. 3 A HGB.* Es folgt dem Gedanken, daß das Ergebnis des Jahres erst *festgestellt* werden muß, bevor es *verwendet* (= ausgeschüttet oder thesauriert) werden kann.

Obwohl der Jahresgewinn *vom Grundsatz her* den Eigentümern zuzurechnen ist, ist es bei Kapitalgesellschaften recht kompliziert mit der tatsächlichen Ergebnisverwendung, weswegen sie in einem Einsteigerbuch zur Bilanzierung nur skizziert werden kann.

Bei Aktiengesellschaften kann nämlich zunächst aus dem Jahresgewinn ein Teil in die *gesetzlichen Rücklagen* einzustellen sein (§ 150 AktG, § 272 Abs. 3 S. 2 HGB). Für alle Kapitalgesellschaften können *Satzung* (§ 58 Abs. 1 AktG) oder *Gesellschaftsvertrag* (§ 29 Abs. 1 GmbHG) Rücklagen vorschreiben (hierzu auch § 173 Abs. 2 S. 2 AktG). Rücklagen können auch *freiwillig* gebildet werden (§ 58 Abs. 2, 3 AktG, § 29 Abs. 2, 4 GmbHG). Nur der Rest, der *Bilanzgewinn*, wird dann verteilt oder kann verteilt werden.

Die Bilanz wird *vor Gewinnverwendung* erstellt. Sie kann aber auch unter *teilweiser oder vollständiger Gewinnverwendung* erstellt werden. Bei teilweiser Gewinnverwendung werden die Posten Gewinnvortrag/Verlustvortrag sowie Jahresüberschuss/Jahresfehlbetrag durch die Position Bilanzgewinn/Bilanzverlust ersetzt. Bei vollständiger Gewinnverwendung enthält die Bilanz keine Ergebnisposition. Vielmehr sind die im Unternehmen verbleibenden Teile des Ergebnisses bereits unter den betreffenden Rücklagepositionen erfasst. Zur Ausschüttung bestimmte Beträge werden als sonstige Verbindlichkeiten passiviert.

Dieser Komplexität bei der Ergebnisverwendung folgend erlaubt das Handelsgesetzbuch den Kapitalgesellschaften, das Eigenkapital bezüglich der Ergebnisverwendung *auf drei verschiedene Arten* darzustellen: (1) Jahresabschluß *vor Gewinnverwendung*, (2) Jahresabschluß *nach teilweiser Gewinnverwendung*, oder (3) Jahresabschluß *nach vollständiger Gewinnverwendung*. Die relevanten Gesetze sind:

Gesetzestext: § 270 Abs. 1 HGB

(1) Wird die Bilanz unter Berücksichtigung der vollständigen oder teilweisen Verwendung des Jahresergebnisses aufgestellt, so sind Entnahmen aus Gewinnrücklagen sowie Einstellungen in Gewinnrücklagen, die nach Gesetz, Gesellschaftsvertrag oder Satzung oder auf Grund solcher Vorschriften beschlossen worden sind, bereits bei der Aufstellung der Bilanz zu berücksichtigen.

Gesetzestext: § 268 Abs. 1 HGB

(1) Die Bilanz darf auch unter Berücksichtigung der vollständigen oder teilweisen Verwendung des Jahresergebnisses aufgestellt werden. Wird die Bilanz unter Berücksichtigung der teilweisen Verwendung des Jahresergebnisses aufgestellt, so tritt an die Stelle der Posten "Jahresüberschuß/Jahresfehlbetrag" und "Gewinnvortrag/Verlustvortrag" der Posten "Bilanzgewinn/Bilanzverlust"; ein vorhandener Gewinn- oder Verlustvortrag ist in den Posten "Bilanzgewinn/Bilanzverlust" einzubeziehen und in der Bilanz oder im Anhang gesondert anzugeben.

Für Aktiengesellschaften muß unter bestimmten Bedingungen ein Teil des Jahresüberschusses in die Gesetzliche Rücklage (lfd. Nr. 1 unter den Gewinnrücklagen) eingestellt werden. Die Gesetzesgrundlage ergibt sich aus dem Aktiengesetz:

Gesetzestext: § 150 Abs. 1, 2 AktG

1) In der Bilanz des nach den §§ 242, 264 des Handelsgesetzbuchs aufzustellenden Jahresabschlusses ist eine gesetzliche Rücklage zu bilden.

(2) In diese ist der zwanzigste Teil des um einen Verlustvortrag aus dem Vorjahr geminderten Jahresüberschusses einzustellen, bis die gesetzliche Rücklage und die Kapitalrücklagen nach § 272 Abs. 2 Nr. 1 bis 3 des Handelsgesetzbuchs zusammen den zehnten oder den in der Satzung bestimmten höheren Teil des Grundkapitals erreichen.

Aktiengesellschaften (außer Kleinstkapitalgesellschaften) müssen in einer *Gewinnverwendungsrechnung* am Schluß der Gewinn- und Verlustrechnung oder im Anhang zeigen, wie sie das Jahresergebnis verwenden (§ 158 AktG):

1. Gewinnvortrag/Verlustvortrag aus dem Vorjahr
2. Entnahmen aus der Kapitalrücklage
3. Entnahmen aus Gewinnrücklagen
   a) aus der gesetzlichen Rücklage
   b) aus der Rücklage für Anteile an einem herrschenden oder mehrheitlich beteiligten Unternehmen
   c) aus satzungsmäßigen Rücklagen
   d) aus anderen Gewinnrücklagen
4. Einstellungen in Gewinnrücklagen
   a) in die gesetzliche Rücklage
   b) in die Rücklage für Anteile an einem herrschenden oder mehrheitlich beteiligten Unternehmen
   c) in satzungsmäßige Rücklagen
   d) in andere Gewinnrücklagen
5. Bilanzgewinn/Bilanzverlust.

Schema 1: Eigenkapital im Jahresabschluß* vor Gewinnverwendung *(§ 266 Abs. 3 A)

A. Eigenkapital:

I. Gezeichnetes Kapital;

II. Kapitalrücklage;

III. Gewinnrücklagen;

IV. Gewinnvortrag/Verlustvortrag;

V. Jahresüberschuß/Jahresfehlbetrag.

Schema 2: Eigenkapital im Jahresabschluß nach teilweiser Gewinnverwendung (§ 268 Abs. 1 S. 2)

A. Eigenkapital:

I. Gezeichnetes Kapital;

II. Kapitalrücklage;

III. Gewinnrücklagen;

IV. Bilanzgewinn.

Schema 3: Eigenkapital im Jahresabschluß nach vollständiger Gewinnverwendung (§ 266 Abs. 3)

A. Eigenkapital:

I. Gezeichnetes Kapital;

II. Kapitalrücklage;

III. Gewinnrücklagen

IV. Gewinnvortrag

Wenn bis zum Zeitpunkt der Bilanzaufstellung über eine Ausschüttung beschlossen wurde, ist die beschlossene Dividende als Abgang aus dem EK zu verbuchen, und wenn die Zahlung noch aussteht, als sonstige Verbindlichkeit (der Gesellschaft gegenüber den Gesellschaftern) auszuweisen.

Beispiel 4-10: Ergebnisverwendung und Bilanzbild

Die Muck AG verfügt über Aktiva in Höhe von 1000.

- Fall (1) ist der Basisfall, in dem der nach § 275 ermittelte Jahresüberschuss in der Bilanz gemäß der Gliederung nach § 266 Abs. 3 A ausgewiesen wird. Über die Gewinnverwendung wurde noch nicht beschlossen.
- In Fall (2) wird gemäß § 268 Abs. 1 S. 2 HGB der Posten A. IV und A. V ersetzt durch den der Posten „Bilanzgewinn/Bilanzverlust" als Unterposten des Eigenkapitals (A. IV). Die Verwendungsrechnung lautet:

Jahresüberschuss	40
+ Gewinnvortrag aus Vorjahr	60
– Einstellung in die Gewinnrücklage	20
= Bilanzgewinn	80

  Über die Ausschüttung des Bilanzgewinns kann die Hauptversammlung beschließen.

- In Fall (3) wird gemäß Gesetz, Satzung oder nach Ermessen des Vorstands und Aufsichtsrat die Ausschüttung bereits festgelegt. Die Verwendungsrechnung lautet:

Jahresüberschuss	40
+ Gewinnvortrag aus Vorjahr	60
– Einstellung in die Gewinnrücklage	40
– auszuschüttende Dividende	40
= Gewinnvortrag	20

	(1) ***vor Gewinnverwendung***	***(2)*** ***nach teilweiser Gewinnverwendung***	***(3)*** ***nach Gewinnverwendung***
Aktiva	***Passiva***	***Passiva***	***Passiva***
diverse Aktiva 1.000	Eigenkapital	Eigenkapital	Eigenkapital
	I. Gezeichnetes Kapital 100	I. Gezeichnetes Kapital 100	I. Gezeichnetes Kapital 100
	II. Kapitalrücklage 50	II. Kapitalrücklage 50	II. Kapitalrücklage 50
	III. Gewinnrücklage 120	III. Gewinnrücklage 140	III. Gewinnrücklage 160
	IV. Gewinnvortrag 60	IV. Bilanzgewinn 80	IV. Gewinnvortrag 20
	V. Jahresüberschuß 40		
	Fremdkapital 630	Fremdkapital 630	Fremdkapital 670
1.000	1.000	1.000	1.000

Ein wichtiger Aspekt bei der Betrachtung der Gewinnrücklagen ist die Frage nach der Liquidität des Unternehmens, wenn Gewinne ausgeschüttet werden sollen. Wir erinnern uns an den plastischen Satz „Gewinn ist keine Tüte mit Geld", und das gilt auch für die Gewinnrücklagen, denn sie sind nur *Ansprüche* auf Gewinn, aber sie repräsentieren kein Geld, das auf Bankkonten rumliegt.

Geld auf Bankkonten ist auf der Aktivseite abgebildet – also muß man auf den Zahlungsmittelbestand sehen, wenn man wissen will, über welche liquiden Mittel ein Unternehmen zum Bilanzstichtag verfügte. Der Fall Hugo Boss soll diesen Sachverhalt beleuchten:

Beispiel 4-11: Sonderdividende bei der Hugo Boss AG 2008

Im Jahr 2007 übernahm der Finanzinvestor Permira (über seine Tochtergesellschaft Red & Black in Luxemburg) die Aktienmehrheit an der deutschen Hugo Boss AG von dem bisherigen Eigentümer, der Valentino Fashion Group. Im Jahr 2008 hielt Permira 88,02 Prozent der Stammaktien, und 55,28 Prozent der Vorzugsaktien der Hugo Boss AG.

Am 8. Mai 2008 beschloss die Hauptversammlung (also letztlich der Mehrheitsaktionär Permira) eine „Sonderdividende" sowie eine gewöhnliche Dividende für die Stammaktien und die Vorzugsaktien für 2007 und 2008. Damit wurden folgende Ausschüttungen beschlossen (Daten aus dem Konzernabschluß 2008):

Dividenden	***€ pro Aktie***	***Anzahl Aktien insgesamt***	***Ausschüttung in Euro***	***Anteil Permira in %***	***Dividende für Permira in Euro***
Stammaktien					
Sonderdividende 2007	5	35.860.000	179.300.000	88,02	157.819.860
Dividende 2007	1,45	35.860.000	51.997.000	88,02	45.767.759
Dividende 2008	1,37	35.860.000	49.128.200	88,02	43.242.642
Vorzugsaktien					
Sonderdividende 2007	5	34.540.000	172.700.000	55,28	
Dividende 2007	1,46	34.540.000	223.128.400	55,28	123.345.380
Dividende 2008	1,38	34.540.000	47.665.200	55,28	26.349.323
Summe			***551.218.800***		***396.524.963***

Der Hauptaktionär Permira beschloss also eine Dividendenzahlung ***an sich selber*** in Höhe von knapp 400 Mio. Euro. Wie war das möglich? Worauf basierte der Anspruch der Eigentümer auf eine Dividendenzahlung in Höhe von rund 400 Mio. Euro?

Schauen wir dazu in den Jahresabschluß 2008 der Hugo Boss AG, und zwar in den Einzelabschluß der AG nach deutschem Handelsrecht, denn nur aus diesem lassen sich die Gewinnansprüche der Aktionäre ablesen. Der Konzernabschluß dient nur der Information (und basiert im Falle der Hugo Boss AG als börsennotierten Unternehmen auf IFRS, nicht auf HGB).

- Die *Gewinnrücklagen* bei der Hugo Boss AG zum Ende 2007 betrugen rund 393 Mio. Euro, womit nicht ausgeschüttete Gewinne der Vorjahre gemeint sind. Für das Geschäftsjahr 2008 wurde ein Bilanzgewinn (im Einzelabschluß!) von 189,5 Mio. ausgewiesen. Insgesamt standen damit über 580 Mio. Euro ausschüttbare Gewinne zur Verfügung.
- Um den *Zahlungsmittelbestand* im Konzern abzulesen, schauen wir dagegen besser in den Konzernabschluß. Im Jahresabschluß der AG steht ja nur der Zahlungsmittelbestand der *AG*, interessant ist aber der Zahlungsmittelbestand im *Konzern*. Zum Ende 2008 standen innerhalb des Konzerns (Muttergesellschaft und aller im Konzernabschluß konsolidierten Tochterunternehmen) 24,6 Mio. Euro an Zahlungsmittel zur Verfügung.

Vereinfacht formuliert: die Eigentümer haben zum Ende 2008 Gewinnansprüche von gut 580 Mio. Euro, können sich aber faktisch nur 24,6 Mio. Euro ausschütten lassen, weil mehr Geld nicht auf den Bankkonten des Unternehmens ist.

Zur Veranschaulichung der Größenordnung: die 24 Mio. hätten nicht mal für die Januar-Gehälter gereicht. Hugo Boss hatte im Jahr 2008 einen Personalaufwand von 354 Mio. Euro, macht ca. 29 Mio. Euro pro Monat. Für das tägliche Geschäft war das kein Problem, denn Hugo Boss hat einen starken operativen Cashflow – das heißt es kommt jeden Monat genug Geld in die Kasse aus dem Verkauf der Produkte, mithin keine Notwendigkeit für eine große Kassenhaltung. Man darf auch vermuten, daß Hugo Boss ein ziemlich gutes Liquiditätsmanagement zur Bewältigung des täglichen Geschäfts hatte. Aber für überraschende Ausschüttungswünsche geldgieriger Anteilseigner war lange nicht genug Geld da. Das notwendige Geld mußte also anderweitig beschafft werden.[38]

Im Falle von Hugo Boss arrangierte die Geschäftsleitung des Unternehmens eine Kreditlinie in Höhe von 750 Mio. Euro, was aus verschiedenen Gründen keine so schwierige Sache für Hugo Boss war.

---

[38] Hier sind nur die unmittelbaren Sachverhalte angeführt. Weitere Probleme der Unternehmensführung wie die Wirkung des Liquiditätsabflusses und die veränderte Kapitalstruktur auf das Investitionsprogramm, auf die interne Organisation, auf die Motivation von Management und Mitarbeiter sowie auf das Personalmanagement sind sehr wichtige Aspekte, spielen aber im Rahmen der Bilanzbetrachtung keine Rolle.

(1) Zum einen handelt es sich bei Hugo Boss um ein erfolgreiches, gut am Markt operierendes Unternehmen mit einem starken Cashflow (=> die Kreditgeber gehen zu Recht davon aus, daß Hugo Boss Zinsen und Tilgung bezahlen können wird), und

(2) Hugo Boss war vorher wenig verschuldet, hatte also wenig Schulden und viel Eigenkapital. Man könnte sagen: da ging noch was.

(3) Und schließlich ist der Wettbewerb am Bankenmarkt gewaltig, und so viele gute Schuldner mit einem relativ großen Kapitalbedarf gibt es nicht – also ein wunderbarer Kunde für viele nicht ganz so große Banken. Der Kapitalbedarf war auch nicht so riesengroß, daß Hugo Boss den internationalen Anleihemarkt anzapfen konnte. Dennoch: 750 Mio. Euro sind für eine Bank alleine ein zu großes Risiko. Also verteilt man die Kreditsumme auf viele Banken – die naheliegende Lösung für Hugo Boss war also ein sogenannter Konsortialkredit, an dem mehrere Banken beteiligt waren, u.a. die LBBW, die Royal Bank of Scotland und die Commerzbank.

Was lernen wir an diesem Beispiel?

Gewinnansprüche sind noch kein Geld. Jahresüberschuß, Bilanzgewinn, Gewinnrücklagen – also alles Eigenkapitalpositionen auf der Passivseite der Bilanz – sind wichtig und eine schöne Sache – aber sie sind kein Geld!

Erst richtiges Geld auf der Bank oder in der Kasse (also Zahlungsmittel auf der Aktivseite der Bilanz) versetzt das Unternehmen in die Lage, Gewinnansprüche (also Gewinnrücklagen, Bilanzgewinn, Jahresüberschuss) an die Eigentümer in Form von Auszahlungen bedienen zu können.

5 Erfolgsrechnung

5.1 Funktion der Gewinn- und Verlustrechnung

Gemäß § 242 Abs. 2 HGB hat jeder Kaufmann für den Schluss eines jeden Geschäftsjahres neben der Bilanz eine *Gegenüberstellung der Aufwendungen und Erträge des Geschäftsjahres*, also eine *Gewinn- und Verlustrechnung* (GuV), aufzustellen. Die GuV bildet zusammen mit der Bilanz den Mindestjahresabschluss. Die GuV ist eine auf genau eine Periode bezogene Zeitraumrechnung – nicht vergessen! – Rechnungswesen ist Periodenrechnung!

Die Positionen in der GuV repräsentieren *Veränderungen zu Bestandspositionen in der Bilanz*, daher nennt man Erträge und Aufwendungen auch Stromgrößen. Stromgrößen verändern Bestandsgrößen: Erträge erhöhen Eigenkapital, Aufwendungen vermindern Eigenkapital, also ist der Gewinn die Differenz aus allen Erträgen und Aufwendungen der Periode. Der Gewinn (Verlust) ist ***der*** Betrag, um *den sich das Eigenkapital durch die Geschäftstätigkeit des Unternehmens erhöht (vermindert)* hat.

Merken Sie sich bitte: die GuV enthält nur ***Erträge*** und ***Aufwendungen***, egal wie die Positionen im Gliederungsschema nach § 275 HGB benannt sein mögen!

Der Erfolg eines Unternehmens wird sowohl in der Bilanz als auch in der GuV ermittelt. In der Bilanz kann man durch Eigenkapitalvergleich den Gewinn erkennen, indem man die Veränderung des Eigenkapitals betrachtet, und die kapitalverändernden Maßnahmen der Außenfinanzierung herausrechnet, vereinfacht:

Stand des EK am Ende der Periode

– Stand des EK am Anfang der Periode

– Einlagen/Kapitalerhöhungen durch Eigentümer

+ Entnahmen/Dividenden der Eigentümer

= Gewinn/Verlust des Jahres

Obwohl also mit Bilanz und GuV verschiedene Wege der Erfolgsermittlung beschritten werden, wird dennoch mit beiden Bestandteilen des Jahresabschlusses der gleiche Periodenerfolg ermittelt. Wenn beide Wege – Ermittlung des Erfolgs über den Vergleich des Eigenkapitals und Erstellung einer Gewinn- und Verlustrechnung – zum gleichen Ergebnis führen müssen, wo ist dann der Unterschied, und wo ist der Informationsvorteil?

Im Gegensatz zur bilanziellen Erfolgsermittlung wird mit der GuV auch *das Zustandekommen des Erfolgs nach Art, Höhe und Quellen* erklärt. Die GuV soll nicht nur den Gewinn oder Verlust als absolute Größe ausweisen (denn das könnte man durch Eigenkapitalvergleich ebenso gut darstellen – und das Steuerrecht tut genau das mit dem sogenannten Betriebsvermögensvergleich!), sondern auch die Ertragslage darstellen und eine Analyse der Erfolgskomponenten ermöglichen. Auf diese Weise dient die GuV vor allem dazu, daß der Jahresabschluß seinem Rechenschaftszweck nachkommt.

→ Lernkette 4: Gewinn- und Verlustrechnung

1	Die Gewinn- und Verlustrechnung (GuV-Konto) ist ein Unterkonto zum Eigenkapital. Alles, was in der GuV geschieht, wirkt sich identisch auf das Eigenkapital aus.
2	Die Gewinn- und Verlustrechnung zeigt insofern einen Teil der jährlichen Veränderungen im Eigenkapital.
3	In der Gewinn- und Verlustrechnung stehen nur Aufwendungen und Erträge, egal wie die Positionen bezeichnet sind.
4	Erträge erhöhen den Gewinn, Aufwendungen vermindern den Gewinn. Und da die GuV nur eine Nebenrechnung zum Eigenkapital darstellt, kann man auch sagen: Erträge erhöhen Eigenkapital, Aufwendungen vermindern Eigenkapital.
5	Die Differenz aus allen Erträgen und Aufwendungen des Jahres ist der Jahresüberschuß (wenn > 0) oder Jahresfehlbetrag (wenn < 0).
6	Der Jahresüberschuß – der Gewinn des Jahres – ist keine Tüte mit Geld! Aus der Höhe des Gewinns kann man nicht auf die Liquidität des Unternehmens schließen.

5.2 Der Umsatzerlöse nach BilRUG

Mit dem BilRUG wurde neu definiert, was als Umsatzerlös zu klassifizieren ist. In Übergangsphasen von einer Rechtslage zu einer neuen Rechtslage ist es oft sinnvoll, die alte und die neue Rechtslage gegenüberzustellen.

Insgesamt sind mit der Ausweitung der Umsatzerlösdefinition mehr Sachverhalte als Umsatzerlöse auszuweisen. Künftig sind auch solche Erlöse Umsatzerlöse, die nicht aus der typischen Geschäftstätigkeit stammen, sondern früher unter anderen Ertragsposten auszuweisen waren. Aus dem Vergleich der Definitionen für die Umsatzerlöse nach altem und neuem Recht (siehe Tabelle 12) erkennt man sofort, daß die bisherige Beschränkung der Umsatzerlöse auf die gewöhnliche Geschäftstätigkeit ausdrücklich aufgegeben wurde.

Tabelle 12: Umsatzerlös nach altem und neuen Recht (§ 277 HGB)

Umsatzerlöse	
nach altem Recht	***nach neuem Recht***
Erlöse aus dem Verkauf und der Vermietung oder Verpachtung von für die gewöhnliche Geschäftstätigkeit typischen Erzeugnisse und Waren sowie aus von für die gewöhnliche Geschäftstätigkeit typischen Dienstleistungen nach Abzug von Erlösschmälerungen und der Umsatzsteuer.	Erlöse aus dem Verkauf und der Vermietung oder Verpachtung von Produkten sowie aus der Erbringung von Dienstleistungen nach Abzug von Erlösschmälerungen und der Umsatzsteuer sowie sonstiger direkt mit dem Umsatz verbundenen Steuern.

Tabelle 13: Entscheidungspfad Umsatzerlöse (HGB alte Fassung)

Erlöse aus Verkauf oder Vermietung/Verpachtung von Waren, Erzeugnissen oder Dienstleistungen		
Betrifft das die gewöhnliche Geschäftstätigkeit?		
nein	***ja***	
außerordentliche Erträge	Betrifft das typische Leistungsangebot?	
	nein	***ja***
	sonstige betriebliche Erträge	Umsatzerlöse

Tabelle 14: Entscheidungspfad Umsatzerlöse (HGB neue Fassung)

Erlöse aus Verkauf oder Vermietung/Verpachtung von Produkten oder aus der Erbringung von Dienstleistungen		
nein	***ja***	
sonstige betriebliche Erträge	Umsatzerlöse	
	Geschäftstätigkeit	***Leistungsangebot***
	gewöhnlich außergewöhnlich	typische untypisch

Die neue Definition der Umsatzerlöse führt dazu, daß einige Erträge, die bisher „Sonstige betriebliche Erlöse" waren, nunmehr als „Umsatzerlöse" auszuweisen sind:

- Dienstleistungen und Verkäufe an Mitarbeiter
    - Miet- und Pachteinnahmen aus Werkswohnungen
    - Kantinenerlöse
    - Erlöse einer Belegschaftstankstelle
- Ertrag aus Zuschüssen mit Gegenleistungsverpflichtung
    - Investitionszuschuss
    - Werbekostenzuschuss
    - Zahlung für Wettbewerbsverbot
- Gelegentliche Dienstleistungen
    - Arbeitnehmerüberlassung
    - Maschinenüberlassung

- Konzernumlagen/Umlagen für Gebäudekosten/Haftungsvergütung des persönlich haftenden Gesellschafters
- Miet- und Pachteinnahmen
- Schrottverkäufe bzw. Verkäufe überzähliger Roh-, Hilfs- und Betriebsstoffe
- Von den Umsätzen subtrahiert werden die folgenden Steuern: Energiesteuer, Stromsteuer, Biersteuer, Tabaksteuer und Schaumweinsteuer.

Unter den „Sonstigen betrieblichen Erträgen" sind z.B. auszuweisen:

- Konzernumlagen, denen keine konkreten Gegenleistungen gegenüberstehen
- Verschmelzungs- und andere Umwandlungsgewinne
- Erträge aus der Herabsetzung von Einzelwertberichtigungen
- Zahlungseingänge auf in Vorjahren ausgebuchten Forderungen
- Erträge aus der Auflösung oder Herabsetzung von Rückstellungen
- Erträge aus einem Forderungsverzicht bei Gesellschafterdarlehen
- Erträge aus Anlagenabgängen
- Forderungsverkäufe
- Zuschüsse, soweit sie nicht mit einer Gegenleistung verbunden sind

- Abwertung von Währungsverbindlichkeiten bzw. Wechselkursgewinne
- Erträge aus Bewertungseinheiten
- Ertrag aus einer Kapitalherabsetzung

Geschäftsführungs- und Haftungsvergütungen

Eine Kommanditgesellschaft (KG) ist eine Personengesellschaft, bei der mindestens ein Gesellschafter den Gesellschaftsgläubigern nur bis zur Höhe seiner Einlage haftet („Kommanditist"), während der oder die übrigen Gesellschafter unbeschränkt haften („Komplementäre"). Der Sinn dieser Rechtsform ist es, die Vorteile einer Personengesellschaft zu ergänzen um einen nur mit seiner Einlage haftenden Gesellschaftertypus. Dieser Kommanditist genannte Gesellschafter investiert nur und ist nicht operativ tätig.

Der unbeschränkt haftende Gesellschafter muß keine natürliche Person sein, sondern kann eine beschränkt haftende GmbH sein. Wenn also der unbeschränkt haftende Gesellschafter eine beschränkt haftende GmbH ist, firmiert die Gesellschaft als GmbH & Co. KG. Damit handelt es sich zivilrechtlich immer noch um eine Personengesellschaft, wenngleich es steuerrechtlich in den meisten Fällen eine Mitunternehmerschaft ist.

Die Kommanditisten sind nach § 164 HGB von der Geschäftsführung ausgeschlossen. Ist die GmbH einzige Komplementärin, so ist nach § 170 HGB gesellschaftsvertraglich nur diese zur Vertretung der KG befugt. Nun ist eine GmbH eine juristische Person, die nur durch ihre Organe handeln kann und deren Vertreter Geschäftsführer (§ 35 Abs. 1 GmbHG) ist. Also vertritt der GmbH-Geschäftsführer mittelbar auch die GmbH & Co. KG.

Beispiel 5-1: Haftungsvergütung als Umsatzerlös

Bei der Muck GmbH & Co. KG ist Hugo Muck alleiniger Kommanditist und zudem Alleingesellschafter der Komplementär-GmbH. Die Komplementärin (also die GmbH) führt über ihren Geschäftsführer Hugo Muck die Geschäfte der KG und erhält hierfür ein gewinnunabhängiges Sonderentgelt. Zusätzlich steht ihr für ihre Haftungsübernahme seitens der KG eine pauschale Haftungsvergütung zu.

Beide Komponenten – die Geschäftsführung und die Haftungsübernahme - stellen eine einheitliche Leistung dar, für die die Summe aus Geschäftsführungs- und Haftungsvergütung das umsatzsteuerliche Gesamtentgelt darstellt. Für die GmbH handelt es sich insofern um „Umsatzerlöse". Auch die reine Haftungsübernahme besitzt ihrer Art nach „Leistungscharakter". Die von der KG an die Komplementär-GmbH gezahlte Haftungsvergütung erzeugt bei der GmbH einen handelsrechtlichen Umsatzerlös, der auch umsatzsteuerlich relevant ist.

5.3 Gliederung der GuV nach § 275 HGB

Kapitalgesellschaften müssen ihre Gewinn- und Verlustrechnung gemäß § 275 HGB gliedern. Dazu stehen ihnen zwei Verfahren zur Auswahl, das Gesamtkostenverfahren oder das Umsatzkostenverfahren. Die einmal gewählte Darstellungsform ist grundsätzlich ebenso beizubehalten wie die Postenbezeichnung und die Postenfolge, soweit sie bei Einzelunternehmen und Personengesellschaften frei wählbar sind (Grundsatz der formellen Bilanzkontinuität bzw. Stetigkeit), damit die Vergleichbarkeit der Gewinn- und Verlustrechnungen (GuV) gewährleistet ist.

- Wie man in Abbildung 5 auf Seite 173 sieht, entsprachen bis 2016 die Positionen 9. - 20. beim Gesamtkostenverfahren den Positionen 8.-19. beim Umsatzkostenverfahren.
- Ab 2016 sind die Positionen in den Erfolgsrechnungen ebenfalls ab dem Betriebsergebnis identisch, allerdings jetzt ohne die außerordentlichen Erträge und Aufwendungen.

Nur die Berechnungssystematik für das Betriebsergebnis ist bei GKV und UKV verschieden. Beide Berechnungsarten führen letztlich auf den gleichen Jahresüberschuß bzw. -fehlbetrag, nur der Berechnungsweg ist verschieden – es wäre ja auch mehr als merkwürdig, wenn man nur durch Verwendung einer anderen Systematik zu einem anderen Gewinn käme.

Abbildung 5: Gliederung der Gewinn- und Verlustrechnung nach § 275 HGB bis 2016

Gesamtkostenverfahren		***Umsatzkostenverfahren***	
1.	Umsatzerlöse	1.	Umsatzerlöse
2.	Erhöhung oder Verminderung des Bestands an fertigen und unfertigen Erzeugnissen	2.	Herstellungskosten der zur Erzielung der Umsatzerlöse erbrachten Leistungen
3.	andere aktivierte Eigenleistungen		
4.	sonstige betriebliche Erträge	3.	Bruttoergebnis vom Umsatz
5.	Materialaufwand	4.	Vertriebskosten
=	Rohergebnis nach dem Gesamtkostenverfahren		
6.	Personalaufwand	5.	Allgemeine Verwaltungskosten
7.	Abschreibungen (außer auf Finanzanlagen)	6.	sonstige betriebliche Erträge
8.	sonstige betriebliche Aufwendungen	7.	sonstige betriebliche Aufwendungen
=	Betriebsergebnis	=	Betriebsergebnis
9.	Erträge aus Beteiligungen, davon aus verbundenen Unternehmen	8.	Erträge aus Beteiligungen, davon aus verbundenen Unternehmen
10.	Erträge aus anderen Wertpapieren und Ausleihungen des Finanzanlagevermögens, davon aus verbundenen Unternehmen	9.	Erträge aus anderen Wertpapieren und Ausleihungen des Finanzanlagevermögens, davon aus verbundenen Unternehmen
11.	sonstige Zinsen und ähnliche Erträge, davon aus verbundenen Unternehmen	10.	sonstige Zinsen und ähnliche Erträge, davon aus verbundenen Unternehmen
12.	Abschreibungen auf Finanzanlagen und auf Wertpapiere des Umlaufvermögens	11.	Abschreibungen auf Finanzanlagen und auf Wertpapiere des Umlaufvermögens
13.	Zinsen und ähnliche Aufwendungen, davon an verbundene Unternehmen	12.	Zinsen und ähnliche Aufwendungen, davon an verbundene Unternehmen
14.	Ergebnis der gewöhnlichen Geschäftstätigkeit	13.	Ergebnis der gewöhnlichen Geschäftstätigkeit
15.	außerordentliche Erträge	14.	außerordentliche Erträge
16.	außerordentliche Aufwendungen	15.	außerordentliche Aufwendungen
17.	außerordentliches Ergebnis	16.	außerordentliches Ergebnis
18.	Steuern vom Einkommen und vom Ertrag	17.	Steuern vom Einkommen und vom Ertrag
19.	sonstige Steuern	18.	sonstige Steuern
20.	Jahresüberschuß/Jahresfehlbetrag	19.	Jahresüberschuß/Jahresfehlbetrag

Beispiele für außerordentliche Aufwendungen nach HGB a.F.:

- Verluste aus dem Verkauf oder der Stilllegung von Teilbetrieben, Zweigniederlassungen oder Geschäftsstellen;
- Verluste aus dem Verkauf von Grundstücken, die zu den wesentlichen Betriebsgrundlagen gehören;
- Aufwendungen für einen Sozialplan;
- außergewöhnliche Inanspruchnahme aus Haftung, z. B. Produzentenhaftung;
- einmalige und erhebliche Aufwendungen bei der Erschließung neuer Märkte oder der Aufnahme neuer Produkte.

Abbildung 6: Gliederung der Gewinn- und Verlustrechnung nach § 275 HGB ab 2016 (BilRUG)

Gesamtkostenverfahren		***Umsatzkostenverfahren***	
1.	Umsatzerlöse	1.	Umsatzerlöse
2.	Erhöhung oder Verminderung des Bestands an fertigen und unfertigen Erzeugnissen	2.	Herstellungskosten der zur Erzielung der Umsatzerlöse erbrachten Leistungen
3.	andere aktivierte Eigenleistungen		
4.	sonstige betriebliche Erträge	3.	Bruttoergebnis vom Umsatz
5.	Materialaufwand	4.	Vertriebskosten
=	Rohergebnis nach dem Gesamtkostenverfahren		
6.	Personalaufwand	5.	Allgemeine Verwaltungskosten
7.	Abschreibungen (außer auf Finanzanlagen)	6.	sonstige betriebliche Erträge
8.	sonstige betriebliche Aufwendungen	7.	sonstige betriebliche Aufwendungen
=	Betriebsergebnis	=	Betriebsergebnis
9.	Erträge aus Beteiligungen, davon aus verbundenen Unternehmen	8.	Erträge aus Beteiligungen, davon aus verbundenen Unternehmen
10.	Erträge aus anderen Wertpapieren und Ausleihungen des Finanzanlagevermögens, davon aus verbundenen Unternehmen	9.	Erträge aus anderen Wertpapieren und Ausleihungen des Finanzanlagevermögens, davon aus verbundenen Unternehmen
11.	sonstige Zinsen und ähnliche Erträge, davon aus verbundenen Unternehmen	10.	sonstige Zinsen und ähnliche Erträge, davon aus verbundenen Unternehmen
12.	Abschreibungen auf Finanzanlagen und auf Wertpapiere des Umlaufvermögens	11.	Abschreibungen auf Finanzanlagen und auf Wertpapiere des Umlaufvermögens
13.	Zinsen und ähnliche Aufwendungen, davon an verbundene Unternehmen	12.	Zinsen und ähnliche Aufwendungen, davon an verbundene Unternehmen
14.	Steuern vom Einkommen und vom Ertrag	13.	Steuern vom Einkommen und vom Ertrag
15.	Ergebnis nach Steuern	14.	Ergebnis nach Steuern
16.	sonstige Steuern	15.	sonstige Steuern
17.	Jahresüberschuß/Jahresfehlbetrag	16.	Jahresüberschuß/Jahresfehlbetrag

5.4 Gesamtkostenverfahren (GKV)

Im GKV werden zunächst ***alle*** Ausgaben und Aufwendungen einer Periode in der GuV zusammengefasst – daher der Begriff *Gesamtkostenverfahren*. Die Aufteilung dieser Ausgaben und Aufwendungen erfolgt ***kostenartenorientiert*** (Materialaufwand, Personalaufwand, Abschreibungen sind *Kostenarten*).

Nun kann *innerhalb einer Periode* eine von zwei Situationen eintreten:

(1) die Produktionsmenge (und/oder Beschaffungsmenge) ist ***größer*** als die abgesetzte Menge, es wurde also ***mehr*** beschafft oder produziert als verkauft oder verbraucht;

(2) die Produktionsmenge (und/oder Beschaffungsmenge) ist ***kleiner*** als die abgesetzte oder verbrauchte Menge, es wurde also mehr verkauft oder verbraucht als beschafft oder produziert.

Im ***Fall 1*** ist die Folge eine *Erhöhung der Bestände oder Bestandserhöhung*, denn nicht alles, was in der Periode hergestellt oder beschafft wurde, konnte verkauft oder verbraucht werden.

Im ***Fall 2*** ist die Folge eine *Verminderung der Bestände oder Bestandsverminderung*, denn es wurde in der Periode mehr verkauft oder verbraucht, als das, was in der Periode hergestellt oder beschafft wurde. Dieser Fall kann nur dann eintreten, wenn es noch Vorräte aus der Vorperiode verfügbar waren, die verkauft oder verbraucht wurden.

Schauen wir uns zunächst ***Fall 1*** an. Wenn im GKV *alle* Ausgaben und Aufwendungen der Periode in der GuV enthalten sind, dann sind auch Ausgaben für Herstellung oder Beschaffung *derjenigen* Güter angefallen, die per Bilanzstichtag *noch gar nicht veräußert sind* (Bestandserhöhung!) – sie stehen aber trotzdem als Aufwand in der GuV.

Das ist aber nicht in Ordnung, denn solange sie nicht veräußert sind, bedeutet das, *daß sie sich noch im Vermögen des Unternehmens befinden, und damit bilanziell im Vorrats- oder Sachanlagevermögen aufgeführt sind.* Solange diese Güter in der betreffenden Periode noch gar nicht veräußert sind, ist ihre Herstellung oder Beschaffung definitionsgemäß *noch kein Aufwand der Periode* – sie stellen keinen Wertverzehr dar.

Zum Aufwand können sie erst dann werden, wenn sie *veräußert* oder *verbraucht* sind. Was kein Aufwand ist, darf den Gewinn nicht vermindern. Damit sie den Gewinn nicht vermindern, muss ermittelt werden, *um welchen Betrag sich die Vorräte in der laufenden Periode erhöht haben.*

Gesucht ist der Betrag, um den die Ausgaben bzw. Aufwendungen zu hoch sind, damit man diesen Betrag wieder herausrechnen kann.

Dieser Betrag kann aus den Konten wie folgt abgeleitet werden. Der Anfangsbestand (***AB***) an Vorräten ist aus der Inventur bekannt, ebenso der Endbestand an Vorräten (***EB***). Weiterhin ist bekannt, um wieviel in der Periode beschafft wurde (***Zugänge***), denn diese Information ist aus den Wareneingangskonten bekannt, und entspricht den Aufwendungen und Ausgaben, die komplett bereits in der GuV enthalten sind. Zu ermitteln sind die tatsächlichen Abgänge (***Abgänge***) – also der Wert aller verbrauchten oder abgesetzten Vorräte. Mit diesen Variablen bilden wir die *allgemeine Bestandsgleichung*:

AB + Zugänge – Abgänge = EB.

Daraus folgt algebraisch durch Umformung:

Zugänge – Abgänge = EB – AB.

Wenn die Zugänge größer sind als die Abgänge (=mehr produziert als abgesetzt), liegt in der Höhe der Differenz eine Bestandserhöhung vor. Rechnerisch ergibt sich aber das gleiche, wenn man den Endbestand mit dem Anfangsbestand vergleicht! Es reicht also, den Endbestand mit dem Anfangsbestand zu vergleichen, und diese Differenz ist dann die Bestandserhöhung.

Beispiel 5-2: Wirkung der Bestandserhöhung in der GuV (GKV)

Die GuV zeige zum Jahresende folgende Werte:

1.	Umsatzerlöse	1.000
2.	Erhöhung oder Verminderung des Bestands an fertigen und unfertigen Erzeugnissen	*?*
3.	andere aktivierte Eigenleistungen	0
4.	sonstige betriebliche Erträge	0
5.	Materialaufwand	200
=	Rohergebnis	*?*
6.	Personalaufwand	100
7.	Abschreibungen (außer auf Finanzanlagen)	50
8.	sonstige betriebliche Aufwendungen	0
=	Betriebsergebnis	*?*

Aus der Inventur sind folgende Werte bekannt:

Anfangsbestand Vorräte am 1.1. d.J.: 300

Endbestand Vorräte am 31.12. d.J.: 450

=> Bestandsveränderung 450 – 300 = 150 (Bestandserhöhung).

Der Materialaufwand von 200 in der GuV entspricht dem gesamten ***Zugang*** der Periode. Er enthält auch die beschafften Vorräte, die noch gar nicht verkauft wurden – deswegen heißt das System ja Gesamtkostenverfahren – alle „Kosten“ sind enthalten.

Die Werte in der allgemeinen Bestandsgleichung lauten:

Zugänge – Abgänge = EB – AB

200 – 50 = 450 – 300 (Bestandserhöhung)

Frage: Wieviel von dem, was in der Periode hergestellt wurde, ist noch gar nicht verkauft?

Antwort: Wenn der Endbestand 450 beträgt, und der Anfangsbestand 300, dann sind ganz offensichtlich Vorräte von 150 in der Periode insgesamt zusätzlich hinzugekommen. Für 200 (Materialauwand) wurde Zeug eingekauft, 150 davon ist aber noch gar nicht verkauft oder verbraucht worden. 200 stehen als Materialaufwand in der GuV, aber 150 ist davon noch gar nicht verbraucht worden, sondern offenbar nur 50. Also muß man die 150 von den 200 wieder neutralisieren, sozusagen vom Aufwand abziehen. Das geschieht, indem man bei Bestandserhöhung 150 als Ertrag dazurechnet. Damit verbleibt netto nur ein Aufwand von 50 – diese 50 sind der tatsächliche Wert des Abgangs an Vorräten in der Periode.

Die GuV sieht dann wie folgt aus:

1.	Umsatzerlöse	1.000
2.	Erhöhung des Bestands an fertigen und unfertigen Erzeugnissen	***150 (Ertrag!)***
3.	andere aktivierte Eigenleistungen	0
4.	sonstige betriebliche Erträge	0
5.	Materialaufwand	200
=	Rohergebnis	***950***
6.	Personalaufwand	100
7.	Abschreibungen (außer auf Finanzanlagen)	50
8.	sonstige betriebliche Aufwendungen	0
=	Betriebsergebnis	***800***

Jetzt könnte man noch fragen, warum in aller Welt macht man das denn so kompliziert? Mal abgesehen davon, dass das nicht wirklich kompliziert ist, darf man nicht vergessen, dass das Unternehmen ja erst am Periodenende feststellen kann, ob zu viel oder zu wenig Aufwand verbucht wurde – denn erst am Periodenende kann durch Inventur der Endbestand und damit die Bestandserhöhung oder Bestandsminderung festgestellt werden. Vorher kann man das gar nicht wissen, denn die Periode war dann noch nicht zu Ende. So einfach ist das.

Fall 2 ist etwas einfacher zu verstehen. Im Materialaufwand steckt nur das, was in der Periode beschafft wurde. Der gesamte Aufwand erhöht sich um den Betrag der Bestandsminderung. Der Zusammenhang kann in Beispiel 5-3 nachvollzogen werden.

Beispiel 5-3: Wirkung der Bestandsverminderung in der GuV (GKV)

Die GuV zeige zum Jahresende folgende Werte:

1.	Umsatzerlöse	1.000
2.	Erhöhung oder Verminderung des Bestands an fertigen und unfertigen Erzeugnissen	?
3.	andere aktivierte Eigenleistungen	0
4.	sonstige betriebliche Erträge	0
5.	Materialaufwand	200
=	Rohergebnis	?
6.	Personalaufwand	100
7.	Abschreibungen (außer auf Finanzanlagen)	50
8.	sonstige betriebliche Aufwendungen	0
=	Betriebsergebnis	?

Aus der Inventur sind folgende Werte bekannt:

Anfangsbestand Vorräte am 1.1. d.J.: 300

Endbestand Vorräte am 31.12. d.J.: 50

=> Bestandsveränderung 50 – 300 = –250 (Bestandsverminderung).

Der Materialaufwand von 200 enthält nur die in Periode beschafften Vorräte. Aber es sind nicht nur die 200 verbraucht worden, sondern auch die 250, um die sich der Bestand an Vorräten innerhalb der Periode vermindert hat. Insgesamt müßte der Aufwand in der GuV für den gesamten Abgang 200+250=450 betragen.

Die Werte in der allgemeinen Bestandsgleichung lauten demnach:

Zugänge – Abgänge = EB – AB

200 – 450 = 50 – 300 = – 250 (Bestandsverminderung)

Die GuV sieht dann wie folgt aus:

1.	Umsatzerlöse	1.000
2.	Verminderung des Bestands an fertigen und unfertigen Erzeugnissen	***250 (Aufwand!)***
3.	andere aktivierte Eigenleistungen	0
4.	sonstige betriebliche Erträge	0
5.	Materialaufwand	200
=	Rohergebnis	***550***
6.	Personalaufwand	100
7.	Abschreibungen (außer auf Finanzanlagen)	50
8.	sonstige betriebliche Aufwendungen	0
=	Betriebsergebnis	***400***

5.5 Umsatzkostenverfahren (UKV)

Im UKV werden die Aufwendungen nach Kostenstellen bzw. Funktionsbereichen aufgeteilt (Herstellung, Verwaltung und Vertrieb). Den Umsatzerlösen werden daher nur die Herstellungskosten gegenübergestellt, die ursächlich für die Umsätze waren. Dadurch liegen den Positionen 1. Umsatzerlöse und 2. Herstellungskosten des § 275 Abs. 3 HGB für die zur Erzielung der Umsatzerlöse erbrachten Leistungen ein identisches Mengengerüst zugrunde.

Umsatzkosten (Position Nr. 2) sind also erst dann Kosten (eigentlich genauer: Aufwand[39]) in der GuV, wenn Güter veräußert wurden!

Die Darstellung der betrieblichen Aufwendungen ist dann mit den Verwaltungskosten und den Vertriebskosten nach Funktionsbereichen (nach ihrer Entstehung) gegliedert. Die Aufteilung von Aufwendungen oder Kosten nach Funktionsbereichen bedingt eine entsprechende Kostenstellenrechnung im Unternehmen – ohne Kostenstellenrechnung weiß man ja

[39] Juristen im Allgemeinen, und der Gesetzgeber im Besonderen, sind in der Unterscheidung von „Kosten“ und „Aufwendungen“ oder bei anderen betriebswirtschaftlich relevanten Begriffen nicht so pingelig wie Betriebswirte.

sonst nicht, in welcher Kostenstelle bzw. in welchem Funktionsbereich bestimmte Kosten angefallen sind.

5.6 Zusammenhang von Gesamtkosten- und Umsatzkostenverfahren

Wir wollen uns an einem Beispiel den Zusammenhang bzw. die Unterschiede von Gesamtkostenverfahren und Umsatzkostenverfahren klarmachen. Zusätzlich werden wir untersuchen, wie sich die Ermittlung der Herstellungskosten auf das Betriebsergebnis (und damit auf den Jahresgewinn) auswirkt.

Die Muck Akustik GmbH fertigt Lautsprecher. Es gelten folgende Daten für 2013:

Produktionsmenge	7.000 Stück
Absatzmenge	5.000 Stück
Verkaufspreis (ohne USt.) pro Stück	100 €
Materialeinzelkosten der Periode	70.000 €

Die ***Gemeinkosten*** der Muck Akustik GmbH wurden vom Controller wie folgt aufgeschlüsselt:

	Herstellung	***Verwaltung***	***Vertrieb***	***Gesamt***
Materialaufwand	50.200	4.000	3.600	***57.800***
Personalaufwand	72.000	5.300	8.800	***86.100***
Abschreibungen	7.300	1.100	2.200	***10.600***
sonstiger Aufwand	2.500	4.600	16.000	***23.100***
Summen	***132.000***	***15.000***	***30.600***	***177.600***

Wie man an der Kostentabelle sieht, lassen sich die Gemeinkosten entweder nach ***Kostenarten*** (Material, Personal, Abschreibungen, sonstige) oder nach ***Kostenstellen*** (Produktionsabteilung/Herstellung, Verwaltung, Vertrieb) aufschlüsseln – es sind aber immer dieselben Kosten!

Ermittlung der Untergrenze der Herstellungskosten

Gemäß § 255 Abs. 2 HGB ergibt sich die Untergrenze der Herstellungskosten aus den

„Materialkosten, die Fertigungskosten, ... sowie angemessene Teile der Materialgemeinkosten, der Fertigungsgemeinkosten und des Werteverzehrs des Anlagevermögens, soweit dieser durch die Fertigung veranlasst ist."

Das sind in unserem Beispiel:

Materialeinzelkosten	70.000
Materialgemeinkosten	50.200
Fertigungsgemeinkosten	72.000
Abschreibungen (nur Herstellung!)	7.300
sonstiger Aufwand (nur Herstellung!)	2.500
= Herstellungskosten (Untergrenze)	202.000

Die Untergrenze der Herstellungskosten pro Stück ist damit:

202.000 €/7000 Stk. = 28,8571 €/Stk.

Ermittlung der Obergrenze der Herstellungskosten

In § 255 Abs. 2 HGB heißt es weiter:

Bei der Berechnung der Herstellungskosten dürfen angemessene Teile der Kosten der allgemeinen Verwaltung sowie angemessene Aufwendungen für soziale Einrichtungen des Betriebs, für freiwillige soziale Leistungen und für die betriebliche Altersversorgung einbezogen werden, soweit diese auf den Zeitraum der Herstellung entfallen. Forschungs- und Vertriebskosten dürfen nicht einbezogen werden.

Demnach ***dürfen*** allgemeine Verwaltungskosten mit eingerechnet werden. Wenn die Muck auch noch die 15.000 € Verwaltungskosten in die Herstellungskosten mit einrechnet, ergeben sich die Herstellungskosten pro hergestelltem Stück mit:

(202.000€ + 15.000 €)/7000 Stk. = 31 €/Stk.

Fall 1: Gewinn- und Verlustrechnung im Gesamtkostenverfahren (Untergrenze HK)

Umsatzerlöse (5000 Stk · 100 €)	500.000
+ Bestandserhöhungen (2000 · 28,8571€)	57.714
+ aktivierte Eigenleistung	0
- gesamter Periodenaufwand:	
*Materialaufwand**	-127.800
Personalaufwand	-86.100
Abschreibungen	-10.600
sonstiger Aufwand	-23.100
= Betriebsergebnis	***310.114***

Man beachte, daß der Materialaufwand* aus den Einzelkosten 70.000 € und den Gemeinkosten 57.800 € besteht, womit sich die Summe 127.800 € erklärt.

Fall 2: Gewinn- und Verlustrechnung im Gesamtkostenverfahren (Obergrenze HK)

Umsatzerlöse (5000 Stk * 100 €)	500.000
+ Bestandserhöhungen (2000 * 31)	62.000
+ aktivierte Eigenleistung	0
- gesamter Periodenaufwand	
Materialaufwand	-127.800
Personalaufwand	-86.100
Abschreibungen	-10.600
sonstiger Aufwand	-23.100
= Betriebsergebnis	***314.400***

Die Herstellungskosten sind mit 31 € berechnet worden. Damit sind die hergestellten, aber noch nicht verkauften 2.000 Stück mit 62.000 bewertet worden, die als Bestandserhöhung in der GuV wie ein ***Ertrag*** wirken, da sie den gesamten Periodenaufwand genau um die 62.000 neutralisieren. Je höher die Herstellungskosten angesetzt werden, um so mehr wirkt sich eine Bestandserhöhung gewinnerhöhend (!) aus.

Fall 3: Gewinn- und Verlustrechnung im Umsatzkostenverfahren (Untergrenze HK)

Umsatzerlöse (5000 Stk * 100 €)	500.000
- HK der Umsätze (5000 Stk * 28,8571)	-144.286
= Bruttoergebnis vom Umsatz	355.714
- Vertriebskosten	-30.600
- Verwaltungskosten	-15.000
= Betriebsergebnis	***310.114***

Die Herstellungskosten der Umsätze (die sogenannten *Umsatzkosten*) enthalten nur die Herstellungskosten für ***die*** Einheiten, die ***verkauft*** worden sind. Man sagt, daß die Gegenüberstellung von Umsatzerlösen und Umsatzkosten *auf dem gleichen Mengengerüst* beruht – 5.000 Stück sind verkauft worden, also werden diesen Umsatzerlösen nur gegenübergestellt, was diese 5.000 Stück in der Herstellung gekosten haben. Man mache sich klar, daß – im Extremfall – bei einem Absatz von Null (also wenn die Muck GmbH gar nichts verkauft hätte), bei den Umsatzkosten ebenfalls eine Null steht. Dann stehen die hergestellten, aber noch nicht verkauften Einheiten im Vorratsvermögen der Bilanz – bewertet mit 28,86 € pro Stück!

Fall 4: Gewinn- und Verlustrechnung im Umsatzkostenverfahren (Obergrenze HK)

Umsatzerlöse (5000 Stk * 100 €)	500.000
- HK der Umsätze (5000 Stk * 31)	-155.000
= Bruttoergebnis vom Umsatz	345.000
- Vertriebskosten	-30.600
= Betriebsergebnis	***314.400***

Hier ist zu beachten, daß nur noch die Vertriebskosten aufgeführt werden, nicht aber die Verwaltungskosten. Warum ist das so?

- In Fall 3 sind in den Umsatzkosten von 28,86 € die Verwaltungskosten von 15.000 € *nicht* mit eingerechnet, also müssen sie noch einzeln als Aufwand aufgeführt werden.
- In Fall 4 enthalten die Umsatzkosten die anteiligen Verwaltungskosten, so daß in den Umsatzkosten von 31 € nur ein Teil der Verwaltungskosten (nämlich 5000 · 2,142857 € = 10.714) mit enthalten sind. Die 15.000 – 10.714 = 4.286 € sind nicht enthalten und ergeben den Unterschied zwischen dem höheren Gewinn in den Fällen 2 und 4 und dem niedrigeren Gewinn in den Fällen 1 und 3.

Fazit: Werden mehr Kostenpositionen in die Herstellungskosten mit eingerechnet, also die Herstellungskosten höher berechnet, dann ist auch der Gewinn höher (Fälle 2 und 4). Anders formuliert: eine Bewertung der Herstellungskosten zu Vollkosten bewirkt einen höheren Gewinn. Will ein Unternehmen aber den Gewinn (im Rahmen zulässiger Wahlrechte!) niedriger ausweisen, dann wird es nur die Untergrenze – also die Einzelkosten und die Gemeinkosten der Herstellung – als Herstellungskosten ansetzen.

5.7 Analyse der Gewinn- und Verlustrechnung

Die Gewinn- und Verlustrechnung ist Ausgangspunkt jeder Ergebnisanalyse. Eine Ergebnisanalyse zeigt das Zustandekommen des Erfolgs, gibt Einblick in die Aufwands- und Ertragsstruktur und liefert Anhaltspunkte für die Einschätzung künftiger Gewinnaussichten. Wenn beispielsweise im Geschäftsjahr Rückstellungen aufgelöst wurden, dann sind das Erträge im Geschäftsjahr – im Folgejahr fallen diese Erträge weg. Eine Steuerrückerstattung aus den Vorjahren (ein periodenfremder Ertrag) dürfte für das Folgejahr nicht zu erwarten sein. Diese Beispiele zeigen, daß ein Jahresabschlußleser sich oft für den „Normalerfolg" interessiert – also den Erfolg, der im ordentlichen, regelmäßigen Geschäft erwartet werden kann.

Es gibt verschiedene Konzepte und Vorgehensweisen, um den Erfolg aus der Gewinn- und Verlustrechnung inhaltlich neu zu gruppieren (Erfolgsspaltung), um zu erkennen, wie der Erfolg des Unternehmens einzuschätzen ist. Abbildung 7 zeigt eine gängige Methodik der Erfolgsspaltung.

Abbildung 7: Erfolgsspaltung nach HGB aF

Jahresüberschuss (Gesamtergebnis)	*ordentliches Ergebnis*	*Betriebsergebnis*[1]	Umsatzerlöse +/– Bestandsveränderungen + aktivierte Eigenleistungen = Gesamtleistung – Materialaufwand – Personalaufwand – Abschreibungen auf Sachanlagen (ohne Sonderabschreibungen) – Sonstige Steuern – sonstiger Aufwand ***= Ordentliches Betriebsergebnis***
		Finanzergebnis[2]	Erträge aus Gewinngemeinschaften + Beteiligungserträge + Erträge aus anderen Finanzanlagen + Sonstige Zinsen und ähnliche Erträge – Abschreibungen auf Finanzanlagen – Zinsen und ähnliche Aufwendungen – Aufwendungen aus Verlustübernahmen ***= Finanzergebnis***
	außerordentliches Ergebnis	*sonstiges außerordentliches Ergebnis*[3]	Erträge aus dem Abgang von Anlagevermögen (ohne Zuschreibungen) + sonstige a.o. Erträge – Verluste aus dem Abgang von Umlaufvermögen – Verluste aus dem Abgang von Anlagevermögen ***= Außerordentliches Ergebnis***
		Bewertungsergebnis[4]	Erträge aus Zuschreibungen + Erträge aus der Herabsetzung von Pauschalwertberichtigungen + Erträge aus der Auflösung von Rückstellungen – Sonderabschreibungen ***= Bewertungsergebnis***

[1] Betriebsergebnis: enthält periodenbezogene Komponenten, die der betrieblichen Leistungserstellung des Unternehmen zugeordnet werden können.

[2] Finanzergebnis: wird als „betriebsfremdes" Ergebnis angesehen, weil Zinserträge oder Beteiligungserträge eben nicht aus der betrieblichen Leistungserstellung stammen. Dennoch sind sie „ordentlich", d.h. sie sind periodenbezogen und wiederholen sich im normalen Geschäftsgang.

[3] sonstiges a.o. Ergebnis: Komponenten, die nicht regelmäßig wiederkehren, oder nicht im normalen Geschäftsgang erwartet werden dürfen. Mit HGB n.F. wird das außerordentliche Ergebnis nicht mehr ausgewiesen, da es außerordentliche Erträge und Aufwendungen nicht mehr gibt.

[4] Bewertungsergebnis: Erträge oder Aufwendungen, die aus Bewertungsvorgängen entstehen.

Für die Beurteilung der Erfolgskomponenten sind zwei Aspekte von besonderer Bedeutung.

(1) Da ist zum einen die ***Regelmäßigkeit***, mit der das Unternehmen bestimmte Erträge oder Aufwendungen erwarten kann oder muß. Man will wissen, ob ein bestimmter Ertrag (Aufwand) nur ausnahmsweise oder aufgrund besonderer Umstände zustande kam, oder ob mit diesen Erträgen/Aufwendungen nachhaltig zu rechnen ist.

(2) Zum anderen interessiert es, ob Erträge/Aufwendungen aus dem ***Kerngeschäft*** des Unternehmens entstehen oder nicht (***betriebliche Leistungserstellung***). In qualitativer Sicht macht es einen Unterschied, ob das Unternehmen was verdient mit seiner eigentlichen Leistungserstellung.

Um es auf den Punkt zu bringen: ein externer Analyst (oder ein Kreditgeber oder ein potentieller Investor) würde es vermutlich lieber sehen, daß der Lautsprecherhersteller Muck Akustik GmbH sein Geld mit der Herstellung und der erfolgreichen Vermarktung von Lautsprechern verdient (*Betriebsergebnis*). Weniger beeindruckt wäre man schon von Gewinnen aus der erfreulichen Wertentwicklung von Dollar-Optionen (*Finanzergebnis*), oder aus der überraschend großzügig ausgefallen Schadensregulierung mit der Versicherung (*außerordentliches Ergebnis*), oder durch im Geschäftsjahr aufgelöste Rückstellungen (*Bewertungsergebnis*).

6 Rechtliche Grundlagen des Jahresabschlusses

6.1 Das Bilanzrechtsmodernisierungsgesetz („BilMoG")

Das am 29. Mai 2009 in Kraft getretene Gesetz zur Modernisierung des Bilanzrechts, das sogenannte Bilanzrechtsmodernisierungsgesetz (im Folgenden: BilMoG), brachte eine Reihe von Änderungen an etablierten HGB Grundsätzen mit sich. Die Grundsätze internationaler Standards werden zunehmend in das deutsche Handelsrecht übernommen. Durch IFRS-nahe Elemente soll die Aussagekraft, Verläßlichkeit und Vergleichbarkeit der Jahres- und Konzernabschlüsse verbessert werden. Darüber hinaus finden einige Fragestellungen mit steuerlichem Hintergrund Eingang in die Bilanzierung.

Nach der Intention des Gesetzgebers sollen die Neuregelungen des BilMoG das HGB zu einer vollwertigen, dauerhaften Alternative zu den IFRS machen. Diese Alternative zu aufwendigen IFRS-Abschlüssen war insbesondere für den deutschen Mittelstand gedacht. Für deutsche Tochtergesellschaften internationaler Konzerne ergibt sich eine gewisse Annäherung an das internationale Konzernreporting nach IFRS oder US-GAAP, aber im Ergebnis nur in wenigen Fällen eine exakte Gleichstellung, so daß i.d.R. weiterhin drei Rechnungslegungen - HGB, Konzernreporting und Steuerbilanz - zu führen sind.

6.2 Das Bilanzrichtlinie-Umsetzungsgesetz („BilRUG")

Das am 23.07.2015 in Kraft getretene Bilanzrichtlinie-Umsetzungsgesetz (BilRUG) bringt Änderungen insb. für den handelsrechtlichen Einzel- sowie Konzernabschluss. Das BilRUG setzt die Vorgaben der Bilanzrichtlinie 2013/34/EU der Europäischen Union (EU-Bilanzrichtlinie) in nationales Recht um. Hauptziel der EU-Bilanzrichtlinie ist es, kleine Unternehmen von Bürokratie zu entlasten und die Rechnungslegung innerhalb der EU weiter zu harmonisieren.

Neuerungen durch das BiRUG betreffen vor allem eine geänderte Umsatzerlösdefinition, die Anhebung der Schwellenwerte für die Unternehmensgrößenklassen sowie eine Überarbeitung der Anhangangaben.

Von wenigen Ausnahmen abgesehenen, für die der Gesetzgeber unter bestimmten Voraussetzungen die Möglichkeit einer vorzeitigen Anwendung eingeräumt hat, sind die Neuerungen für ab dem 01.01.2016 beginnende Geschäftsjahre zu beachten.

6.3 Überblick über die Vorschriften zum Jahresabschluß im HGB

Vorschriften zum Jahresabschluß im Handelsgesetzbuch

Drittes Buch HGB		
1. Abschnitt §§ 238-263	2. Abschnitt §§ 264-335	3. Abschnitt §§ 336-339
Vorschriften für alle Kaufleute Abschließende Regelungen für Personengesellschaften und Einzelkaufleute	Ergänzende Vorschriften für Kapitalgesellschaften und bestimmte PHG	Ergänzende Vorschriften für eingetragene Genossenschaften (ohne Unterabschnitte)
1. Unterabschnitt §§ 238-241 Buchführung und Inventar	1. Unterabschnitt §§ 264-289 Jahresabschluß und Lagebericht der Kapitalgesellschaft	
2. Unterabschnitt §§ 242-256 Jahresabschluß	2. Unterabschnitt §§ 290-315 Konzernabschluß und -lagebericht	
3. Unterabschnitt §§ 257-261 Aufbewahrung und Vorlage	3. Unterabschnitt §§ 316-324 Prüfung	
4. Unterabschnitt § 262 (aufgehoben) § 263 Landesrecht	4. Unterabschnitt §§ 325-329 Offenlegung	
	5. Unterabschnitt § 330 Verordnungsermächtigung für Formblätter	
	6. Unterabschnitt §§ 331-335 Straf- und Bußgeldvorschriften	

6.4 Buchführungspflicht nach Handels- und Steuerrecht

Abbildung 8 zeigt den Zusammenhang von Handels- und Steuerrecht zur Bestimmung, wer buchführungspflichtig ist. Eine Buchführungspflicht kann sich ergeben nach Handelsrecht oder nach Steuerrecht.

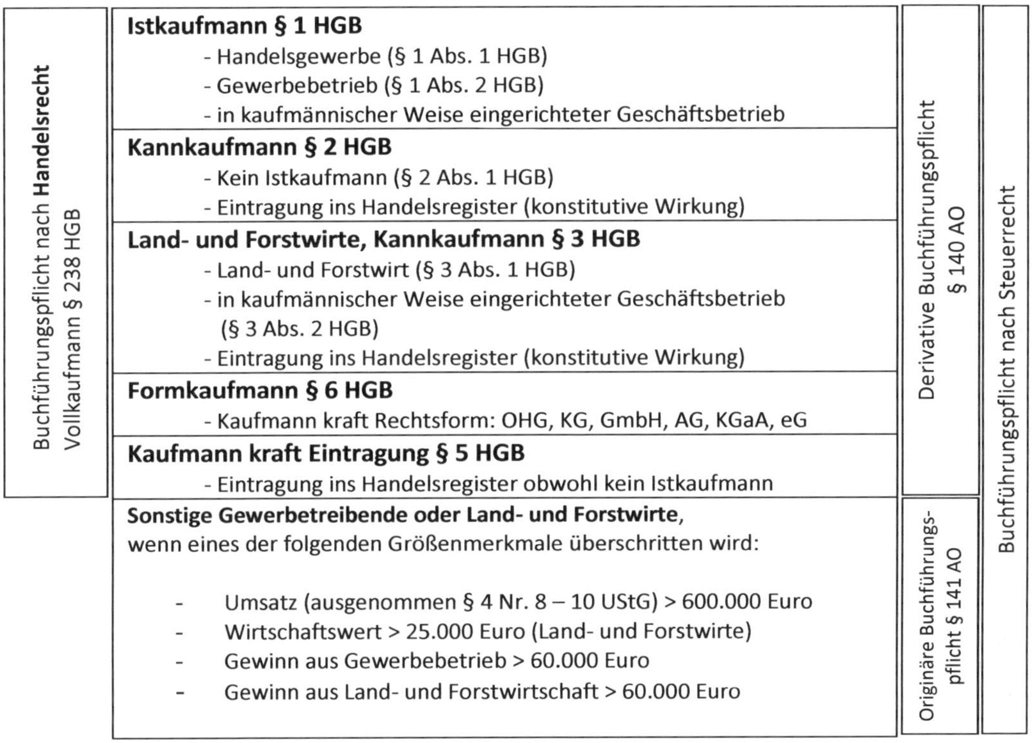

Abbildung 8: Buchführungspflicht nach Handels- und Steuerrecht

6.4.1 Handelsrechtliche Buchführungspflicht für jeden Kaufmann

Das Handelsrecht bestimmt in § 238 HGB, dass ***jeder Kaufmann*** buchführungspflichtig ist. Wer also Kaufmann im Sinne des HGB ist, muss Bücher führen. Welcher Unternehmer oder welches Unternehmen als Kaufmann im Sinne des HGB gilt, bestimmt sich nach den § 1 – § 6 HGB.

Der Istkaufmann nach § 1 HGB

Das Handelsgesetzbuch legt in § 1 Abs. 1 fest: „Kaufmann im Sinne dieses Gesetzbuchs ist, wer ein Handelsgewerbe betreibt."

Wer also ein Handelsgewerbe betreibt, ist Kaufmann - daher die Bezeichnung Istkaufmann.

Stellt sich also die Frage, was als *Handelsgewerbe* zu betrachten ist.

Auf diese Frage gibt § 1 Abs. 2 Antwort: „Handelsgewerbe ist jeder Gewerbebetrieb, es sei denn, dass das Unternehmen nach Art oder Umfang einen in kaufmännischer Weise eingerichteten Geschäftsbetrieb nicht erfordert."

Gewerbebetrieb im Sinne von § 1 Abs. 2 HGB ist die *organisierte Einheit sachlicher und personeller Mittel*, mit deren Hilfe der Inhaber des Betriebs eine

- erkennbar planmäßige, auf Dauer angelegte
- selbstständige und nicht freiberufliche, wissenschaftliche oder künstlerische
- anbietende Tätigkeit an einem Markt
- mit Gewinnerzielungsabsicht

ausübt.

Ob die Größe des Unternehmens einen kaufmännisch eingerichteten Geschäftsbetrieb erfordert, hängt von verschiedenen Kriterien ab, die allerdings nicht starr festgelegt sind. Daher ist die *Vermutung* im Gesetz verankert, dass jedes Gewerbe ein Handelsgewerbe ist. Aus der Formulierung „es sei denn" ergibt sich nämlich, dass derjenige, der sich auf das Nichtvorliegen eines Handelsgewerbes beruft, darlegen und gegebenenfalls beweisen muss, dass der Betrieb nach Art oder Umfang einen kaufmännischen Geschäftsbetrieb *nicht* erfordert - gerade im Fall eines Kleingewerbes.

Für die Unterscheidung zwischen Handels- und Kleingewerbe ist entscheidend, ob der Betrieb nach Art (z. B. Komplexität der Geschäftsvorgänge, Vielfalt der geschäftlichen Handlungen) und Umfang (z.B. Umsatzhöhe, Anzahl der Beschäftigten, Höhe des Betriebsvermögens) im Gesamtbild einen in kaufmännischer Weise eingerichteten Betrieb erfordert. Nicht entscheidend ist, ob der Betrieb tatsächlich in kaufmännischer Weise geführt wird.

Also: *Kein* Handelsgewerbe sind Kleingewerbe, Betriebe der Land- und Forstwirtschaft (soweit keine speziellen Voraussetzungen gegeben sind) sowie freie Berufe.

Der Kannkaufmann nach § 2 HGB

Erfordert das Gewerbe nach Art und Umfang keinen in kaufmännischer Weise eingerichteten Geschäftsbetrieb (Kleingewerbetreibender), dann ist der Geschäftsinhaber kein Kaufmann per Gesetz nach § 1 Abs. 2 HGB. Er ist dennoch ***berechtigt***, sich im Handelsregister eintragen zu lassen (vgl. § 2 Satz 2 HGB). Im Falle einer Eintragung wird er Kaufmann gemäß § 2 Satz 1 HGB, weil er als Kaufmann eingetragen ist. Man sagt, die Eintragung hat ***konstitutive Wirkung***.

Der Kannkaufmann nach § 3 HGB

Wer ein land- oder forstwirtschaftliches Unternehmen betreibt, und für dieses einen in kaufmännischer Weise eingerichteten Geschäftsbetrieb benötigt, kann sich ebenfalls ins Handelsregister eintragen lassen.

Kaufmann kraft Eintragung § 5 HGB

§ 5 HGB besagt - etwas verklausuliert - wer seine ***Firma*** (also der ***Name*** der Unternehmung) im Handelsregister eintragen lässt, wird so behandelt, als ob er ein Handelsgewerbe betreibt. Er gilt somit als Kaufmann.

Kaufmann kraft Rechtsform § 6 HGB

Handelsgesellschaften (OHG, KG) und bestimmte juristische Personen (AG, GmbH, KGaA) sind *kraft ihrer Rechtsform* Kaufleute, selbst wenn kein Handelsgewerbe ausgeübt wird (z.B. bei einer Rechtsanwalts- oder Steuerberater-GmbH). Für die OHG ist außerdem §§ 105 und 123 HGB zu beachten.

Befreiung für Einzelkaufleute

Nur für Einzelkaufleute besteht eine *Befreiung* von der Pflicht zur Buchführung und Erstellung des Inventars nach § 241a HGB, wenn sie an den Abschlußstichtagen von zwei aufeinander folgenden Geschäftsjahren nicht mehr als 500.000 Euro Umsatzerlöse und 50.000 Euro Jahresüberschuß aufweisen. Im Fall der Neugründung treten die Rechtsfolgen schon ein, wenn diese Werte am ersten Abschlußstichtag nach der Neugründung nicht überschritten werden.

6.4.2 Buchführungspflicht nach Steuerrecht

6.4.2.1 Derivative Buchführungspflicht § 140 AO

Das Steuerrecht macht etwas ungeheuer Geschicktes: es bestimmt zunächst, dass derjenige nach Steuerrecht buchführungspflichtig sei, wer es auch schon nach Handelsrecht ist (wörtlich: „nach anderen Gesetzen"). In § 140 Abgabenordnung heißt es nämlich:

Gesetzestext: § 140 Abgabenordnung

Wer nach anderen Gesetzen als den Steuergesetzen Bücher und Aufzeichnungen zu führen hat, die für die Besteuerung von Bedeutung sind, hat die Verpflichtungen, die ihm nach den anderen Gesetzen obliegen, auch für die Besteuerung zu erfüllen.

Mit „anderen Gesetzen", auf die sich § 140 AO bezieht, ist auch das Handelsgesetzbuch gemeint. Daher nennt man diese aus dem Handelsrecht *abgeleitete* steuerrechtliche Verpflichtung, Bücher zu führen, „Derivative Buchführungspflicht".

Damit sind alle Kaufleute – die ja nach HGB Kaufmann sind – nicht nur handelsrechtlich zur Buchführung verpflichtet, sondern auch nach Steuerrecht.

6.4.2.2 *Originäre Buchführungspflicht § 141 AO*

Aber nicht jeder Gewerbetreibende ist ein Kaufmann (meistens weil er ein kleines Gewerbe betreibt, und die Kaufmannseigenschaft nicht greift – er also nach Handelsrecht kein Kaufmann ist). Für das Finanzamt ist dieser Gewerbetreibende aber immer noch interessant – denn da gibt es möglicherweise was zu holen.

Also definiert sich das Steuerrecht *eine eigene Buchführungspflicht* für solche Gewerbetreibende, die durch das Handelsrecht nicht erfasst werden. Diese Buchführungspflicht ergibt sich aus § 141 AO und wird als „Originäre Buchführungspflicht" bezeichnet werden. Und dann definiert sich das Steuerrecht in § 141 noch ein paar weitere Sachverhalte, wann sich eine Buchführungspflicht ebenfalls direkt aus dem Steuerrecht ergeben kann. Betroffen sind gewerbliche Unternehmer sowie Land- und Forstwirte.

Gesetzestext: § 141 Abgabenordnung

Gewerbliche Unternehmer sowie Land- und Forstwirte, die nach den Feststellungen der Finanzbehörde für den einzelnen Betrieb

1. Umsätze einschließlich der steuerfreien Umsätze, ausgenommen die Umsätze nach § 4 Nr. 8 bis 10 des Umsatzsteuergesetzes, von mehr als 500 000 Euro im Kalenderjahr oder
2. (weggefallen)
3. selbstbewirtschaftete land- und forstwirtschaftliche Flächen mit einem Wirtschaftswert (§ 46 des Bewertungsgesetzes) von mehr als 25 000 Euro oder
4. einen Gewinn aus Gewerbebetrieb von mehr als 50 000 Euro im Wirtschaftsjahr oder
5. einen Gewinn aus Land- und Forstwirtschaft von mehr als 50 000 Euro im Kalenderjahr

gehabt haben, sind auch dann verpflichtet, für diesen Betrieb Bücher zu führen und auf Grund jährlicher Bestandsaufnahmen Abschlüsse zu machen, wenn sich eine Buchführungspflicht nicht aus § 140 ergibt. Die §§ 238, 240, 241, 242 Abs. 1 und die §§ 243 bis 256 des Handelsgesetzbuchs gelten sinngemäß, sofern sich nicht aus den Steuergesetzen etwas anderes ergibt.

Steuerpflichtige mit Einkünften aus selbständiger Arbeit fallen nicht unter § 141 AO – sie sind nie ***buchführungs***- sondern nur ***aufzeichnungspflichtig***.

Diese Aufzeichnungspflichten bestehen im Wesentlichen aus:

- einer Belegsammlung mit gruppenweiser Zusammenstellung von Einnahmen und Ausgaben;
- für umsatzsteuerliche Zwecke: Nettoentgelt, Umsatzsteuer und Gesamtbetrag müssen einzeln aufgezeichnet werden;
- Warenein- und -ausgang müssen ggf. getrennt aufgezeichnet werden;
- Entnahmen und Einlagen sind gesondert aufzuzeichnen.

6.5 Jahresabschluß: Aufstellung, Prüfung, Feststellung, Offenlegung

6.5.1 Allgemeines

Rechtsform, Größe und Branche (z.B. für Banken und Versicherungen) des Unternehmens entscheidet über den Umfang der Rechnungslegung. Tabelle 15 gibt einen Überblick über die gesetzlichen Regelungen:

Tabelle 15: Gesetzliche Regelungen zum Jahresabschluß

	Aufstellung	***Prüfung***	***Offenlegung***
Einzelunternehmen und Personenhandelsgesellschaften	§§ 238-263 HGB	Entfällt, außer wenn die Grenzen aus § 1 PublG überschritten werden	
Kleinstkapitalgesellschaften	zusätzlich §§ 264-289a HGB	entfällt	§§ 325-329 HGB
Kleine Kapitalgesellschaften		entfällt	
Mittelgroße Kapitalgesellschaften		§§ 316-324a HGB	
Große Kapitalgesellschaften			

Größenkriterien für Kapitalgesellschaften und haftungsbeschränkte Personenhandelsgesellschaften nach § 267 HGB n.F. sind in Tabelle 16 zusammengefasst.

Tabelle 16: Größenkriterien Kapitalgesellschaften nach §§ 267 und 267a HGB

	Bilanzsumme (BS) in Mio. €		Umsatzerlöse (UE)		durchschn. Zahl der Arbeitnehmer (AN)	
	bisher	BilRUG	bisher	BilRUG	bisher	BilRUG
Kleinst	BS ≤ 0,35	BS ≤ 0,35	UE ≤ 0,7	UE ≤ 0,7	AN ≤ 10	
Klein	BS ≤ 4,84	BS ≤ 6	UE ≤ 9,68	UE ≤ 12	AN ≤ 50	
Mittelgroß	4,84 < BS ≤ 19,25	6 < BS ≤ 20	9,68 < UE ≤ 38,5	12 < UE ≤ 40	50 < AN ≤ 250	
Groß	BS > 19,25	BS > 20	UE > 38,5	UE > 40	AN > 250	

Die Rechtsfolgen einer Einstufung als klein, mittelgroß oder groß treten ein, wenn das Unternehmen mindestens zwei der drei Kriterien an zwei aufeinander folgenden Bilanzstichtagen über- oder unterschreitet. Als groß gilt eine Gesellschaft zudem immer dann, wenn Aktien oder andere Wertpapiere zum amtlichen oder geregelten Markt zugelassen sind oder eine solche Zulassung beantragt ist (vgl. § 267 Abs. 3 HGB). Nach BilRUG gelten die Vereinfachungen der Kleinst-KapG nicht mehr bei einer reinen Finanzholding.

Für den Konzernabschluss wurden mit dem 2016 ebenfalls die Schwellenwerte angepasst. Nach § 293 Abs. 1 ist ein Mutterunternehmen von der Pflicht zur Erstellung eines Konzernabschlusses befreit, wenn zwei der drei Größenmerkmale unterschritten in Tabelle 17 werden.

Tabelle 17: Schwellenwerte für Konzernabschlüsse

	Bilanzsumme (BS) in Mio. €		Umsatzerlöse (UE)		durchschn. Zahl der Arbeitnehmer (AN)	
	bisher	BilRUG	bisher	BilRUG	bisher	BilRUG
Summe (unkonsolidiert)	BS ≤ 23,1	BS ≤ 24	UE ≤ 46,2	UE ≤ 48	AN ≤ 250	
Summe (konsolidiert)	BS ≤ 19,25	BS ≤ 20	UE ≤ 38,5	UE ≤ 40	AN ≤ 250	

6.5.2 Bestandteile und Aufstellung des Jahresabschlusses

Die Pflicht zur Aufstellung des Jahresabschlusses obliegt nach § 242 ggf. i.V.m. § 264 Abs. 1 HGB dem Kaufmann bzw. den gesetzlichen Vertretern einer Kapitalgesellschaft. Die zur Aufstellung des Jahresabschlusses verpflichteten Personen haben auch über die Ausübung von Gestaltungsmöglichkeiten und Wahlrechten zu entscheiden.

Im Gegensatz zu den mit der Aufstellung nach § 242 HGB verbundenen Rechtsakte und Entscheidungen können die zur Aufstellung erforderlichen Arbeiten, nämlich die sogenannte Erstellung des Jahresabschlusses auch auf externe Sachverständige, wie Steuerberater oder Wirtschaftsprüfer übertragen werden.

Der Umfang der Jahresabschlüsse ist abhängig von der *Rechtsform* und von der *Größe* des Unternehmens. Für Einzelunternehmen und Personenhandelsgesellschaften besteht der Jahresabschluß aus der Bilanz und der Gewinn- und Verlustrechnung (§ 242 Abs. 3 HGB). Die gesetzlichen Vertreter einer Kapitalgesellschaft haben nach § 264 Abs. 1 HGB den Jahresabschluß im Sinne des § 242 Abs. 3 HGB um einen Anhang zu erweitern, der mit der Bilanz und der Gewinn- und Verlustrechnung eine Einheit bildet, sowie einen Lagebericht aufzustellen. Das gleiche gilt für Genossenschaften (§ 336 Abs. 1 HGB). Kleine Kapitalgesellschaften im Sinne des § 267 Abs. 1 brauchen den Lagebericht nicht aufzustellen (Wahlrecht). Diese Regelungen gelten auch für bestimmte Personengesellschaften im Sinne des §

264a HGB, bei denen mindestens ein persönlich haftender Gesellschafter mittelbar oder unmittelbar eine natürliche Person ist.

Für Kapitalgesellschaften oder Personengesellschaften, die Töchterunternehmen von börsennotierten Konzernen sind, besteht unter bestimmten Voraussetzungen nach § 264 Abs. 3 HGB bzw. § 264b HGB nicht die Verpflichtung, einen Jahresabschluß und einen Lagebericht nach den Vorschriften des HGB aufzustellen bzw. offen zu legen.

Für die Erstellung von Abschlüssen sind bestimmte Fristen einzuhalten, die ganz generell für größere Unternehmen strenger, für kleinere Unternehmen etwas weniger streng sind.

Die Bestandteile der Rechnungslegung ergeben sich aus Tabelle 18.

Tabelle 18: Bestandteile Rechnungslegung

	Bilanz und GuV	***Anhang***	***Lagebericht***	***Kapitalflußrechnung Eigenkapitalspiegel Segmentbericht***
Einzelunternehmen	X	–	–	–
PHG mit natürlicher Person als Vollhafter	X	–	–	–
PHG ohne natürliche Person als Vollhafter	X	X	X	
Kleinstkapitalgesellschaften	X	siehe § 264 Abs. 1 S. 5	–	–
Kleine Kapitalgesellschaften	X	X	–	–
Mittelgroße Kapitalgesellschaften	X	X	X	
Große Kapitalgesellschaften	X	X	X	
Kapitalmarktorientierte Kapitalgesellschaft, aber kein Konzern	X	X	X	X (Wahlrecht nur für Segmentbericht)

6.5.3 Fristen für die Aufstellung des Jahresabschlusses

Die Fristen zur Aufstellung des Jahresabschlusses sind auch wieder abhängig von Rechtsform und Größe des Unternehmens. Außerdem sind die Fristen nach Handels- und Steuerrecht nicht identisch. Sie sind in Tabelle 19 wiedergegeben.

Tabelle 19: Fristen für die Aufstellung des Jahresabschlusses

<table>
<tr><th>Rechtsform</th><th>Handelsrecht</th><th>Steuerrecht</th></tr>
<tr><td>Einzelunternehmen, OHG, KG (die nicht dem PubG unterliegen)</td><td>Innerhalb der einem ordnungsmäßigen Geschäftsgang entsprechenden Zeit (§ 243 Abs. 3 HGB)</td><td rowspan="4">Spätestens 5 Monate nach Ablauf des Kalenderjahres (§ 149 Abs. 2 AO, § 60 EStDV, § 31 KStG)

Bei Erstellung durch steuerberatende Berufe: Verlängerung auf bis zu 12 Monate möglich oder auf Antrag nach § 109 AO.</td></tr>
<tr><td>Einzelunternehmen, OHG, KG (die dem PubG unterliegen)</td><td>In den ersten drei Monaten des Geschäftsjahres (§ 5 Abs. 1 PublG)</td></tr>
<tr><td>Kleine KapG, bestimmte PHG</td><td>In den ersten drei Monaten des Geschäftsjahres; § 264 Abs. 1 HGB</td></tr>
<tr><td>Mittelgroße und große KapG, bestimmte PHG</td><td>In den ersten drei Monaten des Geschäftsjahres; § 264 Abs. 1 HGB</td></tr>
</table>

6.5.4 Gesetzliche Jahresabschlussprüfung

Mittelgroße und große Kapitalgesellschaften sind nach § 316 Abs. 1 HGB i.V.m. § 267 HGB verpflichtet, den Jahresabschluß durch einen Abschlussprüfer (Wirtschaftsprüfer, vereidigte Buchprüfer) prüfen zu lassen. Großunternehmen sind nach § 6 i.V.m. § 1 PublG ebenfalls verpflichtet, ihren Jahresabschluß prüfen zu lassen. Hat keine Prüfung stattgefunden, so kann der Jahresabschluß nicht festgestellt werden.

Kleine Kapitalgesellschaften brauchen ihren Jahresabschluß und ggf. Lagebericht nicht prüfen zu lassen, können dies aber freiwillig tun.

Die Einteilung der Kapitalgesellschaften in die Kategorien klein, mittel und groß ergibt sich aus § 267 HGB. Börsennotierte Unternehmen fallen immer unter die Kategorie Große Kapitalgesellschaften (siehe dazu Tabelle 16 auf Seite 195).

Gegenstand der Prüfung ist der Jahresabschluß (Bilanz, Gewinn- und Verlustrechnung, Anhang), ggf. auch der nach internationalen Rechnungslegungsstandards erstellte Einzelabschluss, der Lagebericht und die Buchführung.

§ 264 Abs. 3 HGB regelt die Befreiung für Tochterunternehmen von Prüfungs- und Offenlegungspflichten. Dafür mussten bis zum 31.12.2015 folgende vier Kriterien erfüllt sein:

(1) Zustimmung der Gesellschafter des Tochterunternehmens

(2) Verlustübernahme durch das Mutterunternehmen

(3) Tochter-Verhältnis zu einem europäischen Mutterunternehmen

(4) Einbeziehung des Tochterunternehmens in den Konzernabschluss.

Mit Gültigkeit des BilRUG ändert sich Kriterium (2). Statt Verlustübernahme muss sich die Mutter bereit erklären, für die von dem Tochterunternehmen bis zum Abschlussstichtag eingegangenen Verpflichtungen im folgenden Geschäftsjahr einzustehen.

6.5.5 Offenlegung

Unternehmen, die dem PublG unterliegen, sowie Kapitalgesellschaften müssen ihre Jahresabschlüsse offenlegen. Der Umfang der offenzulegenden Unterlagen ist größen- und rechtsformabhängig. Die Unterlagen sind beim Betreiber des elektronischen Bundesanzeigers (www.bundesanzeiger.de) elektronisch einzureichen. Die Unterlagen sind unverzüglich, jedoch spätestens vor Ablauf des zwölften Monats des dem Abschlussstichtag folgenden Geschäftsjahres, einzureichen. Bei kapitalmarktorientieren Unternehmen beträgt die Frist vier Monate.

Tabelle 20: Umfang der Offenlegung der Einzelabschlüsse

Unterlagen	***KapG und best. PHG***		
	kleine	***mittelgroße***	***große***
Bilanz	X	X[2]	X
GuV	–	X	X
Anhang	X[1]	X[3]	X
Lagebericht	–	X	X
Bericht des Aufsichtsrats	–	X	X
Ergebnisverwendung	–	X	X
Erklärung nach § 161 AktG	X	X	X

1) Der Anhang braucht die Angaben bezüglich der GuV nicht zu enthalten (§ 288 HGB).

2) Bilanz darf in der für die kleine Kapitalgesellschaft vorgeschriebenen Form eingereicht werden, muß aber bestimmte Posten zusätzlich enthalten (§ 327 Nr. 1 HGB).

3) Anhang darf ohne die Angaben nach § 285 Satz 1 Nr. 2, 5, 8a und 12 HGB eingereicht werden (§ 327 Nr. 2 HGB), siehe auch § 288 HGB.

Unternehmen, die dem PublG unterliegen, müssen ebenfalls alle Unterlagen (außer den Erklärungen nach § 161 AktG) offenlegen. Allerdings gelten Erleichterungen für PHG und Einzelkaufleute in § 5 Abs. 1, 2 PublG bzw. § 9 Abs. 2, 3 PublG.

7 Aufgaben, Literatur, Index

7.1 Aufgaben

Aufgabe 1 Geschäftsvorfälle erkennen

Zu betrachten sind die folgenden Geschäftsvorfälle, die mit 1 bis 25 nummeriert sind. In der abgebildeten Tabelle sind in der 2. und 3. Spalte mit Betrag und Vorzeichen anzugeben, um welche Rechnungsgröße es sich bei den Geschäftsvorfällen handelt. Eine Null ist nicht einzutragen (wenn Sie z.B. der Ansicht sind, ein Geschäftsvorfall erzeugt keine Ein- oder Auszahlung, lassen Sie das Feld frei). Umsatzsteuer ist nicht zu berücksichtigen.

Zusätzlich ist in der 4. Spalte der Tabelle durch Eintragen der jeweiligen Ziffer anzugeben, ob der Geschäftsvorfall insgesamt zu einem Aktivtausch (1), einem Passivtausch (2), einer Bilanzverkürzung (3) oder zu einer Bilanzverlängerung (4) führt.

Die Muck GmbH produziert und verkauft Wasch- und Küchenmaschinen. Im Monat Februar sind unter anderem die folgenden Geschäftsvorfälle aufgetreten:

1. Überweisung in Höhe von 2.000 € für eine karitative Spende.

2. Der monatlichen Arbeitgeber-Beiträge von 6.000 € für die Sozialversicherung der Mitarbeiter wird überwiesen.

3. Bildung einer Garantie-Rückstellung von 4.000 €.

4. Gesellschafter Muck legt 50.000€ ein durch Banküberweisung von seinem privaten Bankkonto auf das Firmenkonto.

5. Außerplanmäßige Abschreibung auf eine Fertigungsmaschine in Höhe von 2.000 €.

6. Dividenden in Höhe von 5.000 € werden an die Gesellschafter überwiesen.

7. Tilgungen in Höhe von 6.000 € für einen aufgenommen Bankkredit werden überwiesen.

8. Auszahlung eines Arbeitgeberdarlehens für den Leiter der Personalabteilung mit einem Betrag von 3.000€, der vom Bankkonto überwiesen wird.

9. Zahlung eines zusätzlichen Bonus an alle Mitarbeiter in Höhe von insgesamt 500 €.

10. Verkauf einer Maschine mit dem Buchwert 16.000 € gegen einen Barscheck in Höhe von netto 20.000 €.

11. Kunde Weber begleicht eine Verbindlichkeit in Höhe von 8.000 € durch Verrechnung mit einer betragsgleichen Forderung an die Muck GmbH.

12. Überweisung einer Anzahlung von 4.000 € an eine Werbeagentur.

13. Bareinzahlung von der Kasse auf das Bankkonto in Höhe von 400 €.

14. Kauf einer Maschine im Wert von 300.000 € auf Ziel.

15. Verkauf von Waschmaschinen im Wert von 730.000 € gegen Rechnung, die in der gleichen Periode produziert wurden und die mit Herstellungskosten von 300.000 bewertet sind.

16. Reparatur eines Wasserschadens in Höhe von 55.000 €, der nicht versichert ist. Zahlung durch Überweisung vom Bankkonto.

17. Die in diesem Monat angefallenen Stromkosten in Höhe von 2.000 € werden vom betrieblichen Bankkonto abgebucht.

18. Eine Beteiligung mit einem Buchwert von 123.000 € wird für 100.000 € verkauft, die Bank schreibt den Betrag auf dem betrieblichen Bankkonto gut.

19. Barverkauf von Küchenmaschinen im Wert von 30.000 €, die in derselben Periode für 15.000 € hergestellt wurden.

20. Entnahme von Rohstoffen im Wert von 4.500 € aus dem Lager, mit Materialentnahmescheinen.

21. Gutschrift von Wertpapierzinsen durch die Bank, in Höhe von 1.000 €.

22. Der Kunde Müller überweist den fälligen Rechnungsbetrag von 9.000 €.

23. Überweisung der Umsatzsteuerzahllast des Vormonats in Höhe von 91.000 €.

24. Die Monatslöhne in Höhe von 200.500 € werden überwiesen.

25. Kauf von Betriebsstoffen für 45.000 € auf Ziel.

Nr.	*+ Einzahlung/ - Auszahlung*	*+ Ertrag/ - Aufwand*	*Rechnungsgröße 1, 2, 3 oder 4*
1	- 2 000	- 2000	3
2	- 6 000	- 6000	3
3		- 4000	2
4	+ 50 000		4
5		- 2 000	3
6	- 5 000		3
7	- 6 000		3
8	- 3 000		1 ?
9	- 500	- 500	3
10	+ 20 000	+ 4 000	4 ?
11			3 ?

Eigenkapital + Bank erhöhen sich

12	- 4 000		1
13			1
14			4
15		+ 730 000 - 300 000	4
16	- 55 000	- 55 000	3
17	- 2 000	- 2000	3
18	+ 100 000	- 23 000	3
19	+ 30 000	+30 000 - 15 000	4
20		- 4 500	3 ?
21	+ 1000	+ 1000	4
22	+ 4 000		1
23	- 91 000		3
24	- 200 500	- 200500	3
25			4

Aufgabe 2 Bilanzveränderungen erkennen und einordnen

Beschreiben Sie für die Geschäftsvorfälle 1 bis 25 aus Aufgabe 1 allgemein, auf welche Weise Bilanzpositionen oder Positionen der Gewinn- und Verlustrechnung betroffen sind, oder betroffen sein könnten. Berücksichtigen Sie auch Umsatzsteuer.

Beispiele

Nr. 1: Überweisung in Höhe von 2.000 € für eine karitative Spende.

Auf der Aktivseite: Zahlungsmittel vermindern sich.

Auf der Passivseite: das Eigenkapital, da es sich bei der Spende um einen Aufwand handelt. Gleichzeitig erscheint die Spende bei den Aufwendungen in der GuV (je nachdem bei den „sonstigen betrieblichen Aufwendungen" – wenn das Unternehmen regelmäßig mit betrieblichem Kalkül gespendet hat; oder „außerordentliche Aufwendungen", wenn das Unternehmen nur ausnahmsweise spendet.)

Nr. 10: Verkauf einer Maschine mit dem Buchwert 16.000 € gegen einen Barscheck in Höhe von netto 20.000 €.

Auf der Aktivseite: Sachanlagevermögen vermindert sich um 16.000 (Maschine). Zahlungsmittel erhöhen sich um 20.000 Euro plus 19 Prozent Umsatzsteuer 3.800 Euro (im Beispiel nicht genannt), also insgesamt um 23.800 Euro.

Auf der Passivseite: Der Buchgewinn von 4.000 wird als Ertrag gebucht (GuV) und erhöht das Eigenkapital. Die vereinnahmte Umsatzsteuer ist eine Verbindlichkeit gegenüber dem Finanzamt und muß im Rahmen des normalen Geschäftsgangs an das Finanzamt überwiesen werden.

Aufgabe 3 Bilanzposten erkennen und einordnen

Ordnen Sie die aufgeführten Posten der Glaserei Muck in die Tabelle ein.

Vorräte Flachglas	Forderungen an Kunden	Lackieranlage
Vorräte Acrylglas	Lieferantenrechnungen	Kassenbestand
Computeranlage	Darlehen mit 10 Mon. Laufzeit	Reinvermögen
Fotokopierer	Werkstatt-Gebäude	Postbankguthaben
Schreibtische	Lieferwagen	Geschäfts-PKW
Verkaufstheke	Überzogenes Konto Sparkasse	Hypothekenschulden

Anlagevermögen	Umlaufvermögen	Eigenkapital	Langfristige Schulden	Kurzfristige Schulden
Computeranlage	Vorräte Flach-Acryl	Reinvermögen	Hypothekens.	überzogenes Konto
Fotokopierer	Forderungen			Darlehen
Schreibtisch	Kassenbestand			Lieferantenrechnung
Verkaufstheke	Postbankguthaben			
Werkstatt				
Lieferwagen				
Lackieranlage				

Geschäfts PKW

Aufgabe 4 Bilanzgliederung

Unten angegeben sind einzelne Bestandspositionen.

a) Ordnen Sie die angegebenen Posten den Bilanzpositionen nach § 266 HGB zu.
b) Geben Sie die Gliederungsnummer und eine geeignete Kurzbezeichnung für jede Position an (z.B. „A. II. 1. Grundstücke, Bauten").
c) Bestimmen Sie die Bilanzsumme.
d) Bestimmen Sie schließlich die Höhe des Eigenkapitals.

A II.1	Gebäude und Grundstücke	560.000 €
C 2	Bankdarlehen	463.500 €
B IV	Bankguthaben	19.650 €
C 4	Lieferantenverbindlichkeiten	289.850 €
B IV	Kasse	2.600 €
C 2	Hypotheken	250.000 €
B II	Kundenforderungen	73.400 €
A II 3	Fuhrpark	125.000 €
C 3	Anzahlungen von Kunden	4.550 €
A III 2	Kredit an Tochtergesellschaft	150.000 €
B I 2	unfertige Erzeugnisse	27.500 €
A II 2	Maschinen	340.000 €
A II 3	Computerausstattung	19.500 €
B I 3	Verkaufsfertige Produkte	145.000 €

Aktiva

A Anlagevermögen
I. immaterielle
II. Sachanlagen
1. Gebäude 560 000
2. Maschine 340 000
3 Computer 19 500
3. Fuhrpark 125 000
III. Finanzanlage
2. kredit 150 000
(ausleihe an verbundene Unternehmen)

B Umlaufvermögen
I. Vorräte
2. unfertige 27 500
3. fertige 145 000
II kundenforderungen

Aufgabe 5 Bilanz aus Inventar erstellen

Unten angegeben ist eine Liste mit dem Inventurergebnis der Schreinerei Manfred Muck.

a) Erstellen Sie daraus das Inventar zum 31.12.2012.
b) Ermitteln Sie das Eigenkapital zum 31.12.2012.
c) Fassen Sie einzelne Vermögens- und Schuldenpositionen zusammen. Orientieren Sie sich am Bilanzgliederungsschema für Kapitalgesellschaften (§ 266 HGB).
d) Erstellen Sie dann aus dem Inventar eine Bilanz.

Manfred Muck, Schreinerei und Einrichtungshandel

Inventurergebnis zum 31.12.2012 (in €):

Laden- und Werkstatteinrichtung (Buchwerte)	
Werkbank	18.000,00
Sitzgruppe	14.000,00
Regale	75.000,00
Büroeinrichtung (Buchwerte)	
Schreibtisch	2.800,00
PC	3.450,00
Regale	1.900,00
Maschinen und Werkzeuge (Buchwert)	
Werkzeuge	7.400,00
Bandsäge	77.000,00
Hobelmaschine	24.500,00
Bohrer	2.500,00
Fräse	14.000,00
Kraftfahrzeuge (Buchwert)	
PKW: K-TD 158	34.000,00
LKW: K-LU 645	26.000,00
Betriebsgebäude (Buchwert)	330.000,00
Betriebsgrundstück (Buchwert)	150.000,00
Kassenbestand	2.750,00
Bank-Guthaben	
Postbank	7.220,45
Deutsche Bank	6.771,72
Sparkasse KölnBonn	-4.210,63

Forderungen aus Lieferungen und Leistungen	
Fa. Hasenhirn, Düsseldorf	5.880,00
Dr. Reimann, Rösrath	6.000,00
Brock GmbH, Bonn	16.500,00
Rohstoffe	
Diverses Holz	2.468,00
Hilfsstoffe	
Schrauben und Nägel	280,00
Lacke	420,00
Handelswaren	4.900,00
Darlehensschulden	
Raiffeisenbank	250.000,00
HypoVereinsbank	50.000,00
Verbindlichkeiten aus Lieferung und Leistung	
Sägewerk Brockdorf	12.000,00
Kropp GmbH	32.700,00
Fa. Dr. Schramm, Bergheim	15.400,00
Verbindlichkeit gegenüber dem Finanzamt	
Umsatzsteuerschuld	14.100,00

Aufgabe 6 Bilanz erstellen

Das – etwas durcheinander geratene – Inventar der Zwerg Nase GmbH weist zum 31.12.2012 folgende Positionen auf (in €):

Geschäftsbauten und Grundstücke	700.000
Forderungen aus Lieferungen und Leistungen	20.000
Aktienpaket „Siemens“	24.000
Bankkonto	15.000
Lieferantenverbindlichkeiten	55.000
Darlehensschulden	80.000
Hypothekenschulden	400.000
Rückstellungen für schwebende Verfahren	50.000
Betriebs- und Geschäftsausstattung	60.000
Warenvorräte	30.000
Grundkapital	150.000
Kasse	6.000
Freie und gesetzliche Rücklagen	50.000

Erstellen Sie eine Eröffnungsbilanz zum 1.1.2013 und ordnen Sie die einzelnen Positionen unter die Kategorien Anlage- und Umlaufvermögen sowie in Eigenkapital und Fremdkapital. Erstellen Sie dazu ein Arbeitsblatt in Excel und bilden Sie für die o.g. Kategorien Zwischensummen (möglichst übersichtlich, also z.B. in separaten Spalten).

Ermitteln Sie den Bilanzgewinn der Zwerg Nase GmbH und stellen Sie diesen als Position „Bilanzgewinn“ auf die Passivseite der Bilanz unterhalb der Schulden.

Aufgabe 7 Grundsätze ordnungsmäßiger Buchführung/Inventur

Buchhalter Hasenhirn von der Muck GmbH beabsichtigt, die folgenden Sachverhalte zum Bilanzstichtag wie beschrieben buchhalterisch bzw. bilanziell zu behandeln. Kommentieren Sie das beabsichtigte Vorgehen im Lichte der Grundsätze ordnungsmäßiger Buchführung bzw. Grundsätze ordnungsmäßiger Inventur.

a) Anlagevermögen: Für das bewegliche Anlagevermögen beabsichtigt Hasenhirn, Vermögensgegenstände mit Anschaffungskosten bis zu € 140,- zu inventarisieren, und die Anschaffungen im jeweiligen Jahr sofort als Aufwand zu buchen.

b) Rohstoffe: Die Rohstoffe werden in einer Lagerbuchführung erfasst. Da im vergangenen Jahr im Laufe des Monats Dezember bereits eine Inventur stattfand, soll die nächste Anfang Januar des kommenden Jahres stattfinden.

c) Außenlager: Für ein außerhalb der Unternehmung befindliches Lager mit einer leicht verdunstenden Flüssigkeit werden alle Zu- und Abgänge buchmäßig erfasst, so dass der Bestand zum 31.12. ermittelt werden kann. Eine Bestandskontrolle soll im November stattfinden.

d) Unfertige Erzeugnisse: Ein Teil der unfertigen Erzeugnisse braucht nicht aufgenommen zu werden, weil die Herstellungskosten pro Stück €60,- nicht übersteigen. Der andere Teil soll mit den Herstellungskosten zum 31.12. erfasst und in das Inventar eingestellt werden.

e) Forderungen: Um möglichst den gesamten Bestand an Forderungen gegenüber Kunden nachweisen zu können, sollen alle rund 3.000 Kunden angeschrieben und um eine Saldenbestätigung gebeten werden. Die Kosten für diese Aktion betragen geschätzt ca. €7.500,-.

f) Die Muck GmbH hat im Oktober einen Computer für € 3.000 erhalten. Die GmbH ist knapp bei Kasse und zögert die Bezahlung bis zum Februar des Folgejahres hinaus. Weil im Geschäftsjahr noch keine Auszahlung erfolgte, verzichtet Hasenhirn auf die Aktivierung des Computers.

g) Hasenhirn stellt fest, dass in den Büchern Spezialmaschinen mit den um die Abschreibungen verminderten Anschaffungskosten von €20.000 bilanziert sind. Sollte das Unternehmen im kommenden Jahr wider Erwarten aufgelöst werden, könnten die Maschinen nur noch zu €5.000 veräußert werden. Muck glaubt zu wissen, dass Bilanzen unter Vorsichtsgesichtspunkten zu erstellen sind. Er bewertet die Maschinen daher mit dem vorsichtig ermittelten Veräußerungspreis von €5.000.

h) Die Muck GmbH hat im Geschäftsjahr 2011 von einem Großkunden einen Auftrag über die Lieferung von 200 Flüstertüten für €100.000 erhalten. Die Lieferung soll im März 2012 erfolgen. Als Muck die Flüstertüten am 31.12.2011 seinem Lieferanten einkaufen will, muss er feststellen, dass die Preise kräftig gestiegen sind. Die Flüstertüten kosten nun im Einkauf €110.000. Da Muck erst im März 2012 liefern muss, verzichtet er auf den Einkauf der Flüstertüten und hofft auf einen Preisrückgang im folgenden Geschäftsjahr. Um die Gläubiger nicht zu beunruhigen, weist er das Geschäft im Jahresabschluss zum 31.12.11 nicht aus.

Aufgabe 8 Grundsätze ordnungsmäßiger Bilanzierung

Buchhalter Hasenhirn von der Muck GmbH beabsichtigt, die folgenden Sachverhalte zum Bilanzstichtag wie beschrieben bilanziell zu behandeln. Kommentieren Sie das beabsichtigte Vorgehen im Lichte der Grundsätze ordnungsmäßiger Bilanzierung.

a) Die Muck GmbH hat bei der Sparkasse ein Girokonto mit einem Guthaben von 25.000 Euro. Außerdem hat sie einen Kredit bei der Sparkasse mit Restlaufzeit 4 Jahren. Der Erfüllungsbetrag ist 12.500. Hasenhirn beschließt, die beiden Positionen zu saldieren, und nur auf der Aktivseite 12.500 bei den Zahlungsmitteln auszuweisen, da ja beide Sachverhalte die gleiche Sparkasse betreffen.

b) Die Muck GmbH steht mit der Müller KG in reger Geschäftsbeziehung. Die beiden Unternehmen beliefern sich gegenseitig mit Waren. Am Bilanzstichtag stellt Hasenhirn fest, daß die Muck GmbH noch Forderungen aus Lieferungen gegen die Müller KG in Höhe von 3.300 € hat. Außerdem hat die Muck GmbH Verbindlichkeiten aus Lieferungen gegenüber der Müller KG in Höhe von 4.000 Euro. Daher will er in der Bilanz nur 700 Euro ausweisen, damit die Verbindlichkeiten etwas niedriger erscheinen.

c) Die Muck GmbH hat ein Erzeugnis für 1.500 Euro hergestellt. Noch vor Bilanzerstellung hatte Kunde K bereits signalisiert, das er das Erzeugnis für 1.900 Euro im Folgejahr kaufen wird. Also setzt Hasenhirn das Erzeugnis mit dem zu erwartenden Verkaufswert von 1.900 in die Bilanz, da dieser Wert mit großer Wahrscheinlichkeit realisiert werden wird. Insofern ist der zu erwartende Verkaufswert ein beizulegender Zeitwert.

d) Die Muck GmbH hatte bisher bei der Bewertung der Fertigerzeugnisse bestimmte Verwaltungs- und Sozialkosten zulässigerweise beim Bilanzansatz berücksichtigt. Im Geschäftsjahr erwartet die Muck GmbH einen hohen Gewinn. Daher möchte Hasenhirn in diesem Geschäftsjahr nur die Untergrenze der Herstellungskosten ansetzen, so daß der Gewinn etwas niedriger ausgewiesen wird.

e) Die Muck GmbH hatte im Geschäftsjahr viele Rohmaterial eingekauft, aber noch nicht viel verarbeitet. Um diesen Sachverhalt in der Bilanz nicht so deutlich werden zu lassen, sollen die Vorräte nicht mehr – wie in den Vorjahren – getrennt nach Rohstoffen, Unfertiges und Fertigerzeugnisse ausgewiesen werden, sondern in einer Position „Vorräte".

f) Das Wertpapierdepot der Muck GmbH weist Aktien aus, die die Muck GmbH für insgesamt 640.000 Euro gekauft hatte. Nebenkosten des Erwerbs waren 1.200 Euro. Am Bilanzstichtag notieren die Aktien bei 800.000 Euro (Zeitwert). Außerdem hat die Muck Schulden bei einem amerikanischen Lieferanten über 1 Mio. USD. Bei Lieferung/Rechnungsstellung notierte der Euro bei 1,15 USD, am Bilanzstichtag bei 1,31 USD. Aus Gründen der Methodenstetigkeit will Hasenhirn beide Bilanzansätze zu Markt- und Börsenpreisen durchführen, so daß die Aktien mit 800.000 bewertet werden, und die Verbindlichkeiten mit dem Kurs von 1,31 USD.

Aufgabe 9 Herstellungskosten in der GuV

Die Muck AG hat im zurückliegenden Geschäftsjahr 500 Funkempfänger für Mobilfunknetze gefertigt, von denen am Bilanzstichtag noch 80 verkaufsfähig auf Lager liegen, das sind 80 mehr als zu Beginn des Geschäftsjahres. Bei einer Veräußerung ließen sich € 10.000 pro Stück erzielen. Die gesamten Herstellungskosten der Funkempfänger beliefen sich auf € 6.000 pro Stück, wovon € 3.500 die handelsrechtliche Untergrenze darstellen.

Wie ist der handelsrechtliche Bilanzansatz zu wählen, wenn das Unternehmen

(1) einen möglichst niedrigen bzw.

(2) einen möglichst hohen Gewinn

im Geschäftsjahr ausweisen möchte? Die Muck AG verwendet für die GuV das Gesamtkostenverfahren. Die Ansatz- und Bewertungsentscheidung ist im Hinblick auf das HGB und die GuV zu erläutern.

Aufgabe 10 Anschaffungskosten

Die Muck AG will aufgrund des gestiegenen Absatzes ihrer Erzeugnisse die Produktion durch den Bau eines neuen Werkes ausweiten. Zur Beschaffung des notwendigen Grundstücks hat sie einen Makler eingeschaltet. Dieser unterbreitet ihr ein Angebot über € 510 000,- für das unbebaute Grundstück mit rd. 10.000 qm. Auf dem Grundstück steht eine wertlose Scheune, die später abgerissen werden soll. Buchhalter Hasenhirn will überschlägig die Anschaffungskosten ermitteln. Er geht von folgenden Beträgen aus:

Beurkundungsgebühr für den Kaufvertrag € 3.000,

Beurkundungsgebühr für die Grundschuld zur Finanzierung des Kaufpreises € 300,

Grunderwerbsteuer € 12.000,

Eintragungsgebühr für die Eigentumsübertragung € 1.000,

Eintragungsgebühr für die Grundschuld € 300,

Maklerprovision 2 % des Kaufpreises einschl. 19 % MwSt. € 12.138,

Grundsteuer ab Nutzungsübergang jährlich € 1.500,

Abbruchkosten für die Scheune (ohne MwSt.) ca. € 4.000,

Ermitteln Sie anhand der obigen Angaben die überschlägigen Anschaffungskosten des Grundstückes.

Aufgabe 11 Herstellungskosten

Die Muck AG lässt eine nicht am Markt erhältliche Spezialmaschine durch eigene Arbeitskräfte herstellen. Die Herstellungskosten wurden von Buchhalter Hasenhirn in der Kostenrechnung wie folgt ermittelt:

a. Fertigungsmaterial lt. Belege incl. 19 % MwSt.			49.980
b. Materialgemeinkosten 20% des Fertigungsmaterials			9.996
c. Fertigungslöhne lt. Lohnzettel			
	Brutto	18.000	
	- Abzüge	5.000	
	= Netto	13.000	
	+ AG-Anteil zur SozV	4.000	
	=	17.000	17.000
d. Fertigungsgemeinkosten, 300% des Fertigungslohnes			51.000
e. Verwaltungsgemeinkosten 10% aus Summe a.-d.			12.798

Weitere Informationen sind verfügbar:

i. Die Gemeinkostenzuschlagssätze sind unverändert aus der Kostenrechnung übernommen, sie enthalten kalkulatorische Kosten. Nach einem gesondert erstellten BAB ergeben sich ohne kalkulatorische Kosten und mit den effektiven Aufwendungen folgende Gemeinkostenzuschlagsätze: Material 15 %, Fertigung 250 %, Verwaltung 10 %.

ii. Die Fertigungsmaterialien wurden im Durchschnitt mit 2 % Skonto gezahlt. Dieser wird stets als sonstiger Ertrag gebucht.

iii. Die Kapazitätsauslastung lag im Herstellungsmonat um rund 5 % unter dem Durchschnitt der letzten 12 Monate.

iv. Für die Konstruktion der Maschine wurde ein Ingenieurbüro beauftragt, das für seine Arbeit (ohne MwSt.) 7.500 € berechnete. Der Betrag wurde als allgemeiner Forschungs- und Entwicklungsaufwand gebucht.

v. Die Gemeinkosten enthalten auch entsprechende Beträge für den Wertverzehr des Anlagevermögens.

Ermitteln Sie die nach dem HGB und dem EStG möglichen Wertansätze der Herstellungskosten für die Spezialmaschine. Gehen Sie davon aus, daß die Kalkulation aus der Kostenrechnung fehlerhaft sein kann.

Aufgabe 12 Forderungsbewertung

Am 31.12.2013 besitzt die A GmbH gegenüber der B AG eine Forderung aus Warenlieferungen über 116.000 € incl. MwSt. Bewerten Sie die Forderung zum 31.12. unter den folgenden alternativen Umständen.

a) Am 27.12.2013 erfährt die A GmbH, dass die B AG am 20.12.2013 Insolvenz angemeldet hat. Aufgrund einschlägiger Presseberichterstattung wird erwartet, dass die Forderung vollumfänglich verloren ist.

b) Am 15.1.2014 erfährt die A GmbH, dass die B AG am 20.12.2013 Insolvenz angemeldet hatte. Aufgrund einschlägiger Presseberichterstattung wird erwartet, dass die Forderung vollumfänglich verloren ist. Die Bilanzerstellung erfolgt am 31.1. 2014 für das Geschäftsjahr 2013.

c) Am 10.2.2014 erfährt die A GmbH, dass die B AG am 20.12.2013 Insolvenz angemeldet hatte. Aufgrund einschlägiger Presseberichterstattung wird erwartet, dass die Forderung vollumfänglich verloren ist. Die Bilanzerstellung erfolgte am 31.1.2014 für das Geschäftsjahr 2013.

d) Am 10.1.2014 erfährt die A GmbH, dass die B AG am 3.1.2014 Insolvenz angemeldet hat. Aufgrund einschlägiger Presseberichterstattung wird erwartet, dass die Forderung vollumfänglich verloren ist. Die Bilanzerstellung erfolgt am 31.1.2014 für das Geschäftsjahr 2013.

Aufgabe 13 Buchführungspflicht

a) Müller betreibt eine Wäscherei und ist im Handelsregister eingetragen (e.K.). Die Wäscherei erwirtschafte im Geschäftsjahr Umsatzerlöse von 550.000 Euro und einen Jahresüberschuss von 58.000 Euro. Im Jahr davor betrugen die Umsatzerlöse 515.000 Euro bei einem Jahresüberschuss von 52.000 Euro.

b) Schmidt betreibt eine Glaserei. Er ist nicht im Handelsregister eingetragen. Im Geschäftsjahr erwirtschafte er Umsatzerlöse von 505.000 Euro und einen Jahresüberschuss von 52.000 Euro. Im Jahr davor betrugen die Umsatzerlöse 480.000 Euro bei einem Jahresüberschuss von 45.000 Euro.

c) Meier ist freier IT-Berater. Er hatte in beiden Jahren ca. 250.000 Euro Beratungsumsatz.

Wer ist nach Handels- oder Steuerrecht buchführungs- bzw. bilanzierungspflichtig?

Aufgabe 14 Beteiligungskauf und Folgebewertung

Die Muck AG erwirbt am 1.8.01 einen 34%-Anteil am Grundkapital der T-AG zu einem Preis von 20 Mio. €. Mit der Investition soll eine dauerhafte Kooperation zwischen beiden Unternehmen begonnen werden. Die Muck AG bilanziert nach den Vorschriften des HGB. Wie ist der Sachverhalt zu bilanzieren? Handelt es sich um eine Ansatzpflicht oder um ein Ansatzwahlrecht? Welche gesetzlichen Bestimmungen sind betroffen? Wie ist die Bewertung am Bilanzstichtag?

a) Es geht um die Beteiligung aus Sachverhalt a). Am Bilanzstichtag der Muck AG, dem 31.12.01, ist der Börsenkurs der Anteile an der T-AG auf 15 Mio. € gesunken. Mit welchem Wertansatz ist die Beteiligung in der Handelsbilanz der Muck AG am 31.12.01 nach Handelsrecht zu bilanzieren, wenn die Geschäftsleitung der Muck AG davon ausgeht, dass der Kursrückgang nur auf eine vorübergehende Verschlechterung der allgemeinen wirtschaftlichen Lage im Jahr 01 zurückzuführen ist, aber entgegen der ursprünglichen Absicht am 31.12.01 beschlossen hat, doch keine dauerhafte Kooperationsbeziehung zur T-AG einzugehen, sondern die Beteiligung bei der nächsten sich bietenden Gelegenheit möglichst günstig zu verkaufen.

   Welche Art der Folgebewertung liegt hier vor? Welche gesetzlichen Bestimmungen sind betroffen? Wie ist die Bewertung am Bilanzstichtag?

Aufgabe 15 Leasing

Die Muck GmbH hat von der Leasing AG einen Teil ihres Anlagevermögens geleast. Bei wem sind die folgenden Gegenstände zu bilanzieren?

a) Eine EDV-Anlage wurde im Rahmen eines jederzeit kündbaren Vertrages für drei Jahre geleast; die betriebsgewöhnliche Nutzungsdauer beträgt 5 Jahre.

b) Der Firmen-PKW wurde fest für vier Jahre geleast. Die betriebsgewöhnliche Nutzungsdauer beträgt fünf Jahre. Die Leasingraten während der unkündbaren Grundmietzeit decken die gesamten Kosten des Leasinggebers ab.

c) Wie b), jedoch hat der Leasingnehmer das Recht, den PKW nach Ablauf der Grundmietzeit zu einem Preis von 80% des Restbuchwerts zu kaufen.

d) Die Büroeinrichtung wurde fest für vier Jahre geleast (betriebsgewöhnliche Nutzungsdauer sechs Jahre). Die Leasingraten während der unkündbaren Grundmietzeit decken nicht die Anschaffungskosten (inkl. Finanzierungs- und Nebenkosten) des Leasinggebers. Deshalb wurde vereinbart, dass der Leasinggebernach Ablauf der Grundmietzeit berechtigt ist, dem Leasingnehmer die Einrichtung zu einem Preis zu verkaufen, der die Abdeckung seiner gesamten Kosten sicherstellt.

Aufgabe 16 Firmen- und Geschäftswert

A erwirbt von B dessen Unternehmen im Ganzen zum 01.01.2011. Der Kaufpreis beträgt 1,0 Mio. € und soll im Mai 2011 gezahlt werden. Die Bilanz von B weist folgende Werte aus:

AKTIVA			PASSIVA
Grundstücke	300.000	Eigenkapital	390.000
Maschinen	150.000	Rückstellungen	50.000
Vorräte	130.000	Bankverbindlichkeiten	70.000
Forderungen	10.000	Lieferantenkredite	80.000
Bilanzsumme	590.000	Bilanzsumme	590.000

In den Bilanzansätzen von B sind die folgenden stillen Reserven noch nicht berücksichtigt: Grundstücke 150.000, Maschinen 60.000, Vorräte 50.000.

Wie ist der Vorgang durch A zu verbuchen?

Aufgabe 17 Größenkriterien für Kapitalgesellschaften

Die Muck GmbH wurde im Jahr 2004 gegründet. Für die Jahresabschlüsse 2009 bis 2013 ergeben sich folgende Größenmerkmale:

Jahr	***Bilanzsumme [Mio.€]***	***Umsatzerlöse [Mio.€]***	***Durchschnittliche Mitarbeiterzahl***
2009	3,1	8,5	40
2010	6,5	18	45
2011	3,0	12,9	100
2012	15	26	280
2013	8,9	34	260

Am 1.4.2013 wurde das Unternehmen in eine Aktiengesellschaft umgewandelt, um eine Notierung am Aktienmarkt aufzunehmen. In welche Größenklassen ist das Unternehmen einzuordnen?

Aufgabe 18 Eigenkapital bei der Aktiengesellschaft

Die Muck AG weist vor Gewinnverwendung im Eigenkapital folgende Werte aus:

Gezeichnetes Kapital 240 Mio. EUR

Kapitalrücklage 13,6 Mio. EUR

Gesetzliche Rücklage 10,0 Mio. EUR

Andere Gewinnrücklagen 4,0 Mio. EUR

Weitere Daten sind bekannt:

Am 31.12. beträgt der Jahresüberschuss 20,0 Mio. EUR.

Die gesetzliche Rücklage wird gem. Aktiengesetz gebildet.

An die Aktionäre sollen 16,0 Mio. EUR ausgeschüttet werden.

a) Ermitteln Sie den Betrag, der in die gesetzliche Rücklage einzustellen ist.

b) Ermitteln Sie den Betrag, den die AG in diesem Jahr maximal den anderen Gewinnrücklagen zuführen kann.

Aufgabe 19 Eigenkapital bei der Aktiengesellschaft

Für die Muck AG gelten folgende Werte:

Kapitalrücklage (bisheriger Bestand) 51 Mio. EURO.

Gesetzliche Rücklage (bisheriger Bestand) 36 Mio. Euro.

Andere Gewinnrücklagen (bisheriger Bestand) 0 Mio. Euro.

Zuführung zur gesetzlichen Rücklage 9 Mio. Euro.

Verlustvortrag aus dem Vorjahr 7 Mio. Euro.

Weitere Daten sind bekannt:

- Der gesetzlichen Rücklage wird ein Betrag (9 Mio. €) entsprechend § 150 Abs. 2 AktG zugeführt. Mit dieser Zuführung erreichen gesetzliche Rücklage und Kapitalrücklage zusammen genau die gesetzlich vorgeschriebene Mindesthöhe.
- Zuweisung zu den anderen Gewinnrücklagen durch Vorstand und Aufsichtsrat vor Bilanzaufstellung 3 Mio. Euro.
- Je Aktie (Nennwert 1 €) sollen 0,17 Euro Dividende ausgeschüttet werden.

Berechnen Sie

a) Das gezeichnete Kapital

b) den Jahresüberschuss

c) die Höhe der Gewinnrücklagen nach Dotierung

d) den Bilanzgewinn

e) den neuen Gewinnvortrag bzw. Verlustvortrag.

Aufgabe 20 Rückstellungen

Beschreiben Sie die bilanzielle Behandlung für die folgenden, voneinander unabhängigen Sachverhalte.

a) Im Zuge ihrer Abschlussbuchungen rechnet die Muck GmbH damit, daß für das gerade abgelaufene, zu bilanzierende Geschäftsjahr Gewerbesteuer in Höhe von ca. 10.000 Euro zu zahlen sein wird. Der Bescheid ist allerdings noch nicht ergangen, mit ihm wird erst im Folgejahr zu rechnen sein. Im Folgejahr ergeht der Gewerbesteuerbescheid über 11.500 Euro.

b) Die Muck GmbH hat im Ausland 20 Geräte zu einem Festpreis von (umgerechnet) 2.000 Euro pro Stück bestellt. Weder Lieferung noch Bezahlung sind bis zum Bilanzstichtag erfolgt. Da der Verkaufspreis auf dem deutschen Markt bis zum Bilanzstichtag bis auf 1.800 Euro abgerutscht ist, droht je Gerät ein Verlust von 200,00 Euro, so daß eine „Rückstellung für drohende Verluste aus schwebenden Geschäften“ zu bilden ist.

c) Die Muck GmbH wurde im Geschäftsjahr in einen Rechtsstreit verwickelt, der erst im Folgejahr beendet sein wird. Die Muck GmbH rechnet mit einer Gesamtbelastung (Anwaltskosten und sonstige Kosten) von 18.000 Euro. Im Folgejahr ist der Rechtsstreit beendet. Die tatsächlichen Kosten belaufen sich auf 14.800 Euro.

7.2 Literaturhinweise

Bahr, Gottfried/Wolf F. Fischer-Winkelmann/Stephan List (2006): Buchführung und Jahresabschluss, 9. Auflage.

Bertram, Klaus/Brinkmann, Ralph (2016): Haufe HGB Bilanz-Kommentar 7. Auflage.

Meyer, Claus (2014): Bilanzierung nach Handels- und Steuerrecht, 25. Aufl.

Moxter, Adolf (2012): Bilanzlehre Band I: Einführung in die Bilanztheorie.

Moxter, Adolf: Bedeutung und Methodik betriebswirtschaftlicher Gewinnermittlung, in: Die Betriebswirtschaft, 36. Jg., 1983, S. 133 – 134

Küting, K./Pfitzer, N./Weber, C.-P. (2009): Das neue deutsche Bilanzrecht, 2. akt. Auflage.

Küting, K. et.al. (2011): Die Ausschüttungssperre im neuen deutschen Bilanzrecht nach § 268 Abs. 8 HGB, in: GmbHRundschau 1/2011.

Philipps, Holger (2010): Rechnungslegung nach BilMoG, Kurzkommentar zum Jahresabschluss und Lagebericht nach neuem Bilanzrecht, Wiesbaden 2010.

Sicherer, Klaus von (2013): Bilanzierung nach Handels- und Steuerrecht, 2. Auflage.

Tanski, Joachim (2014): Jahresabschluss – Bilanzierung nach Handels- und Steuerrecht, 3. Aufl.

Wendholt, W./Wesemann, M. (2009): Zur Umsetzung der HGB-Modernisierung durch das BilMoG: Bilanzierung von latenten Steuern im Einzel- und Konzernabschluß, in: Der Betrieb, Ausgabe vom 05.06.2009, Heft 23, Beil. 5, Seite 64-76.

Wöhe, Günter/Heinz Kußmaul (2012): Grundzüge der Buchführung und Bilanztechnik, 8. Auflage.

Wüstemann, J./Wüstemann S. (2010): Das System der Grundsätze ordnungsmäßiger Buchführung nach dem Bilanzrechtsmodernisierungsgesetz; in: Besteuerung, Rechnungslegung und Prüfung der Unternehmen, Festschrift für Prof. D. Norbert Kravitz, hrsg. von H. Baumhoff et.al., Wiesbaden 2010, S. 751-780

7.3 Stichwortverzeichnis

23910785R00125

Printed in Poland
by Amazon Fulfillment
Poland Sp. z o.o., Wrocław